高等教育と金融市場

高等教育研究

第 22 集

日本高等教育学会編
2019

目　次

特集　高等教育と金融市場

高等教育と金融市場 ………… 日本高等教育学会研究紀要編集委員会　7
　―特集の趣旨―

低成長下の高等教育 ……………………………………… 金子　元久　9

所得連動型貸与奨学金 …………………………………… 阪本　　崇　29
　―その理論的背景と課題―

日本学生支援機構の奨学金制度と金融市場 ………… 白川　優治　49
　―奨学金財源の変化とその意義―

アメリカの大学における基本財産 …………………… 福井　文威　71
　―金融危機時に果たした役割―

日本の大学における資産運用の特徴と新たな展開 … 川崎　成一　93
　―Fiduciary Duty の概念を軸に―

産学連携とベンチャーキャピタル …………………… 小林　信一　113

大学縮小期における借入金マネジメント ………… 西井　泰彦　135

論　稿

東京大学草創期における演説会と市民への学問発信
　………………………………………………… 菅原　慶子　165

日本人学生のアジア留学経験によるアジア・シティズンシップ
　育成に関する考察 ………………………… 眞谷　国光　185

日本学生支援機構貸与型奨学金の受給が生活時間に与える影響
　―傾向スコアマッチングによる検証―

　　　………………………………………………… 呉　　書雅 207
　　　　　　　　　　　　　　　　　　　　　　　　 島　　一則
　　　　　　　　　　　　　　　　　　　　　　　　 西村　君平

日本高等教育学会の設立趣旨　……………………………………… 231

日本高等教育学会会則　……………………………………………… 232

「高等教育研究」投稿規定　………………………………………… 234

「高等教育研究」執筆要領　………………………………………… 235

二重投稿の禁止について　…………………………………………… 239

既刊「高等教育研究」総目次　……………………………………… 241

編集後記　……………………………………………………………… 255

特集　高等教育と金融市場

高等教育と金融市場
―特集の趣旨―

日本高等教育学会研究紀要編集委員会

　日本の高等教育財政においては，政府の財政支出に比して家計による私的負担が極めて大きいことは周知の通りである．財政支出が今後劇的に増加することはほとんど望めない上に，家計による負担も限界に近づきつつあると言われる．そこで，高等教育に対するファンディングの手段として新たに着目しなければならないのは，金融市場からの資金調達である．

　実際のところ，日本学生支援機構の有利子貸与奨学金（原資は財政投融資金）の利用者が3割を超えるなど，家計による学費負担のかなりの部分がすでに金融市場に依存しているのが現状である．大学等の機関レベルにおいても，寄付財産を原資とする資産運用による資金獲得の必要性が指摘されて久しく，また現実的な問題として施設・設備の整備における金融機関からの借入金の役割も無視し得ない．したがって，今日のわが国の高等教育システムは金融市場に依存しつつあるとも言えるのである．

　一方で，金融市場への依存は，ファンディングを不安定化・不確定化させるのみならず，資金運用や借入に伴うリスクを誰がどのように負担すべきかといった問題点もつきまとう．本特集では，高等教育に対するファンディングの手段としての金融市場の活用が，現時点でどこまで進行しているのかを検証するとともに，そこにどのような問題が胚胎するのかを論じる．

　なお，高等教育と金融市場との関わりは多様な側面があるが，本特集の前半では，家計から個人への費用負担の変化に伴う金融市場との関わりを，また後半では大学経営における金融市場との関わりに焦点を絞ることとする．

低成長下の高等教育

金子　元久

　日本経済は 20 世紀後半の成長の時代から，21 世紀前半の低成長の時代に移行した．それにも関らず高等教育就学率は上昇を続け，2010 年台には 50 パーセントの大台に達した．その背後にはどのようなメカニズムがあったのか，またそれは高等教育を論ずるうえで何を意味するのか．本稿では，国民経済の中での高等教育の位置をマクロ経済的な視点から整理し（第 1 節），20 世紀から 21 世紀にかけての日本の高等教育の変化がどのようにして生じてきたのかを考え（第 2 節），またほぼ同時期のアメリカにおける経緯を分析する（第 3 節）ことを通じて，現代日本における高等教育への新しい視座を論ずる．

1. 国民経済と高等教育

低成長下の高等教育

　まず現在の日本が置かれた経済状況を確認しておきたい．図表 1 に 20 世紀後半から 21 世紀にかけての，日本およびアメリカ，イギリス，フランス，ドイツにおける一人当たり GDP（アメリカドル表示）の年間成長率の推移を示した．

　ここに明らかなように，主要工業国では 20 世紀後半，とくに 1960 年代から戦後の高成長が始まり，実質経済成長率は 4 パーセント前後の水準に達した．それが 20 世紀後半から 21 世紀にかけて減速し，21 世紀になって 1 から 2 パーセントの近辺にある．日本はこの趨勢と比べても，さらにきわめて

筑波大学

極端な変化を示した．すなわち1960年台には実質9パーセントという驚異的な成長率を示し，その後も1980年台までは4パーセント程度の成長率を保った．しかし1990年台から急速に減速し，2000年台にはほとんど0パーセント，それ以後も多少の回復を見たに過ぎない．1990年台を境としていわばゼロ成長の状況に陥ったのである．

　他方で，日本の4年制大学への就学率をみると，1960年の1割未満から急速に上昇し，1990年台初めには3割程度に達した（後出図表1）．20世紀の高度経済成長が，家計収入の拡大による学費負担能力の拡大（「プッシュ」要因），発展による経済活動の活性化による大卒労働力への需要の拡大（「プル」要因）によって，4年制大学の大衆化をもたらした，とこれまで議論されてきた．しかしその後の経緯を見ると，すでに経済成長率が急速に低下した20世紀末から21世紀初頭にかけて，再び就学率は大きく拡大し，2010年台には5割に達し，いわば高等教育ユニバーサル化の段階に達した．いわばゼロ成長の時代に大学就学率のみが大きく拡大したのである．それはなぜか．それを説明するためには，広い視野から経済構造と高等教育との関係を考えなおすことが必要となる．

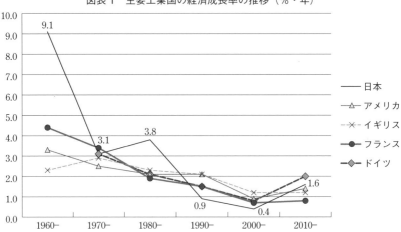

図表1　主要工業国の経済成長率の推移（％・年）

注：一人当たりGDPの実質成長率（各国通貨基準），世銀推計（3年移動平均）を各年代別に算術平均．
出所：World bank, national accounts data, and OECD National Accounts data files. GDPP"
　　　https://data.worldbank.org/indicator/NY.GDP.DEFL.KD.ZG
　　　（retrieved 13 Dec. 2018）

「人的投資」から「市場化」へ

同時に経済と高等教育を結ぶ言説にも大きな変化があったことにも留意しておかねばならない. 1950 年台から 60 年台にかけて興隆した教育経済学は,「マンパワー理論」,「人的資本」,「教育投資」などの理論的枠組みを骨子としていた. 振り返ってみれば, これらはいわば経済成長に伴なう高等教育の拡大をどう理解するか, という問題にこたえようとするものであったとも見ることができる. その意味でトロウのいう高等教育の「大衆化」,「ユニバーサル化」論も, すでに始まりつつあった高等教育の拡大を, どのように位置づけるかを課題としていたともいえる. とくに急速に高等教育が拡大した日本でその影響が大きかったのは偶然ではない.

これに対して 1990 年台から政治的に大きな影響力をもつようになったのはいわゆる新自由主義をもととする「小さな政府」,「市場化」への動きである. それが高等教育にも大きな影響を与えたのは当然であろう. ただし高等教育においていわれる「市場化」は, 社会における新自由主義のうごきの高等教育政策へのアナロジーなのか, あるいは具体的に何らかの「市場」が高等教育の中で大きな役割を果たすようになっているのか, さらに大学や教職員の行動がそうした特徴をもつようになっていることを指しているのか, は明確ではない (Teixeira et al. 2004).

いずれにしても市場というものが, どのように高等教育と社会を結ぶ構造の中に位置づけられ, 機能しているのかを議論の中に明確に位置づけることが必要になっているのは, 間違いない.

三つの「市場」と政府

そのために一つの枠組みを描いた (図表 2). その中核にあるのは, 就学需要と, 大学による就学機会の供給, の二つが相対する高等教育機会の市場(「高等教育市場」) である. 微視的にみればこの市場では, 多様な特性をもつ就学希望者が, 就学機会を提供する大学との間で, 相互選択を行う. その相互選択の媒介変数となるのが就学希望者の学力と, 大学の選抜性である. また教育機会の価格である授業料は, 就学者の側の意思決定に影響を及ぼすとともに, 大学の側の行動をも規定する. 長期的には, 就学需要の総量は人口構造によって規定される.

高等教育市場と国民経済を結びつける環となるのは, 大卒労働者と雇用が相対する「大卒労働市場」である. これを通じて雇用された大卒者の生産性

を通じて，大学教育は国民経済の生産面に寄与する．また労働市場で決定される賃金構造は，大学就学へのインセンティブを形成する．他方で，国民経済の支出面は家計収入を規定する．収入が高いほど子供の就学費用を負担する能力を拡大させ，就学需要を拡大させる．こうした過程を通じて，国民経済と高等教育とを媒介する基本的な循環が形成されるのである．

政府はこうした循環にいくつかの形で重要な影響を与える．一つにはその法的な強制力を通じて高等教育制度を規定し，大学の教育機会供給を規定する．他方で租税制度を通じて国民経済の支出の一部を国公立大学・私立大学に対する財政補助に振り向けることによって，教育機会の供給に貢献する．さらに贈与・貸与奨学金制度を運営することによって教育機会の需要の側に影響を与える．

以上が高等教育制度の従来の骨格であったが，後述のようにいま役割を拡大させつつあるのが「金融市場」である．金融市場には，企業ないし家計が蓄積してきた貯蓄が供給される．これに対して主に企業からは活動の基盤への投資に必要な資金の需要が発生する．需給の間を調節するのは融資条件と

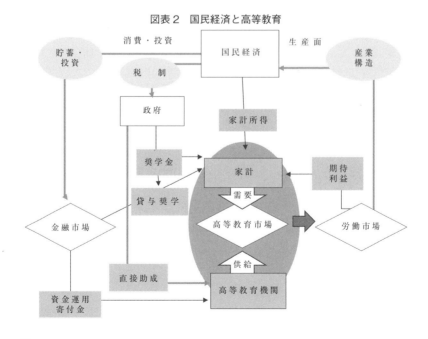

図表2　国民経済と高等教育

利子率である．高等教育に関していえば，貸与奨学金の資金源は，この金融市場から調達される．個々の奨学金借入者は，大学卒業後にそれを返済する．これによって金融市場は長期的に機能する．また大学は余裕資金を金融市場に預けて運用する一方で，金融市場の拡大は，税制を通じて個人の大学への寄付金にも影響を与える．

2. 大衆化・ユニバーサル化の財政メカニズム

上に述べた枠組みから，戦後日本の高等教育の変化をあらためて振り返ってみよう．1960年からの18歳人口，4年制大学就学率を図に示した（図表3）．これを見るとこの間の就学率の変化を，大きく三つの時期に分けて考えることができる．

（Ⅰ）高等教育大衆化

第一の時期は1960年から70年台中頃までの高等教育大衆化の時代である．この時期に日本の4年制大学への就学率は，8パーセントから27パーセントへと，目覚ましい拡大をとげた．この時期の就学率拡大の最大の要因は経済成長による，家計所得の急速な増大であったことは疑いない．1960年台の一人当たりGDPの成長率は9パーセントに達した（前掲図表1）．平均的な家計は毎年，ほぼ前年の所得の1割を新たに与えられたことを意味する．それまで大学教育とは無縁であった階層に，大学教育に投資する余裕が生じ，それが爆発的な就学需要の拡大を招いた（Kaneko 1987）．

他方で供給の側からみれば，1950年台まで政府は新制度の大学（新制大学）の質の確保に重点を置いていたが，1960年代の初めには就学需要の拡大が政治的圧力を生み，大学設置基準の適用が緩和された．これによって既存の大学が入学者数を増加させるとともに，新しい大学が設置され，拡大していった．こうして大学入学者数は飛躍的に拡大したのである．

このような状況の中で日本の高等教育大衆化が急速に現実化した．しかし政府は必ずしも大衆化を政策目的としたのではない．政府の税収増は，高度経済成長を支える理工系人材の養成を目的として国立大学，とくにその理工系学部の拡大に振り向けられた．しかも国立大学の授業料は抑制され，資質の高い学生を理工系に誘導した．他方で大衆化を現実的に担った私立大学は急速に学生数を増加させたことによって，学生／教員比率や施設などの教育条件は著しく劣化した．こうした過程で作られた高等教育の日本的特質は，

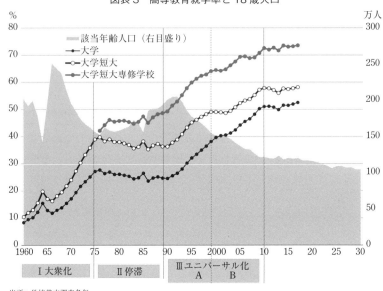

図表3　高等教育就学率と18歳人口

出所：学校基本調査各年

現在に至るまで基本的には是正されていないことに留意しておかねばならない．

(Ⅱ) 停滞

1970年台半ばから1990年頃にかけて，4年制大学就学率は20パーセント台後半から20パーセント台半ばへと，停滞ないし漸減した．その大きな要因となったのは供給側への政策であった．私立大学の教育条件の改善の要求と，1970年台初めからの福祉国家的政策を背景として，政府は1975年に私立大学経常費補助金制度を創設するとともに，大学の都市部での新設を抑制したのである．それによって多くの私立大学，とくに大規模大学は入学者数を微減させる一方で，授業料を増額する，という経営戦略をとった（金子1996）．結果として入学者数はほとんど停滞，ないし微減した．

他方で需要側についてみれば，この時期にも経済成長は減速しながらも，まだ3パーセント程度の成長率を保っていた．しかも18歳人口は第2次ベビーブーム世代の到来にむかって増加し続けていた．したがって潜在的な就学需要は拡大していたものと思われる．しかし4年制大学については供給が

抑制されていたために，大学への進学入試競争が激化し，この中で一定の大規模大学の選抜性があがり，階層性がさらに著しくなった．

しかし1980年台中頃を境として大きな転換があったことに留意しておかねばならない．1970年台後半からは，福祉国家化の下で対 GDP 比の政府支出総額は1960年台を通じての10パーセント程度から，1980年までに18パーセントに拡大した．高等教育に対する政府支出も1970年の0.40パーセントから1980年には0.55パーセントに拡大した．私学助成の開始は，この政府支出の拡大の趨勢によってこそ可能となったのである．この趨勢がそのまま続けば，ヨーロッパやアメリカとも異なり，私学の比率が大きいものの，私学に対する政府助成も大きいという，新しい日本的な高等教育モデルが形成されていたかもしれない．

しかしそれは現実とはならなかった．その根本的な原因は上記の福祉政策が税制の変化を伴わなかったことであろう．GDP 中の租税負担はなだらかに上昇していたが，それは財政支出の急激な拡大をまかなうことができなった．政府は国債発行でそれを補填していたが，1980年台に入って財政危機が叫ばれ，財政緊縮への圧力が強まったのである．対 GDP 比の政府歳出額は1980年の18パーセントから，1980年台後半までに15パーセントに減少した．この中で政府高等教育費支出は0.55パーセントから0.36パーセントに減少したのである．削減率でみれば政府支出全体では2割弱の減少であったのに，高等教育費は3割強にのぼった．福祉国家型の税負担への国民的合意が形成されず，しかも私学への経常費助成が十分な政治的支持を得ることができなかったことが，こうした結果を生むことになったといえよう．

また1980年台は国際的にみれば後述のアメリカ，イギリスを始めとして規制緩和，市場化の時代であり，日本でも臨時行政調査会が設置されて規制緩和が提案された．教育についても臨時教育審議会のもとで，高等教育への大幅な規制緩和への方向が示された．

（Ⅲ）ユニバーサル化

1990年頃を境として4年制大学への就学率は再び上昇し始め，25パーセントから2010年には50パーセントに達した．この期間を通じて18歳人口の半数が4年制大学に就学するという，いわゆるユニバーサル化の段階に日本の高等教育は達したのである．ただし一見，単調にみえる就学率の上昇を支えたメカニズムは2000年の前後で大きく転換した（前掲図表3のⅢAと

Ⅲ B)

　供給側からみれば，1991 年に 2005 万人に達した第 2 次ベビーブーム世代への対応として，政府は大学設置基準で定まった定員に「臨時定員」を加えることとしたが，その一部を恒久化することを認めた．加えて上述の規制緩和の方向の中で，大学設置基準の「大綱化」が行われ，大学新設が容易となった．それを受けて大学数は 1990 年の 507 校から 2010 年には 778 校と，1.5 倍の拡大となった．入学定員の総数が大きく増大したのである．また第 2 次ベビーブームの後には 18 歳人口が徐々に減少していったことも，相対的な供給規模を拡大させることになった．

　需要側からみれば就学需要はこの間も拡大し続けた．その大きな要因となったのは，1980 年代の抑制政策の下で形成されていた潜在的な需要であったろう．それが供給の拡大によって徐々に実現されたのである．また経済成長率が低下したとはいえ，1990 年代にはまだ家計の可処分所得は増加し続けており，それも進学需要を押し上げる要因となっていたと思われる（図表 4）．

　しかし 2000 年頃を境としてそうした構造は大きく転換したとみられる．すなわち可処分所得は 2000 年代に入って減少を始めた．これはいわゆるゼ

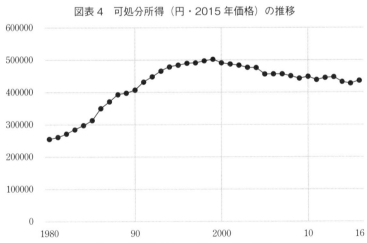

図表 4　可処分所得（円・2015 年価格）の推移

注：(月額)(円)(二人以上世帯のうち勤労者世帯 (人口 5 万人以上の市)(2007 年までは農林魚家世帯を除く))
出所：『内閣府家計調査』各年

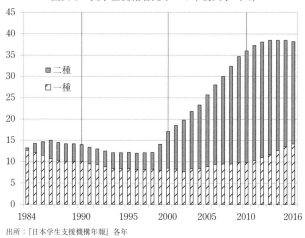

図表5　奨学金受給者比率・4年制大学（%）

出所：『日本学生支援機構年報』各年

ロ成長の一方で，税負担とともに社会保険の負担が拡大し始めたからである．それを代替して就学率の上昇を支えたのは，貸与奨学金であった．貸与奨学金の受給者比率は1990年代の終わりまで1割程度であったのが，21世紀に入って急速に拡大し始め，2010年代には4割近くに達した（図表5）．こうした意味で，ユニバーサル化の後期は，奨学金によって支えられていたといえよう．

ではなぜそれまで大学在学者の1割程度にしか利用されていなかった貸与奨学金の利用者が急速に拡大したのか．その背後には金融市場における資金供給と需要との関係があったと考えられる．

1960年台からの経済成長によって1980年台までには所得が拡大していた一方で，租税負担は大きく拡大しなかったから，家計が蓄積した金融資産は大きく増大していた．他方で1980年台末からは日米経済摩擦が深刻化し，やがて日米包括経済協議（1993年）に至る過程で，企業の新規活動にむけての投資需要は委縮した．それによって生じた過剰流動性がバブル経済を生み，その崩壊後には資金需要は急速に縮小した．結果として金融資産の供給過剰が生じた．2017年の時点でも，膨大な未償還国債の一方で，金融資産残高は1800兆円と，GDPの約3倍の水準に達している．

資金の供給過剰，および1990年台前半のバブル経済崩壊以来の経済低迷

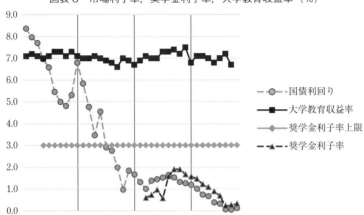

図表6 市場利子率，奨学金利子率，大学教育収益率（％）

注：国債利回りは，長期国債（9年物）応募者利回り．奨学金利子率は各年の卒業者に適用される利子率（本月額部分・利率固定方式）の各年最高値．大学教育収益率は10人以上企業，男子の賃金と私立文系授業料をもとに算出．
出所：財務省『国債金利情報』(https://www.mof.go.jp/jgbs/reference/interest_rate/index.htm)，『日本学生支援機構年報』各年．大学教育収益率は『賃金構造基本統計調査』各年，等から筆者推計．

への対策として，低金利ないし「ゼロ金利」政策がとられたこともあって，市場利子率は急速に低下した（図表6）．それを背景として，財政投融資ないし金融市場を調達源とする貸与奨学金は資金調達が容易となったのと同時に，利子率を大幅に下げることができた．第二種（有利子奨学金）の利子率は法律によってその上限を3パーセントに制限されているが，2000年台に入ってその水準はほぼ1から2パーセントの間にあったのが，2010年台後半では1パーセントを下回っている．

このような状況は個々の家計の観点からはどのように見えるのか．高卒と大卒の賃金差，および大学への進学費用（授業料および在学中の放棄所得）から，大学教育の「内部収益率」を算出すると，その水準は1980年台からほぼ7パーセント前後にある（前掲図表6）．[1] 2パーセント弱の利子率で奨学金を借りても，大きなプラスが生じることになる．奨学金を得て大学へ進学することには経済的にみても，十分な理由があることになる．

このようにして金融市場が高等教育を支える資金フローの重要な一部となったのである．

3. アメリカの軌跡

ところで以上に述べた高等教育と社会との間の構造変化，とくに金融市場の役割の拡大は日本だけのものではない．むしろアメリカにおいてはすでに1980年台後半からそうした変化が始まっていた．

市場主義政策と高等教育

1980年台のアメリカは戦後の経済成長・福祉国家化が行き詰まり，市場主義政策へと転換する重要な転換期であった．1970年台終わりからの1980年台にかけての長期的な景気後退，それに対応した双子の赤字（財政赤字，国際収支赤字）のもとでレーガン政権（1981-89）は財政支出の削減，減税を目指した．それは連邦政府だけでなく，高等教育を設置する州政府の財政にも大きな圧力を与えることになった．

同時に高等教育固有の課題としては，大学入学者のプールとなる高校卒業生数が長期的に減少することが予測されていた．実際，高校卒業生数は，1980年の310万人から，1991年の227万人に減少し，その後移民などの影響で再び300万人台に戻ったのは2008年になってからであった（The Condition of Education 2017, Table 302.10）．アメリカ経済の危機の時代はそのまま大学経営の危機の時代であったのである．

政策の変化はまず州立大学に大きな影響を与えた．経済成長率の低下が州財政の悪化をもたらし，州立大学への支出も削減されたのである．カリフォルニア州知事として州立大学への予算を大幅に削減したレーガンが大統領になったことは，公立大学が政治的に置かれた立場をよく物語るものであろう．その結果として生じた州政府補助金を補填するものは授業料の増額しかない．

他方で多くの私立大学は大学教育市場の中での自らの地位を高めるために様々な手段を用い始めた．おりから普及し始めた大学ランキングもそうした競争をさらに進める効果を果たした．たとえばUS News & World Reportは1983年から大学ランキングを始めた．とくにその際に注目されるのは選抜性（入学者のSAT，CATなどの点数）および入学競争倍率である．選抜性を高める典型的な方法は，入学者を制限する一方で，授業料を増額するとともに，大学独自の贈与奨学金を与えて成績優秀者を入学させることである．1991年にはアイビーリーグとMIT（overlapping groupと呼ばれる）が，成

績優秀な入学希望者に関する情報を共有していたことが司法省から独占禁止法違反の疑いで摘発されたことは，そうした圧力がこれまでの歴史的な有名校にも強く働いていたことを示すものである．しかしそうした枠組みが外れたことがさらに競争を激化させたことは容易に想像される（Kirp 2003, Geiger 2004）．

同時に 1990 年台からの景気回復を背景として，富裕層の金融資産が膨らみ，株価の上昇をもたらした．大学などへの寄付金は金融資産に対するキャピタル・ゲイン課税の控除の対象となることも一つの誘因となって寄付金が増え，大学の基本資産が急速に増大することになった（福井 2018，長野 2018）．それが大学独自奨学金の原資となって，上述のように授業料を増額しつつ，一定の高学力層を入学させる，という戦略を可能とすることになったのである．こうしたメカニズムによって，私立大学と州立大学の授業料が互いに影響を与えつつ，今日に至るまで長期的に上昇してきた．それにもかかわらず，大学進学率（高卒者に対する，4 年制大学進学者の比率）は 1980 年の 30 パーセントから，1990 年には 40 パーセントに上昇し，その後に多少の停滞があったものの，2000 年には 42 パーセントに達している（図表7）．

それが可能となったのは連邦政府の貸与奨学金によるところが大きかっ

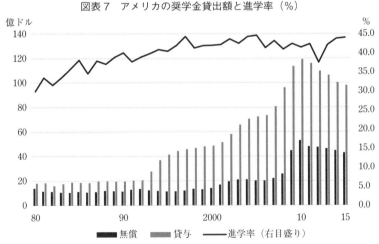

図表7　アメリカの奨学金貸出額と進学率（％）

注：奨学金額は単位 10 億ドル，進学率は高校卒業者のうち，4 年制大学への進学者
出所：College Board 2018．および U.S. Department of Education, Digest of Education Statistics, 2017, Table 302.1.

た．給付奨学金はレーガン政権で大幅にカットされた後は，1990年代まで漸増にとどまった．これに対して連邦政府貸与奨学金は1992年の高等教育法改正による上限引き上げを契機として急速に増加し，1990-91年度の192億ドルから2010-11年度の1192億ドルへと，額面で6倍近くに拡大した（前掲図表7）．この間の就学需要の拡大は大きく貸与奨学金の拡大に支えられていたといえよう．

同時に労働市場での構造変化も大学教育への誘因も拡大していた．1980年台にはアメリカの鉄鋼などを中心とする重工業は競争力を失い，アメリカの産業構造は大きく変質し，雇用が流動化した．とくに深刻な影響を受けたのは，高卒者を中心とするブルーカラー労働者であり，それまで比較的に安定した雇用機会が縮小した．それによって労働市場での大卒者の相対的な優位は拡大した．1970年代にいったん下降していた大学教育の収益率も，1980年代には17パーセントに達し，その後もほぼその水準で推移している（Greenstone and Looney, 2013）．

質への転化

このように貸与奨学金を媒介と授業料の増額を両輪とする高等教育への投資パターンの変化はその後も，自律的に亢進して現在に至っている．これに対して様々な批判が生じることは当然であろう．社会からみてもっとも切実なのは，大学教育のコストが増大するとともに，学生が卒業時に高額の負債を担うことに対する危惧である．2017年の大統領選挙では，共和党，民主党の候補者のいずれの公約も貸与奨学金の返済条件の改革をうたっていたのもそうした雰囲気を反映するものである．また大学が不必要に授業料を釣り上げ，利益確保を図っているという批判もある．また大学の内部からは，ここでは詳述しなかったが研究資金に関する競争の激化を含めて，大学のそもそもの建前である，学術の自律性自体に危機が生じているという批判も少なくない（Bok 2013）．

またこうした大学の行動の結果として，一部のとくに選抜的な私立大学の地位が強化され，それが特権的な富裕層の形成と結びついていることも指摘されている．同時に州立大学がその本来の使命である地域住民に対する高等教育機会の保証という役割を果たせなくなっているという批判も強い．また大学全体としてみれば，高質かつ高授業料の大学と，一般の大学との間に分化が進んでいるともいえる．

しかし他方で，貸与奨学金に支えられた授業料の上昇は，結果として，巨視的にみた国民経済の中での高等教育に対する支出を拡大させたことも事実である．政府（連邦，州）の高等教育支出は対 GDP 比で，1985 年の 1.3 パーセント程度から 2000 年代は 1.0 パーセント程度に低下した．しかし他方で，主に家計を中心とする政府外支出は 1.1 パーセントから 1.9 パーセントへと大きく拡大した．結果として政府支出の削減にもかかわらず，高等教育に向けられた国民経済全体の支出は 2.4 パーセントから 2.8 パーセント程度に拡大したのである[2]．

　他方でアメリカの就学率は 1990 年代後半からほぼ停滞している（前掲図表7）．それは市場化が大学教育の量的な拡大より，質的な変化の方向に働いていることを意味する．1980 年代にドイツ，日本からの輸入の激増がアメリカの産業競争力低下への危惧をもたらし，そこからアメリカの教育の質的改革が叫ばれるようになったが，その後も質的な改革への強いドライブが政府や大学団体などに働き続けた．また前述の大学ランキング，さらに 1992 年の高等教育法の改正によって個別大学の情報が詳細に公開されるようになったこともそうした変化の環境を作り出した．

　その中で個々の大学が学生の学修に実質的にどのような影響を与えているかを大学自身が示すことが求められ，大学や大学団体は様々な形でそれに応えなければならなかった．それは個々の大学教員にも影響を与えざるを得ない．また市場化は，大学がターゲットとする需要を拡大し，それに応じて様々な教育形態を創造する誘因を作った．たとえば成人学生などを引き付けるためにオンライン授業などを用いる事例が急速に拡大した．またグローバル化の中でそれは大きな意味をもった．Reich（1993）は国際的な投資活動などにおいて，選抜性の高い大学教育が作る資質が大きな役割を果たしていることを指摘している．またアメリカの大学の質に対する国際的な評価が，アメリカに多くの高資質の学生を引き寄せ，また授業料による収入をもたらした．

　このような意味で市場化のダイナミズムはアメリカの高等教育の革新をもたらしたといえよう．

日本との比較

　経済成長率の低下の中で，金融市場が貸与奨学金を通じて重要な役割を果たした，という点でアメリカの 1990 年代以降の変化は，日本の 2000 年代以降の変化と，よく似た点がある．ほぼ 10 年のラグをもって日本がアメリカ

の後を追っているともいえる.

　しかし同時に大きな相違があることも事実である. まず大幅な授業料の上昇が起こったアメリカと異なって, 日本では少なくとも今までのところは大幅な授業料の上昇が生じていない. 奨学金利用者の増大は, 可処分所得の減少と, 就学率の拡大に対応する中所得者層の就学資金に対応するものであった. また大学教育機会市場における, 需給双方の市場行動も大きく変化しているように見えない.

　こうした相違はなぜ生じているのか. 仮説的にいえば, 日本では国立大学が一定の位置を占め, 選抜性の高い大規模私立大学が寡占的な地位を確保する一方で, 1990 年代に流入した新しい大学が下層を形成することによって, 大学選抜性の序列がさらに強化されために, 差別化を求める行動が起こりにくかったのかもしれない. そのため金融市場の介入はこうした構造にほとんど影響を与えなかったのである. 同時に伝統的な行政による規制と助成の力が減少しているにもかかわらず, 意識のうえでは高等教育全体の大きな動きを抑制する働きをしていることもまた制度全体の眼にみえない桎梏になっているのかもしれない.

結論

　以上の議論は, 日本の高等教育を論ずる際に何を意味するのか.

　まず日本の大学教育を支えている財政構造の現実を認識することが, 議論の出発点でなければならない. 21 世紀に入ってからの日本の高等教育は貸与奨学金, 言い換えれば金融市場をもとに就学率と拡大させてきた. 2014 年度について推計すれば, 日本の国民経済が高等教育費にむけた資金の総額は 4 兆 5 千億円（政府支出 1 兆 5 千億円, 授業料 3 兆円）であったが, 奨学金貸与額の総額は 1 兆 2 千億円にのぼった. 高等教育への負担総額の 4 分の 1 強, 授業料負担の 3 分の 1 強は金融市場からの借り入れによっている, というのが現在の姿である. 低経済成長にもかかわらず高等教育ユニバーサル化が達成されたのはこうしたメカニズムによっていたのだった. この財政構造は, 上述の歴史的な経緯によって何重にも形成されてきたのであって, 少なくとも近い将来には大幅には動かしがたい. 問題が生じるたびにメディアや一部の研究者が唱える, 高等教育に対する国の直接支出を増やすべきだという議論は, むしろ思考停止に世論を導く役割を果たしてきたといわねばな

らない.

　ただし金融市場の介入は社会的な不安を呼ぶことも事実である．2010年代にはいって高等教育コストや奨学金が問題になった背景には，4年制大学への就学率が5割を超え，大学教育を受けることのメリットよりも，受けないことのデメリットが意識されるようになってきたことがある．実質賃金の微減の中で教育負担への不安が中間層に広がったのである．また2000年代に急速に拡大した奨学金の貸与者が，2010年代終わりのリーマンショックによって大卒時に一括採用の枠内に入ることができず，奨学金の返済に大きな困難にあっていることが，メディアなどで紹介されたこともその不安を増大させた．

　2017年の衆議院総選挙で各党の公約に大学就学費用の軽減がとりあげられ，とくに自民党は改憲，消費税率引き上げとだきあわせで「大学無償化」をうたったことはそれを反映している．しかしそれはポピュリスト型政権の操る幻想にすぎない．安倍政権は2020年度予算で，消費増税による税収増のうち8千億円を教育目的に使うことを目標としているという．現実に可能となるのはきわめて限られた学生への無償奨学金でしかない．しかもその受給資格の設定は技術的にも多くの問題を引き起こす．社会的な格差是正，とくに低所得層の固定化を防ぐという意味ではむしろ小学校低学年，就学前教育への抜本的支援こそが意味をもつし，それは政府支出をもってしか可能ではない．

　ここで重要なのは，高等教育の財政構造と，奨学金，機会均等性の問題を混同せず，明確に整理して考えることであろう．財政面での金融市場への依存そのものは，必ずしも忌避するべきものではないと私は考える．他方で過去の経済成長と税負担高度化の失敗の結果として，日本の家計が蓄積した金融資産はすでに千数兆円規模に達しており，近い将来にそれが枯渇することはない．また将来についても，大学卒業生が借入学を返済できるのであれば，このシステムは持続可能である．しかも前述のように大学教育から得られる収益率は7パーセント程度に達しており，返済をしたうえでも一定の利益があるからこそ，奨学金の受給者が増加してきたのであった．

　もちろん留意しておかねばならないのは，個人としてみれば貸与奨学金の貸与には一定のリスクが伴う点である．雇用状況の変化，あるいは個人的な事情，さらに（返還利子率変動制をとった場合には）返還条件の変化も生じる．

貸与奨学金制度は個人による選択によって教育機会の多様化・高度化を促進する一方で，リスクを社会全体ではなく，個人に負わせざるを得ない．こうしたリスクを，いわゆるモラルハザードを生じさせない範囲で，軽減する措置が不可欠になる．ここに高等教育政策の新しい課題がある．

しかしより基本的な日本の高等教育の課題は，急速な大衆化によって形成されてきた大学教育の内実の貧しさをどのように克服するかにある．ユニバーサル化もその課題に応えないままに，量的な拡大を続けた結果として生じたのであった．将来を考えれば一定の経済成長は必要であり，そのためには大学教育の革新を通じた将来の労働力の生産性の向上が不可欠である．またそれなしには機会均等以前の問題としての低所得者層の生活水準の維持向上，教育機会の実質的な開放も不可能である．そのために高等教育の市場化はどのような役割を果たすことができるだろうか．

前述のようにアメリカでは金融市場・貸与種学金を槓桿として授業料の継続的な上昇と，高等教育機関間の競争性の激化が起こった．それが直接的，間接的に大学教育の改善に対する圧力を生じさせてきたといえる．いわば流動化のダイナミクスの中で質的改善の動きが大学の内外から生じたといえるのではないだろうか．こうした意味での質的革新を生み出す市場化のダイナミクスが日本では生じるだろうか．またそのために高等教育政策はどのような役割を果たすべきだろうか．それがいま問われている．

◇注

1）私的収益率の計算にあたっては所得税による補正を行っていない．最近年について補正を行ってみたが，結果としてはそれによる影響は1パーセントポイントを大きく下回る．

2）*OECD Education at Glance* 各年，および U. S. Department of Education Statistics, *Digest of Education Statistics 2017* から算出．

◇参考文献

金子元久，2013,『大学教育の再構築』玉川大学出版部

_____，1996,「高等教育大衆化の担い手」天野郁夫編『学習社会におけるマス高等教育の構造と機能に関する研究』放送教育開発センター，37-59.

小林雅之，2009，『大学進学の機会』東京大学出版会

長野公則，2018，『アメリカの大学の豊かさと強さのメカニズム』東信堂

福井公威，2018，『米国高等教育の拡大する個人寄付』東信堂

矢野真和，2015，『大学の条件：大衆化と市場化の経済分析』東京大学出版会

Bok, Derek, 2013, *The Commercialization of Higher Education*, Princeton: Princeton University Press.

Brewer, Dominic J.; Gates, Susan M.; Goldman, Charles A., 2002, *In Pursuit of Prestige: Strategy and Competition in U.S. Higher Education*, New Brunswick: Transaction Publishers.

Geiger, Roger L., 2004, *Knowledge and Money: Research Universities and the Paradox of the Market Place*, Stanford, California: University of California Press.

Heckman, James J., 2008, "Schools, Skills, And Synapses," Economic Inquiry Vol. 46, No. 3, 289–324.

Hoxby, Caroline M., 1997, "How the Changing Market Structure of U. S. Higher Education Explains College Tuition." NBER Working Paper 6323.

Kaneko, Motohisa, 1987, *Enrollment Expansion in Postwar Japan*, 111 pages, R.I.H.E., 1987.

Kirp, David l., 2003, *Shakespeare, Einstein, and the Bottom Line: The Marketing of Higher Education*, Cambridge: Harvard University.

National Commission on Excellence of Education, 1983, *A Nation at Risk: The Imperative for Educational Reform*.

National Inst. of Education, 1984, *Involvement in Learning: Realizing the Potential of American Higher Education*. Final Report of the Study Group on the Conditions of Excellence in American Higher Education.

Reich, Robert, 1992, *The Work of Nations: Preparing Ourselves for 21st Century Capitalism*, Vintage.

Teixeira, Pedro; Jongbloed, Ben; Dill, David eds. 2004, *Markets in Higher Education: Rhetoric or Reality?* Dordrecht: Kuluwer Academic Publishers.

William Zumeta; David W. Breneman; Patrick M. Callan; Joni E. Finneye, 2013, "Financing American Higher Education in the Era of Globalization," *Journal of Higher Education* 84(3), 446–448.

ABSTRACT

Higher Education in a Context of Slower Growth

KANEKO, Motohisa
University of Tsukuba

Japan experienced an epoch of high economic growth up to the early1990s followed ever since then, by a low growth rate. Nonetheless, the participation rate in higher education continued to increase even in the latter period. What underlay this expansion, and what are the future implications? This paper addresses those questions. In Section 1, I have drawn up an analytical framework that involves the market for higher education opportunities (the higher education market), the market for college graduates, the financial market, and the government. In Section 2, I examine the factors that contributed to the changes in the higher education participation rate in three periods since the 1960s. I show that the participation growth since 2000 owes much to the increased use of education loans, tapping the resources of the financial market. In Section 3, I examine the case of the United States from similar perspectives. I argue that, while the monetary market has played a significant role since the 1990s, the behavior of higher education institutions in the U.S. is different from the case of Japan. On the basis of these observations, I discuss the possible direction of future higher education policies in Japan.

所得連動型貸与奨学金
―その理論的背景と課題―

阪　本　　崇

　高等教育への投資が社会的に望ましい水準より低くなる理由のひとつとして，不完全情報に起因する資本市場の不完全性をあげることができる．1950年代から60年代にかけて，ミルトン・フリードマンやアラン・プレストによって提唱された所得連動返還型貸与奨学金は，この不完全な資本市場を補完することができることに加え，教育財源調達のための公平なシステムとしても注目され，オーストラリアやイギリスで導入された．所得連動返還型貸与奨学金には，債務不履行に対する堅牢性や，保険に類した機能の提供が可能なこと，低い行政コストなどの利点があるが，その一方で，所得の定義と捕捉，家計の扱いの難しさ，利子負担の増大といった課題がある．しかし，その基本的な仕組みのもつ有効性は高く評価されており，高等教育以外の分野での応用も期待されつつある．

1.　はじめに

　好むと好まざるとにかかわらず，経済学的な観点から見た場合，高等教育は明らかに人的資本への投資としての側面を備えている．投資としての側面がある以上，高等教育が金融市場との関係をもつことは自然なことである．経済学では，黒字主体から赤字主体へ資金を融通することを金融と呼び，資金が取引される市場を資本市場と呼んでいる．投資を行おうとする主体は，手元に十分な資金がなくても，この資本市場を利用することにより，資金を調達し，投資を実行することができる．

京都橘大学

問題は，この資本市場が常に完全に機能するわけではないということである．資本市場は，将来の状況や借り手に関する情報が不十分にしか得られない場合などに，「資本市場の不完全性」と呼ばれる機能不全の状態に陥ることがある．後で見るように，高等教育への投資に関して資本市場は不完全な状態になる可能性がきわめて高い．言い換えれば，個人が高等教育を受けようとするとき，それに必要な資金を調達することができないという理由で，進学をあきらめてしまうことは十分にあり得るのである．

　この高等教育への投資が直面する資本市場の不完全性に対応するためのきわめて有効な手段とみなされているのが，所得連動返還型貸与奨学金である．次節以降で詳しく見るように，1950 年代中頃から英米を中心に文献の中に現れ始めた所得連動返還型貸与奨学金は，理論的に見ればきわめて優れた特徴をもつ教育財源の調達方法である．しかしながら，理論はあくまでも現実を単純化したものであり，理論上では優れた制度を現実に適用した場合には，通常，さまざまな課題が現れる．もちろん，所得連動返還型貸与奨学金もその例外ではない．

　本稿では，この所得連動返還型貸与奨学金について，まず，それが必要になる理論的根拠としての「資本市場の不完全性」について述べる．つぎに，その提唱から現在までを概観した後に，理論的な観点からその基本的な性質を明らかにするとともに，それを現実の制度として運用するにあたっての課題について検討したい．

　なお，周知のとおり，奨学金（Scholarship）は，本来，学業などの業績基準（メリット・ベース）で給付される返済の不要な資金を指し，本稿が対象とするような返済の必要な資金は，「ローン」と表現するのが一般的である．実際,本稿で参照する文献のほとんどで「所得連動型学生（学資,教育）ローン（Income Contingent Student Loan）」あるいはより普遍化して「所得連動型ローン（Income Contingent Loan）」という言葉が用いられている．しかし，本稿では，日本における「奨学金」という言葉の用法に合わせて，「所得連動返還型貸与奨学金」という言葉を用いることとしたい．

2. 公的支援の理論と資本市場の不完全性

2.1. 公的支援の根拠

ほぼすべての国において，高等教育サービスの供給には，多かれ少なかれ

公的な資金が投じられている．教育に限らず，政府が何らかの財・サービスの供給にかかわる場合，経済学において，その根拠とされるのは，公共財の存在や外部性の発生に代表される「市場の失敗」に起因する財・サービスの過少供給である．紙幅の制約から，本稿で詳しく説明することはできないが，高等教育サービスが公共財としての性質（非排除性と非競合性）の性質を備えている場合，あるいは正の外部性を生じる場合には，その供給が社会的に望ましい水準に比べて過少になるため，政府が何らかの形で公的資金を投じて供給を促進することが正当化される．

　しかし，現実には，これらの根拠によって高等教育サービスへの公的支援を正当化することは，必ずしも容易ではない．教育サービスを経済学的な意味での公共財とみなすには無理があるし，高等教育が科学技術・芸術文化の発展といった正の外部性を生み出すことに異論はないとしても，それが公的資金の調達に伴う費用を超えることを論証することはきわめて困難である．

　政府が高等教育に対して公的資金を投じることを正当化するもうひとつの論拠は，それを通じて無料かきわめて低い授業料で教育を提供することで，高等教育への公平なアクセスを実現するというものである．しかし，私的な投資としての高等教育の収益率は低くはないため，理論的な観点から見れば，こうした低所得者への配慮も公的支援の根拠とはなり得ない．なぜなら，所得が低く，手元に教育投資に充てる資金がないとしても，資本市場から資金を借りることができれば，それを元手に投資を実行し，その収益の中から元本の返済や利子の支払いを行うことは十分に可能であるからである[1]．

　にもかかわらず，現実の社会において，経済的な理由から大学等への進学をあきらめざるを得ない個人が少なからず存在するのは，冒頭で述べた資本市場の不完全性という現象があるからである．

2.2. 資本市場の不完全性

「資本市場の不完全性」とは，資本市場への参加者が取引を行うに当たって必要な情報を十分に保有していないなどの理由で，そうでなければ実現していたはずの取引が行われないことを指す．仮に，資本市場が完全であれば，すべての個人は常に一定の利子率で必要なだけ資本市場から資金を調達することが可能になるのに対し，資本市場が不完全な場合には，有望な投資機会があったとしても，それに対して資金が提供されず，社会的に望ましい水準に比べて投資の規模が過小になる可能性がある（阪本 1998: 83-86）．

高等教育投資にかかわる資金の貸し借りを行う資本市場は，このような不完全な状態に陥りやすい．その理由は，所得連動返還型貸与奨学金をはじめて提唱した人物として次節で触れることになる M. フリードマンが的確に指摘している．フリードマンは「人的資本へのこの過少投資はおそらく，資本市場の不完全性を反映するものである．人間に対する投資に必要な資金を調達することは，物的資本に対する投資と同じ条件，同じ容易さではできない」と述べ，その理由をいくつかあげている（Friedman 1955 = 1967: 116）.

　もっともわかりやすいのは，教育投資にかかわる貸付金に対しては担保を確保することが困難であるということである．たとえば，住宅ローンの場合であれば，資金の貸し手は，住宅を担保として確保しておくことで，仮に資金の借り手が返済不能の状況に陥ったときでも，それを売却することで，資金の一部を回収することができる．しかし，高等教育の場合，投資によって形成されるのは教育を受けた個人の能力であり，「奴隷制度のない国では，投資を具体化している個人を売買することはできない」ため，こうした担保を活用したリスクの回避ができない．ただし，担保を確保することができるかどうかは本質的なものではなく，むしろ，そもそもこのように貸し手が借り手に対して担保を求めなければならない事情，すなわち高等教育への投資の結果には大きなリスクが伴うことこそが本質的な問題である．

　第一に，高等教育への投資は，平均的な収益率は高くても変動は激しいものである．その理由は突然の死亡や身体能力の喪失，才能や活動力，運勢なさまざまであるが，資金の貸し手は，そうした収益の変動による貸し倒れのリスクをカバーするために，より高い利子率を要求するようになる．第二に，高等教育への投資が成功裏に終わるかどうかは，高等教育を受ける個人の努力にも大きく依存する．この場合，本来であれば，資金の貸し手は借り手の行動（投資が適切に実行されているかどうか）を監視する必要があるが，教育投資の場合には，そのようなことは現実的には不可能であろう．この場合も，やはり資金の貸し手は利子率を高めたり，一定の基準を満たさない借り手には資金を貸すことを拒否したりすることになる．

　以上のような理由から，高等教育投資に関する資本市場は不完全な状態に陥るが，このとき，より高い利子を要求されたり，あるいは資本市場にアクセスすること自体ができなかったりするのは，多くの場合，信用力の低い低所得者である．そのため，資本市場を利用することで可能になるはずであっ

た高等教育サービスへの公平は実現せず，低所得者が高等教育に進学する機会が制限されることになる．

この「資本市場の不完全性」という観点から見ると，所得連動返還型貸与奨学金の位置づけが明白になる．つまり，国公立の教育機関による高等教育サービスの直接的な供給や，私学助成などの機関補助，給付型奨学金などの個人への補助が，不完全な状態になる資本市場の活用をあきらめて，別の政策手段で高等教育投資を適切な水準にまで高めたり，それへのアクセスの公平性を確保したりしようとしているのに対して，むしろ不十分な形でしか機能しない資本市場を別の仕組みで補完することによって対処しようとするのが，所得連動返還型貸与奨学金である．

3. 所得連動返還型貸与奨学金の歴史的展開

3.1. M. フリードマンのアイデア

すでに述べたように，資本市場の不完全性への対処として，所得に連動してその返済額が変動するローンの仕組みを活用することをはじめて提案したのは，アメリカの経済学者 M. フリードマンである．フリードマンがこのアイデアをはじめて世に出したのは 1945 年であるとされているが，その基本的な考え方を，明確に示したのは 1955 年の著作 "The Role of Government in Education"（1955）においてである．

> 他の危険な投資の場合について，これ（資本市場の不完全性による過小投資：引用者）と類似の問題を解決するためにとられる手段は，持ち分投資と株主の側の有限責任との組み合わせである．教育について，これによく似たことを考えれば，それは一個人の所得の分け前を「買い取る」ことであろう．すなわち，その個人が自分の将来の所得の定められた割合を貸し手に支払う約束をするという条件の下で，訓練に必要な資金を彼に前貸しすることである．（Friedman 1955 = 1967: 117）

ただし，このような方法を私的な主体間の金融契約として実施することには大きな費用が伴うため，フリードマンは，次のような具体的な方法で，政府が「持ち分投資にたずさわる」ことを提案している．

政府団体は最低限の能力基準を満たすことのできる個人であれば誰の
訓練に対しても，資金を提供するか，あるいは金融を助けるようにする
ことができよう．それは公認された施設で訓練を受けるために資金が使
われることを条件にして，定められた年数のあいだ，毎年ある限られた
金額を利用に供する．個人はこれの見返りとして，彼が政府から受け取っ
た 1,000 ドルあたりある一定額を超える収入のある一定割合を将来の毎
年政府に支払うという約束をすることになろう．この支払いは所得税の
納入と容易に結合させることができるので，余分の管理費用は最小限で
済むだろう．（Friedman 1955＝1967: 120）

　以上のフリードマンによる提案の中には，以下で見る所得連動返還型貸与
奨学金の基本的な特徴がすでに示されているが，この点について詳しく検討
する前に，フリードマンの著作に触れつつも，当時のイギリスの高等教育財
政が抱える具体的な問題から出発して，それを解決する唯一の方法として，
財源調達の側面から所得連動返還型貸与奨学金にたどり着いたイギリスの財
政学者 A. プレストの提案についても見ておこう．

3.2. 高等教育財政制度としての所得連動返還型貸与奨学金

　プレストは，1960 年代半ばのイギリスにおいて，高等教育の拡大や教
育費それ自体の高騰により，10 年後といった近い将来に，高等教育に対
する政府の支出額が当時の 2 倍以上になることを予測している．そして，
当時イギリスが行っていたのと同様に大学助成委員会（University Grants
Committee）を通じて間接的に行うのであれ，政府が直接的に行うのであれ，
そうした大きな支出を高等教育機関への直接的な補助金として支出すること
は，高等教育に対する政府の影響力を強めることになるとしてこれを退けた
うえで，個人に対して何らかの補助を行う方法について検討している．

　検討されているのは，大学生に対して無条件に，あるいは所得等の条件を
課したうえで補助金（給付型の奨学金）を支出する方法，所得税の課税に際
して教育費支出にあたる金額を税額控除あるいは所得控除する方法などであ
る．プレストは，たとえ所得制限を設けたとしても，給付型奨学金は低所得
者を含む納税者一般からの将来の高所得者に対する移転となり得るという意
味で不公平な側面をもつし，教育費の税額控除や所得控除はそもそも課税最
低限に達しない低所得者にはメリットがないなど，これらの方法をおもに公

平性の面から望ましくないと判断している.

このような検討の結果,最後に到達したのが,「その生涯にわたって所得の一定割合を政府に払い戻す契約を結ぶことを条件に,必要最低限の学術的水準を満たす見込みのあるすべての大学生にたいして,公的な基金から一定の金額を利用することを可能にする」(Prest 1966: 19)という方法である.

3.3. 実際に提案された諸制度

以上で述べたフリードマンやプレストによる提案の後,所得連動返還型貸与奨学金は折に触れて提案され,そのうちいくつかは実際の制度として実現している.たとえば,アメリカでは,1967 年に教育刷新委員会(the Panel of Educational Innovation)によって,Educational Opportunity Bank と呼ばれる構想が打ち出されたのちに,1970 年代はじめには,イェール大学,デューク大学,ハーバード大学といった有名大学が,それぞれ大学独自のプランとして,授業料を後払いにし,しかも一定期間にわたり所得の一定割合を支払う方法を提供している(Johnstone 1972: 51–83).また,1990 年代のクリントン政権時にも所得連動返還型貸与奨学金を提供する信託基金の設立が提案されたことがある(Krueger & Bowen 1993).

イギリスでも,プレストの著作以後,高等教育に関するいわゆる「ロビンズ・レポート」を著したことでも知られる経済学者 L. ロビンズや,その流れをくむ N. バーによって所得連動返還型貸与奨学金がたびたび高等教育財政を支えるシステムとして提案されている.とくに N. バーは現在でも所得連動返還型貸与奨学金の熱心な支持者として知られており,1988 年にイギリスで高等教育進学の拡大と政府支出の抑制を狙ってローン制度の導入が提案された際,それが通常のローンに利子補給が付加されただけのものであったことに批判的な立場をとり,1989 年に社会保障制度を基礎に置いた National Insurance-based Loan という制度を提案している(Barr 1989: 52–66).

N. バーがこの制度を提案したのと同じ 1989 年に,国全体の制度として,この制度をいち早く取り入れたのはオーストラリアである.1974 年以降,オーストラリアでは無料で高等教育を受けることができていたが,1980 年代になると,高等教育サービスへの需要の増加や,高等教育への補助金が次節で見るように逆進的なものとなりかねないという批判に対応することに加え,小さな政府を求める世界的な潮流もあって,高等教育進学者に受益者負担を求めることが模索された.その一方で,低所得者に対する配慮も求め

られており，そのいわば妥協の産物として，Higher Education Contribution Scheme（HECS）と呼ばれる高等教育財政制度の一要素として所得連動返還型貸与奨学金の仕組みが取り入れられた（Chapman 1997）．

　所得連動返還型貸与奨学金についての研究が進みながら，いわばオーストラリアに先を越される形となったイギリスが，この制度を取り入れたのは，1998 年になってのことである．その背景については，すでにプレストの議論の中でも触れたとおりであるが，やはり公的な財源によって支えられてきた高等教育制度が，その拡大とともに財政的に耐えられなくなってきたことと，その一方で低所得者に配慮して高等教育へのアクセスの公平を図ることとの2つの要求を両立させることのできる仕組みとして導入されたことに注目しておきたい[2]．

　これらの2国に加えて，すでに通常の貸与型奨学金へと変更されているが，原則として学費が無料とされていたスウェーデンでも，生活支援の手段として所得連動返還型の貸与奨学金が利用されていたほか，ニュージーランドなどにおいてもこの仕組みが取り入れられている．

4. 所得連動返還型貸与奨学金の性質

　所得連動型貸与奨学金は，理論的に見るとさまざまなメリットを有している[3]．以下，順に見てゆきたい．

4.1. 本質的にローンであること自体のもつメリット

　近年の日本の奨学金に関する議論においては，低所得者への配慮という観点から，それが貸与型すなわちローンであること自体が批判されているが，むしろローンであること自体のもつメリットは大きいと言ってよい．

　ローンが批判される際には，その利用者の経済状況ばかりが注目されるが，資金の調達の側面も含めて考えれば，給付型奨学金にも所得分配の側面から見てデメリットがある．オーストラリアで HECS が導入された背景のひとつとしても述べたとおり，高等教育進学者に対して一般財源から無償の資金を支出することは，将来の高所得者に対して，低所得者を含む国民一般から補助金を支出するということでもあり，場合によっては逆進的な制度，すなわち低所得者層に負担を強いる制度になりかねないからである．

　もちろん，このような逆進性は，奨学金の給付対象を低所得者に限定すれば，ある程度緩和することができる．実際，2020 年度から導入される給付

型奨学金にも所得制限が設けられているが，こうした所得制限を設けることには2つの点で問題がある．第1に，所得制限を正確に行うためには，詳細な資力調査（ミーンズ・テスト）を行わねばならないが，そうした調査に対しては個人の尊厳を傷つけるものであるといった批判がかねてよりあることは周知のとおりである．また，第2に，仮にそうした調査が可能であったとしても，親子間などの家族の関係にまで踏み込むことは通常困難である．そのため，たとえば，比較的裕福であっても，両親が子どもの進学に対して否定的で学費の支出に消極的な場合には，子どもは親からも社会からも支援されないということになる可能性がある．

以上で述べたような逆進性の問題や資力調査の問題が起こりえないことは，ローンという仕組みのもつ大きな利点であろう[4]．返還時の経済的な負担は確かにあるが，これは本来，低所得の問題として高等教育費とは区別して議論されるべきものである．

4.2. 債務不履行に対する堅牢性

本質的にローンであることのメリットだけに注目するのであれば，通常の貸与型奨学金でもよいことになるが，所得連動返還型貸与奨学金には，通常の貸与型奨学金に比較して債務不履行（デフォルト）に対して堅牢なシステムであるというメリットもある．

貸与型の奨学金をめぐっては，卒業後の返還負担が過大なものとなり，利用者の中で経済的に困難な状態に陥るものが少なくないことに注目が集まっているが，むしろ問題は，最終的に債務不履行という結果に終わった場合，その信用情報が傷けられることにより，それ以後の資本市場のアクセスに支障を来す可能性も否定できないことである．住宅ローンが利用できなくなることなどを念頭に置けば，資本市場にアクセスできなくなることが，個人の生活を大きく制約することは明らかであろう．

個人が奨学金の返還に関して債務不履行に陥る理由は，言うまでもなく返還金の負担が個人の所得や資産に比較して大きすぎることであるが，所得連動返還型貸与奨学金の場合には，所得に応じて返還金の額が決まることから，そのような状況に陥る可能性はきわめて低い．むしろ，悪意による意図的な債務不履行を例外とすれば，実質的に，債務不履行というもの自体が制度的に存在しないと言ってもよいであろう．

このことは，奨学金を借りている個人にとってだけではなく，制度の存続

という観点から見てもメリットが大きい. 貸与型奨学金をはじめ, 通常のローンの場合, いったん債務不履行に陥ると, 返還はその時点で終了するので, とくに景気後退などに伴って経済状況が悪化すると, その後, 長期にわたって制度の存続にマイナスの影響を与えることも考えられる. これに対し, 所得連動返還型貸与奨学金の場合には, 低い金額であったとしても返還が続くことになるため, いったん返還額の総額が減少したとしても, 長期的には回復に向かう可能性もある.

このように, 個人にとっての「返還のしやすさ」ということだけでなく, 制度の存続という側面から見ても, 所得連動返還型貸与奨学金は, 通常の貸与型奨学金よりも有利な性質をもっている.

4.3. 一種の保険としての機能

債務不履行という, ある意味で極端なケースに限定せずとも, 返還額が固定されているのではなく, 所得に応じて決まることは, とくに高等教育への進学者にとっては大きなメリットとなり得る.

教育投資が資本市場における資金の提供者にとって不確実性の高いものであることはすでに述べたとおりであるが, 不確実性に直面するのは資金の提供者だけではない. 高等教育への進学を検討している個人自身にとっても教育投資は不確実性の高いものである. そのため, リスク回避的な個人は, 教育への投資を躊躇することになり, たとえ資本市場での借り入れが十分に可能であったとしても高等教育への投資は社会的に適正な水準に比べて過少となる可能性がある.

このような場合, 保険を提供することによって, 高等教育への投資をより望ましい水準まで拡大することが可能になる. しかし, 保険の提供が望ましいとしても, 教育投資の結果に対して保険を提供することは, 通常, きわめて困難である. なぜなら, フリードマンが指摘していたとおり, 教育投資の結果は教育を受ける個人の努力によっても左右されるが, 保険が提供されリスクから守られることによって, 個人はそのような努力を怠るかもしれないからである. すなわち「モラル・ハザード」が発生する可能性があるのである. 仮に, 努力が実際に行われなかった場合に何らかのペナルティを与えることができれば, こうしたことは防ぐことができるが, 資金の貸し手が借り手に対して十分なモニタリングを行うことは不可能であろう.

また, 教育投資における「情報の非対称性」, すなわち資金の買い手と借

り手の間にある情報の格差は，「逆選択」と呼ばれる現象を引き起こす可能性が高い．教育投資の結果に対する保険を購入するための保険料は，自らの能力に確信があり，また大学でしっかり努力するつもりの個人にとっては割高に感じられるであろう．このような場合，「優良な借り手」ほど，保険市場から退出することになり，このプロセスが続くとやがて保険市場そのものが成り立たなくなる．

　以上で述べたような理由から，教育投資の結果に対する保険が，私的な保険として市場で提供される可能性は小さい．これに対し，所得連動返還型貸与奨学金は，返還額を所得と連動させることによって，完全にではないものの，保険に近い機能を果たすと考えることができる．とくに，一定の所得額以下で支払いが免除されるときには，完全に保険と同等の機能を果たすことになるため，高等教育への投資が社会的に望ましいレベルに近づく可能性はよりいっそう高くなる．

4.4. 公平な資金調達手段としての側面

　所得連動返還型貸与奨学金が望ましい仕組みであるとされるもうひとつの理由は，それが公平なシステムであるということである．プレストが行ったように，所得連動返還型貸与奨学金を高等教育の財源調達の手段とみなすならば，公平性という観点からこのシステムを評価することは重要である．高等教育にかかわる費用負担を論じる場合には，公的資金の支出の側面だけでなく，その財源をいかに公平に個人間で分配するかも重要な問題になる．公的資金を調達するとき，その負担を公平に個人間に分配しようとすると，応益原則あるいは応能原則のいずれかの原則に従うことが求められるが，所得連動返還型貸与奨学金は，この2つ原則のいずれにも適合する．

　まず，応益原則とは，租税などの負担が公共サービスから各個人が受け取る便益と対応していなければならないとするものである．これに対し，応能原則とは，租税などの負担が各個人の支払い能力に対応していなければならないとするものである．支払い能力をどのように測るかは必ずしも自明ではなく，たとえば所得がなくても，資産を取り崩すことで多額の消費を行うことのできる資産家の支払い能力の高さに着目し，所得よりも消費額を支払い能力の基準とすべきとする見解もある．しかし一般には，支払い能力は個人の所得によって決まるとするのが自然であろう．

　このように考えると，返還額が所得の一定割合として決定される所得連動

返還型貸与奨学金が，応能原則に当てはまることはあらためて言うまでもないことである．加えて，より高い所得を得ている個人ほど，高等教育からより多くの便益を受けたと考えれば，所得連動返還型貸与奨学金は応益原則にも当てはまることになる．

　また，応能原則という観点を突き詰めていけば，所得連動返還型貸与奨学金を再分配の手段として活用することも可能になる．極端なケースをあげると，制度上は，返還額が貸与総額（およびそれに利子を加えた額）に達したあとも，生涯，あるいは一定の期間にわたって支払い続けるような仕組みを作れば，この制度の利用者間での所得再分配を行うことができる．もっとも，このようなケースでは高等教育進学者全員にある程度標準化された金額の借り入れが義務づけられるであろうから，それを「貸与奨学金」と呼ぶべきかについては議論の分かれるところであろう．実際，N. バーはこのような仕組みを卒業税（Graduate Tax）と呼んでいる（Barr 2001: 179）．こうした留意点はあるものの，再分配の手段としての可能性をもつことも所得連動返還型貸与奨学金のメリットのひとつであると言うことができるであろう．

4.5. 低い行政コスト

　所得連動返還型貸与奨学金のメリットとして，最後に，その運用コストに関する利点についても触れておきたい．

　非常に単純なことではあるが，所得連動返還型貸与奨学金の制度を実現することは，所得税や社会保険料の制度がある限り，その徴収に上乗せする形で返還金を徴収するだけで，非常に低い追加的なコストで可能になる．とくに所得税の源泉徴収が一般的である場合にはそうである．

　日本学生支援機構の奨学金においても，2017 年度に所得連動型の返還を選択する機会が制度的に拡大されたが，その背景のひとつとしてマイナンバーによる所得の把握が租税以外の場面において活用できる可能性が高まったという事情があげられる．他方で，スウェーデンにおいていったん導入された所得連動返還型貸与奨学金が，通常の貸与奨学金に変更された背景には，奨学金の返還が所得税の徴収と統合されていなかったために，制度運用のためのコストが大きくなっていたという事情もあるとされている（小林 2017）．

　このことから，別の見方をすれば，所得税の制度が確立されており，その徴収が的確に行われているかどうかということ，そして返還金の徴収が所得

税や社会保障の制度に組み込まれているかどうかということが，所得連動返還型貸与奨学金の制度の成否を決めると言うことができるかもしれない．

5. 所得連動返還型貸与奨学金の課題

以上で述べたとおり，現実を単純化した理論の上で評価するならば，所得連動返還型貸与奨学金は，教育費を社会的に支弁するシステムとしてきわめて優秀なシステムである．しかし，現実の社会は，理論が想定するほど単純なものではない．たとえば，所得連動返還型貸与奨学金にとって，所得の大きさを測ることは重要な要素になるが，現実の世界では「所得」が何を意味するのかは必ずしも明確でない．また，借り入れることのできる金額，利用資格，適用される利子率，所得に対する返済の割合，返還を開始する所得額，返還の期間など，所得連動返還型貸与奨学金の性格を決める要素は数多くあり，それぞれが制度の中で複雑に絡み合っている[5]．

5.1. 所得に関する定義

所得連動返還型貸与奨学金の課題について考える場合に，まず，論点として取り上げるべきは所得の定義である．すべての個人が給与所得のみで生計を立てているというのであれば簡単であるが，現実の個人の所得には，労働所得だけでなく，利子所得，配当所得などの資本所得も含まれる．

労働所得と異なり，資本所得が教育によって身につけた能力に比例して増減するかどうかについては，必ずしも明らかでない．そのため，資本所得を返還額の算定に含めるかどうかは，まず，公平性の観点から見た所得連動返還型貸与奨学金の性格を左右する重要なポイントとなる．応能原則の観点から見れば，返還金額の算定基準とする所得に資本所得を含める必要があるが，資本所得の大きさが高等教育から受けた利益と連動しないと考えれば，応益原則には反することになる．一方で，返還金額の算定基準とする所得を労働所得に限定すれば，応益原則にはより適合するが，反対に応能原則には適合しにくくなる．とくに，資本所得は高所得者のほうが多い傾向にあることを考慮に入れれば，資本所得を返還金額の算定基準から外すとことの影響は大きいと考えられる．

こうした公平性の問題に加えて，所得連動返還型貸与奨学金の制度自体が逆選択を引き起こしてしまう原因ともなり得るという問題もある．資本所得の中には相続や贈与で受け継いだ資産からもたらされるものもあるはずであ

る．それらを高等教育進学の以前から予測できたとすれば，将来，多額の資本所得を受け取ると予測する個人ほど所得連動返還型貸与奨学金の利用をためらうであろう．その結果，この制度を利用する個人が，生活の多くを労働所得のみに頼らざるを得ない比較的低所得の個人に偏る可能性があることは否定できない．

最終的に返還総額に影響する可能性をもち，場合によっては制度の存続そのものを左右しかねない，所得の定義に関するこれらの問題点は，この制度が再分配の手段としての性格を強めれば強めるほど顕在化すると考えることができる．一方で，返還金額の算定基準を労働所得のみに限定した場合には，労働所得に対する返還の割合が高くなるという問題点もある．

5.2. 家計の取り扱い

個人が多様な源泉から所得を得ることに加えて，返還額の算定の基礎となる所得の定義を難しくしているのが，個人が家計を形成するという事実である．この問題は，所得連動返還型貸与奨学金が提案され始めた当初から「専業主婦問題」として認識されてきた．高等教育卒業者どうしが婚姻関係を結んだのち，女性が専業主婦として無業になった場合，個人の所得を返還額算定の基準とすると，結果として返還が免除されてしまうというものである．

専業主婦に限定することは現在の社会では適切でないであろうが，同様の問題はさまざまな形で起こりうると考えてよい．もちろん，このようなケースでも無業の家族構成員の分も含めて所得に応じた返還額を算定することは可能であるが，算定の基準を課税調整された家計支持者の所得とするのか，世帯所得を基準とするのかによりその額は大きく変動する可能性があり，結果としての公平性に大きな影響を及ぼしかねない．

さらにこの問題を難しくするのは，所得連動返還型貸与奨学金という制度の枠組みの中だけでは，制度設計を完結できないということである．すでに述べたように，所得連動返還型貸与奨学金は租税の徴収に上乗せする形で返還金を徴収することで行政上のメリットを得ることができるため，家計をどのように取り扱うのかという点については，それぞれの国の租税制度（とりわけ所得税の制度）に従わざるを得ない．イギリスで個人単位の返済金額の算定が行われているのもそのためであると考えられる．

このように，外生的に決まらざるを得ない側面があり，また，所得税の場合と同様に唯一の回答というものがないのが現実ではあるが，家計をいかに

扱うかという問題は，個人の可処分所得に対する影響や，制度全体に対するインパクトも大きいため，具体的に制度設計を行う際には最も重要な問題のひとつであると考えることができる．

5.3. 利子率に関する問題

　所得の定義や単位と並んで，検討しなければならないのは，利子率をどのように設定するかということである．この点に関して小林（2017）は，所得が低い場合には，返済が長期にわたるので，所得連動返還型貸与奨学金には利子補給を組み合わせることが不可欠であるとしている．

　しかし，所得連動返還型貸与奨学金の利子率を市場利子率よりも低くするということは，経済学的な観点から見れば，実質的に借り手に補助金を与えていることにほかならない．なぜなら，一般に，利子率は個人の時間選好率（将来に対して現在をどれだけ高く評価するのかを示す指標）を反映するものであり，本来であれば，現在の一定の金額と，それに期間に応じた利子を加えた将来の金額とは，個人にとって等価であるはずであるからである．

　以上の論理から考えれば，利子率がゼロ，あるいは非常に低い水準であることが無条件に望ましいわけではない．個人が市場で借り入れる際の利子率には，貸し手から見たリスクプレミアムも含まれるため，それと同じ利子率でなければならないというわけではないが，一定の利子が加算されることは論理的には望ましい．所得連動返還型貸与奨学金の利子率が市場利子率より低ければ，高等教育に投資するのではなく，個人はそれを元手にし国債や預金といった安全資産に投資するだけで簡単に利益を得ることができるので，望ましくないという見解もあり得る．

　とはいえ，現実には，将来の利子負担に対する懸念が，所得連動返還型貸与奨学金を利用することを躊躇する原因となることは十分にあり得るであろう．N.バーは，所得が年率3％で増加してゆく場合を例にあげて，利子を付加した場合，個人の債務はいったん大きくなるものの，やがて所得が増加するにつれて月々の返還額が通常の貸与型奨学金よりも大きくなるため，大きな債務が人生の後半に残るわけではないとして利子を付加することに問題はないとしている（Barr 2001: 186-7）．しかし，このことは，逆に言えば，将来の所得の増加が必ずしも望めないケースでは，個人が債務の増加を懸念するであろうことを意味している．

　いずれにしても利用者の負担に配慮すれば，利子補給を行う必要はあろう

が，このことは，返還を完了するまでに時間のかかる低所得者に対して一般財源から補助金を支出することにほかならないことに注意する必要がある．

5.4. その他の課題

このほか，所得連動返還型貸与奨学金については，さまざまな課題が指摘されているが，その中でも最も大きな課題は，この制度の持続可能性について事前に予測することが難しいということである．

イギリスでも，2013年に貸し出された貸与奨学金のうち，返済されない割合が35％にのぼると予測されているが（日本学生支援機構 2015: 111-2），仮にこのような状態になれば，その穴埋めは一般財源から行うしかなく，その際にはこの制度それ自体の存否が問われることは想像に難くない．ただし，イギリスの制度の場合，低所得者の返済率が低くなる一方で，高所得者には返済の上限を認めているため，そもそも返還総額が貸与総額よりも小さくなることは織り込まれていたはずである．また，経済状況が常に変動する限り，通常の貸与型奨学金であっても，その持続可能性を事前に予測することは必ずしも容易でないことは付け加えておく必要がある．

どのような制度を作るにしても，貸与された全額を返還することができない個人は一定の割合で存在するはずであり，その穴埋めをどのように行うのか，たとえば，はじめから一般財源からの穴埋めを予定しておくか，あるいは，オーストラリアのように利子補給をすることで返還の可能性を高めるか，それとも高所得者には借入額以上の返還を求めるかを事前に予定しておくことがむしろ重要であるということができよう．

以上で見たように所得連動返還型貸与奨学金が，いかに理論的に見て優れた制度であるとはいっても，それを単純に導入するだけで高等教育費に関する問題がすべて片付く打ち出の小槌ではないのである．

6. おわりに

本稿で明らかにしてきたように，所得連動返還型貸与奨学金は，理論的には優れた点をもっている一方で，実際に制度として運用する際には課題も多く，それらに個別に対処しようとすれば，複雑な制度とならざるを得ない．理想論を述べれば，その利用を高等教育進学者全員に義務づけ，卒業税のように運用することで，この制度はもっとも力を発揮し，制度自体も比較的単純な制度として構築することが可能であるが，それでもいわゆる「専業主婦

問題」は回避できないであろうし，何よりそのような形で運用することへの社会的合意を得るためには，多大な政治的コストが伴うであろう．

しかし，そうではあったとしても，所得連動返還型貸与奨学金を，現在の日本学生支援機構奨学金でオプションのひとつとして採用されているように，「奨学金の返還方法上の工夫」として狭くとらえるのではなく，オーストラリアの HECS のように高等教育の財源調達のあり方として追求することは，重要なことであると思われる．本稿を締めくくるにあたり，この制度が単なる奨学金の返還方法上の工夫にとどまらない重要性をもっている点について述べておこう．

すでに述べたとおり，所得連動返還型貸与奨学金は，より一般的に言えば，所得連動型ローンを高等教育に適用したものである．本稿でもみてきたように所得連動型ローンの考え方が高等教育の分野において発展してきたことは事実であるが，アメリカの経済学者スティグリッツは，政府によって運営される所得連動型ローンについて，「重要な社会的イノベーション」であると表現し，その適用可能性が高等教育分野にとどまらないことを指摘している (Stiglitz 2016: 129)．具体的には，有給育児休業の充実や司法サービスへの公平なアクセスの実現，農業分野における所得の平準化など，さまざまな領域への応用可能性が示されているが，これらの分野に共通するのは，いずれも情報の非対称性のために，資本市場が不完全なものとなることである．

このように資源が十分に配分されない活動に対して，資源を再配分するためのメカニズムとして用いられるのが金融と財政である．この2つのメカニズムの相違は，金融の場合，人為的に創り出された利子や配当という対価との交換によってそれを行うのに対し，財政の場合，公的権力を背景とする租税の強制的な徴収とその支出によってそれを行うということである．

所得連動型ローンは，金融的なメカニズムをもちながら，財政による所得再分配の機能が果たしていた役割を，保険に類する機能を柔軟に組み込むことで，一定程度果たすことができるようにしたものである．金融の場合にも，財政の場合にも，その本質的な目的が，社会にとっては必要であっても何らかの理由で資源が配分されにくい活動に資源を配分することである以上，それらの仕組みを組み合わせた形のシステムを追求していくことは意義のあることであろう．そのひとつの手がかりとして，所得連動返還型貸与奨学金の望ましい制度設計が明らかになることは，重要なことである．

◇注

1）これらの点について，詳しくは阪本（2013）を参照されたい．
2）イギリスの制度については，日本学生支援機構（2015）第5章および田中（2011）が詳しい．
3）以下の点については，阪本（1998，1999）で詳しく議論している．
4）日本学生支援機構の貸与型奨学金のように，その原資に公的な資金が含まれている場合に高所得者の利用を可能にするかについては意見が分かれるところであろうが，それはこの制度が純粋なローンではなく，政府からの補助金を含んだものであるからである．
5）阪本（1999）は，簡単なモデルを構築することで，以下で述べる課題が相互に関連し，提案された制度によってその対処が異なることを示している．

◇参考文献

Barr, Nicholas, 2001, *The Welfare State as Piggy Bank: Information, Risk, Uncertainty, and the Role of the State*, Oxford University Press.

Barr, Nicholas, 1989, *Student loans: The next steps*, Aberdeen University Press.

Chapman, Bruce, 1997, "Conceptual Issues and the Australian Experience with Income Contingent Charges for Higher Education," *Economic Journal*, 107, 738-51.

Friedman, Milton, 1955, "The Role of Government in Education," Solo, Robert A., *Economics and the Public Interest*, 123-144. New Brunswick, New Jersey: Rutgers University Press, reprinted in Friedman, Milton, 1962, *Capitalism and Freedom*, University of Chicago Press.（＝1975, 熊谷尚夫訳,『資本主義と自由』マグロウヒル.）

Johnstone, D. Bruce, 1972, *New Patterns for College Lending: Income Contingent Loans*, New York and London: Columbia University Press.

Krueger, Alan B. and Bowen, William G., 1993, "Policy Watch: Income-Contingent College Loans," *The Journal of Economic Perspectives*, 7(3): 193-201.

Prest, Alan Richmond, 1966, *Financing university education*, Institute of Economic Affairs（IEA）.

Stiglitz, Joseph E., 2016, "Income-Contingent Loans, Some General Theoretical Considerations, with Applications," Stiglitz, Joseph E. and Guzman, Martin, *Contemporary Issues in Microeconomics*, New York: Palgrave Macmillan, 129-36.

小林雅之，2017，「新所得連動型奨学金返還制度の創設」『生活福祉研究』93:

29-43.

阪本崇，2013，「社会は大学のコストを負担できるのか——大学の生産性と公的
　支援の論理」『大学とコスト』（シリーズ大学 第3巻），岩波書店，17-48.

阪本崇，1998，「資本市場の不完全性と所得連動型教育ローン」『財政学研究』，
　23: 82-92.

阪本崇，1999，「所得連動型教育ローンの制度間比較」『国際公共経済研究』，9・
　10: 84-97.

田中正弘，2011，「イギリスの新しい授業料・奨学金制度に関する考察：低所
　得者層の機会拡大に向けて」『高等教育ジャーナル：高等教育と生涯学習』
　19: 45-51.

日本学生支援機構，2015，「イギリスにおける奨学制度等に関する調査報告書」.

ABSTRACT

Income-Contingent Student Loans:
The Underlying Principles and Practical Issues

SAKAMOTO, Takashi

Kyoto Tachibana University

Capital market imperfection has been seen as one of the causes of underinvestment in higher education. In the 1950s, Milton Friedman proposed a system of Income-Contingent Student Loans to remedy this imperfection in the capital market. And in the 1960s, Alan Prest approved the system as a means of financing higher education from the viewpoint of equity. The system has been put into practice in Australia and Britain. It has a lot of advantage: robustness to response to default, the provision of insurance against adverse outcomes, low administrative costs, etc. However, the system also has some problems: income definition and assessment, difficulty in dealing with various household classifications, an increased interest burden, and so on. Nevertheless, the mechanism of Income-Contingent Loans offers a promising prospects of being of practical use in various areas outside the field of higher education.

日本学生支援機構の奨学金制度と金融市場
―奨学金財源の変化とその意義―

白川　優治

　本稿は，高等教育と金融市場の関係を，日本学生支援機構の奨学金事業の財源の調達構造の変化と，そのことが持つ意味から検討するものである．財政投融資を財源に 1984 年に創設され第二種奨学金（有利子貸与奨学金）は，1999 年に量的拡大が行われた．他方，その財源は，2001 年の財政投融資の改革などを背景に，財投機関債の活用，民間資金の借り入れなど，財源の多元化が進められてきた．このことは，奨学金事業が金融市場との間接的な接点から直接的な接点を持つようになっていったことを意味する．そして現在，行政コストの削減のため，金融市場が積極的に活用されている．そこには，公財政が逼迫するなかで，ユニバーサル段階の高等教育進学を支える公的制度である奨学金事業に対して，その資金をどのように継続的安定的に確保していくかという制度課題がある．

0. 課題設定

　本稿は，高等教育と金融市場の関係を，日本学生支援機構の奨学金制度の中心に検討するものである．奨学金制度は，教育機会の均等を図るための社会的制度と位置付けられ，その在り方が論じられることが多い（小林 2009 ほか）．しかし，奨学金制度の制度的意義を高等教育財政や高等教育機関の財務構造の観点から位置付けると，奨学金制度は学生の教育費負担を通じて高等教育財政と個々の高等教育機関の財務を結びつけるものであり，また，奨学金制度が原資金をどのように設定するかによって金融市場と高等教育財

千葉大学

政を結びつける機能も持つ．そのため，奨学金制度の在り方を制度理念や現象的課題の観点から検討するだけではなく，高等教育のマクロ財政構造のなかで（水田 2009），その制度構造の変化とその意味を高等教育財政の観点から検討することも必要となる．本稿に与えられた主題は，日本学生支援機構の奨学金制度における事業資金の調達構造の変化と，そのことが持つ意味を検討することである．以下では，高等教育財政における奨学金制度の意義を確認したうえで，奨学金制度をめぐる政策過程と財源構成の変化を検証することで，このことを考えてみたい．

1. 高等教育財政・高等教育機関の財務構成と奨学金制度

日本の高等教育機関の財務構造は，学生納付金・手数料・寄付金・公財政からの交付金もしくは補助金・資産運用収入・事業収入を主な構成要素とする．そのなかでも，学生納付金は，授業料や入学金（入学料），施設設備費など様々な費目によって構成され，その構成内容や金額の水準は設置形態や個々の機関によって異なる．2016 年度の収入状況に対して学生納付金が占める割合と金額をみると，国立大学においては 12%，3,592 億円，公立大学においては 15%，929 億円，私立大学では 51%，3 兆 2,568 億円とされている（中央教育審議会 2018）．大学全体の財務構成でみたときに，学生納付金の占める割合は 37% であり，日本の高等教育財政において学生納付金が重要な位置を占める財源であることは言うまでもない．学生納付金の占める割合が相対的に低い国立大学においても，法人化以降の運営費交付金削減のなかで，2019 年度以降，学士課程段階において法定上限額までの授業料の値上げを行うことを発表している大学が複数みられる[1]．

他方，奨学金制度は，伝統的には「育英」や「奨学」，「教育機会の均等」を実現することを理念的目標とし，高等教育進学者の教育費負担を軽減することを通じて，学生個人に対して直接，経済的支援を行う制度である．公財政を原資とする奨学金制度は，それが給付型制度であれば再配分機能，貸与型制度であれば機会提供機能を中心とした社会的役割を有する．他方，奨学金制度を資金の流れとしてみれば，奨学金は，個々の学生から学生納付金を通じて高等教育機関に還元されることとなるため（奨学金が資金として直接，学生納付金に使用されないとしても，学生及び家計に対して修学のための資金需要を満たすことにより学生納付金の納入を円滑にする），間接的な

高等教育機関に対する財政配分としての意味も持つ．公財政による直接的な高等教育機関への交付金・補助金との相違は，学生による進学機関の選択によって，各機関に配分される額が異なることになることにあり，学生入学市場の市場原理を通じた競争原理が想定されることにある．個々の学生を通じた個々の機関への財政配分効果により，高等教育機関の質的向上が図られるとする指摘は，教育財政における直接補助と間接補助をめぐる伝統的論点である．

　このような制度的意味を前提にして，高等教育財政全体や奨学金制度の全体構造にどのような変化が起こった（ている）のかを検討するために，まず，日本の高等教育財政における奨学金の意義を，学生納付金との関係から確認しておきたい．日本の高等教育においては，1991年の大学設置基準の大綱化によって大学の新増設が進むなかで，高等教育への進学機会の拡大が進んだことは周知の事実である．大学・短大等への現役進学率をみれば，1991年度の31.7％から2018年度には54.7％に増加しており，専修学校専門課程（以下，専門学校）も含めれば，2018年3月高校卒業生の高等教育進学率は70.7％となっている[2]．しかし，大学・短大在学生数の推移をみると，1991年度に270万人から1996年度に308万人に増加して最高値を示して以降，2018年度の303万人まで300万人前後でほぼ横ばいである[3]．進学率の増加は，進学学生数の増加よりも，18歳人口の減少を背景とする人口変動の影響から理解することが妥当であろう（なお，高校卒業者数の変化をみると，1991年度の183万人から2018年度には106万人に減少している）．そしてこのことは，同世代の大学進学者のあいだで家計状況の幅が拡大していることを示唆しており，経済的困難を有する家庭の進学希望者に対してどのような制度及び規模により，経済的支援を制度化するかが政策課題となることを意味する．ここで奨学金制度の推移をみると，日本学生支援機構（2003年度までは日本育英会，以下同じ）の奨学金利用者数は，1991年度に43万であったことに対して，2017年度には129万人と3倍の増加がみられる[4]．大学・短大生数を単純に当てはめてみれば，奨学金利用率は15.9％から42.5％に増加したことになる[5]．現在，日本学生支援機構の奨学金事業は，給付型奨学金，無利子貸与（第一種），有利子貸与（第二種）の3種類が運営されている．これまでの貸与奨学金事業の採用者数と高等教育進学率の推移を示したものが図1である．ここから，1990年代までは，無利子貸与が奨学金

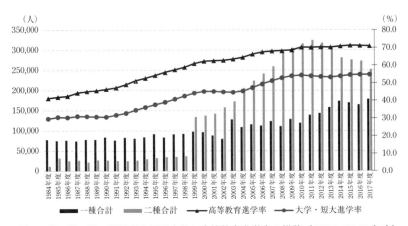

図1　第一種・第二種奨学金採用者数と高等教育進学率の推移（1984-2017年度）
文部科学省『学校基本調査』，日本学生支援機構『JASSO年報』各年度版より作成

事業の中心であったこと，1999年の有利子貸与の量的拡大以降，有利子貸与が無利子貸与の採用者数を上回る状況が続いていることが確認できる．しかし，2012年度以降，無利子貸与が増加するとともに，有利子貸与の採用者数は減少傾向にあり，奨学金事業の有利子から無利子への変化が生じていることも見て取れる．

このような奨学金事業の規模の変化を，日本学生支援機構奨学金の貸与総額の変化からみると，1991年度の1,814億円から2017年度には1兆156億円に5.6倍の拡大がみられることからも，その拡大を確認することができる[6]．このような奨学金事業の規模は，2016年度の国公私立大学の学生納付金収入約3兆7,000億円に対して三分の一程度を占める額であり，国からの各大学に対する交付金・補助金である国立大学法人運営費交付金・私立大学等経常費補助金・公立大学を対象とする地方交付税交付金の合計額1兆6,000億円と比べても遜色ない規模となっている．

そして，このような奨学金制度の量的拡大を高等教育財政に当てはめてみると，奨学金利用者と奨学金貸与総額の増加は，学生納付金を通じた学生から高等教育機関への資金の流れにおいて，家計からの資金に加えて，奨学金を通じた資金の流れが拡大したことを意味する．奨学金の量的拡大は，高等教育政策においては経済的困難を有する進学希望者に進学資金を供給することで教育機会の均等を図ることを意味する一方で，家計にとっては進学費用

の資金調達における選択肢を増やすことを意味する．そして，高等教育機関にとっては，学生の経済的安定は，学生納付金収入の安定化を意味し，収入構造の安定化をもたらす制度としての意義を持つことになる．特に，学生納付金が相対的に高額であり，その財務構造に学生獲得競争の影響を受けやすい私立大学にとって，奨学金利用による学生の経済状況の安定は，経済的理由による退学者の減少にもつながり，機関の財務構成の安定化にも寄与することとなる．

2. 高等教育財政における奨学金の制度的位置

2-1 奨学金事業の財源構成とその変化

このような観点からみれば，1990年代以降の高等教育進学率の拡大は，18歳人口が減少するなかで，家計の経済的条件に対して進学の裾野を広げる制度的措置としての奨学金制度の拡充が高等教育財政に組み込まれることによって成り立っていたとみることができる．それでは，日本学生支援機構の奨学金事業の財源はどのように構成されており，そのことは高等教育財政にどのような意味を持つのであろうか．そのことをみるために，日本学生支援機構奨学金事業の資金構成を示したものが図2である．奨学金事業の財源を2018年度予算でみると，一般会計からの借入金（959億円），財政投融資資金（7,075億円），日本学生支援機構の発行する債券（財投機関債としての日本学生支援機構債）（1,200億円），民間金融機関からの借入金（2,644億円），

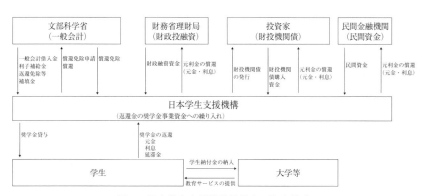

図2 日本学生支援機構奨学金の資金構成

日本学生支援機構（2019）より作成

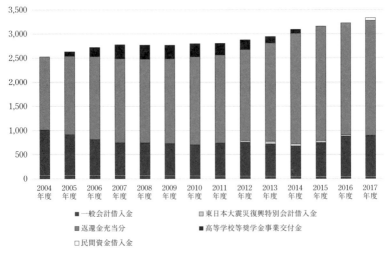

図3 第一種（無利子）奨学金の財源構成の変化（単位：億円）

日本学生支援機構『JASSO年報』各年度版より作成

そして、過去の奨学金貸与者の返還金（8,495億円）によって構成されている（日本学生支援機構2019）．国の一般会計から新たに投入される額は奨学金事業全体の1割に留まっており、返還金と財政投融資資金が中心的な財源となっている．しかし、このような奨学金事業の財源構成は、固定的なものではなく、常に見直しがなされてきた．それはどのように変化し、どのような特徴があるのであろうか．そのことをみるために、無利子と有利子の貸与奨学金について、2004年度以降の財源構成の変化を示したものが図3、図4である．

図3から、無利子奨学金は、一般会計からの借入金と返還金が主要な財源とされてきたことが確認できる[7]．2017年度には、返還金充当分が事業費の7割を占めている．他方、一般会計からの借入金は増加しておらず、無利子貸与奨学金は返還金を中心に運用されていることがわかる．一般会計からの借入金は35年後の一括償還とされており、奨学金利用者からの返還は原則20年以内であるため、借入金の償還に15年の時間差がある．この時間差を用いて、返還金が次の貸与者への財源として用いられている．ただし、2017年度から民間資金借入金も用いられている．これは、同年より、貸与基準を満たしても人数制限により利用できなかった残存適格者を解消して貸与基準

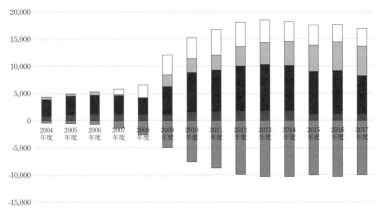

図4 第二種（有利子奨学金）の財源構成の変化（単位：億円）

日本学生支援機構『JASSO年報』各年度版より作成

を満たす希望者全員への貸与を実現するとともに，住民税非課税世帯の学生・生徒の学力基準が実質的に撤廃されることとなったことから，政府予算である一般会計借入金及び返還金によってあらかじめ予算を準備しておくだけでは不足分が生じることへの対応が背景にあったと思われる．つまり，無利子貸与の人数拡大のために，柔軟な資金である民間資金借入金が財源として利用されるようになったのである．なお，さらに，2018年度からは無利子貸与奨学金にも，有利子貸与奨学金と同様に財政投融資資金が用いられることになっている（日本学生支援機構 2019）．

一方，図4からは，有利子奨学金の財源構成が多元化されてきたことが確認できる．1984年に有利子奨学金が創設された時には，その財源は資金運用部資金（2013年から財政投融資，以下同じ）を用いることとされていた．財政投融資は，政府金融システムの一部として，財務省理財局が郵便貯金や年金積立金などの資金を，財政投融資計画のもとで，特殊法人などの財投機関に融資する制度であり，財投機関はそれを原資に事業を行い，事業からの回収資金等により融資額を返済する仕組みである．この財政投融資資金は有償貸与の資金であるため，日本学生支援機構による償還時には利支払いが生じる．制度創設時である1984年の資金運用部資金の借入利率は7.1%であっ

た．他方，学生の有利子貸与奨学金の利率は3％とされ，また，在学中は無利子とされた．そのため，財政投融資の償還に当たって利払額に不足が生じるため，その不足額は一般会計からの利子補給金によって補填されることとされている（図2参照）．このことは民間金融と異なる公的奨学金制度としての制度特性が組み込まれたことを意味している．財政投融資の借入金利が3％を下回るのは，1997年1月であり，それ以降，有利子貸与奨学金の利率は，日本学生支援機構が借り入れる財政投融資の利率に連動して変動するものとなっている（ただし，財政投融資の貸付金利が上昇したとしても，有利子貸与奨学金の金利の上限は3％と定められている）．本稿執筆時の有利子奨学金の利率（2019年3月の貸与終了者）は，利率固定方式で年利0.14％，利率見直し方式で0.01％となっている．10年前の2008年3月の貸与終了者が利率固定方式で年利1.5％，利率見直し方式で0.8％であったことと比較すると，過去10年間で利率が大きく低下している．2019年3月時点の利率は過去最も低い水準にある．このような財政投融資資金が有利子奨学金の事業費に占める割合は，2004年度には7割であったが，後述する返還金や民間資金の増加により，2017年度には4割に減少している．なお，財政投融資資金は据置期間後に，日本学生支援機構の償還が始まる．そのため，図4では事業資金から償還額がマイナスとして表記されている．その割合は，2017年度では事業資金に対してマイナス6割程度を占めている．有利子奨学金は，財政投融資の償還等を同時に進めながら，事業資金を調達するという二重構造にあることを意味している．

　次に，返還金充当分をみると，2004年度に1割程度を占める規模であった返還金からの充当は，2017年度には3割程度を占めるまでに増加している．1999年以降の有利子奨学金の量的拡大により，返還金も増加しており，事業資金にまわる額が大きくなっていることがその背景にある．

2-2　奨学金財源としての金融市場

　さらに，図4から，現在，有利子奨学金の事業費に日本学生支援機構債が利用されていることがわかる．これは，後述する2001年に行われた財政投融資改革により，財政投融資を受けている機関（以下，財投機関）は財投機関債の発行し，金融市場を通じた事業資金の資金調達を行うこととされたことを受け，日本育英会時代の2001年から財投機関債として日本育英会債を発行してきたことによるものである．この財投機関債は，利用学生が在学

56

中の奨学金事業の資金に充てられており，卒業時に財政投融資資金に借り換えられている．この借り換えは，後述する金利差に対応するためのものである．この日本学生支援機構の発行する財投機関債は，2017 年から，ソーシャルボンドとしての認証を得て発行されており，社会投資としての意味が付与されている．ソーシャルボンドとは，世界的な社会課題に対処するためのプロジェクトに係る資金調達において債券市場が担える役割を具体化するための仕組みであり，国際資本市場協会（ICMA）が 2017 年に公表したソーシャルボンド原則に基づくものである．日本学生支援機構債は，国連の持続可能な開発目標（SDGs）における社会課題の解決に資するプロジェクトの資金使途として発行される債券として，「すべての人に包摂的かつ公平で質の高い教育を提供し，生涯学習の機会を促進する」の達成に貢献するものと位置付けられ，国内の社会的課題に対応するソーシャルボンドとして最初のものとなった（日本学生支援機構 2018）．このことは，金融市場を用いた財投機関債を通じて，奨学金事業が民間資金の受け入れることそのものに社会的意義が価値づけられるようになっていることを意味する．

　また，図 4 からは，2007 年度から，民間資金からの借り入れが行われていることがわかる．これは，財政投融資と奨学金の金利差に対応するために取り入れられた仕組みである．有利子奨学金の返還は，卒業後最長 20 年の「固定金利」であったことに対して，財政投融資資金の融通条件は 20 年償還の「5 年金利見直し」とされていたため，金利変動リスクが存在し，このミスマッチを解消が求められた（財政制度等審議会財政投融資部会 2004）．そこで，2007 年度からの新規貸与者には，利率固定方式と利率見直し方式による返還を選択することができるようにするとともに，資金調達に民間資金を加えることで金利のミスマッチの解消を図ることが意図された（日本学生支援機構 2014）．具体的には，学生の在学中の事業資金として財投機関債と民間借入金が用いられ，卒業時に財政投融資資金に借り換えることで，学生による奨学金の返還期間（最長 20 年）と日本学生支援機構による財政投融資の償還期間（20 年）が，金利を含めて同額・同期間となるように調整されている．このことから，2007 年度以降，市中金融機関を通じた資金が有利子奨学金事業の原資に含まれているのである．2017 年度には，民間資金が占める割合は，有利子奨学金の事業資金に対して 2 割前後となっている．

　このような財投機関債や民間資金による資金調達は，奨学金制度の特徴を

背景とするものである．前述の通り，有利子貸与奨学金は，在学中の学生は
無利子であり，その利子分は一般会計からの利子補給金によって補填されて
いる．そのため，その利子補給額を圧縮することは，公財政支出の削減につ
ながる．特に，民間資金の借り入れは，低金利の短期借り入れを繰り返す形
で行われており，公財政支出を抑え，行政コストを減らしつつ，奨学金事
業を安定的に運営するための現実的な資金調達の工夫がなされているのであ
る．

2-3 財源構成の変化の意味

それでは，無利子貸与と有利子貸与それぞれの奨学金制度の財源構成の変
化は，どのような意味を持つのであろうか．まず，第一に，奨学金事業に対
して，一般会計の果たしている役割は限定的であり，これまでの推移から，
その支出規模の量的拡大は見込めない状況にあると言えるだろう．そのため，
現在，無利子貸与事業では，返還金が重要な役割を果たしている．しかし，
近年，無利子貸与奨学金の拡充のために，民間資金の借入金や財政投融資も
活用されるようになり，財源構成の多様化が進みつつある．このことは，こ
れまで有利子貸与を中心に用いられていた金融市場の活用場面が広がってい
ることを意味する．他方，返還金の役割は，有利子貸与制度でもその意義が
大きくなっている．しかし，有利子奨学金事業の量的拡大は，財政投融資を
通じた政府金融システムからの資金調達に加えて，財投機関債と金融機関か
らの借り入れによって，金融市場からの直接的な資金調達によっても担われ
るように変化してきたことに特徴がある．この変化は，財政投融資の改革を
背景とするものであり，奨学金事業が財政投融資を通じた金融市場との間接
的な接点から，財投機関債や民間借入による直接的な接点を含めた多元的な
金融市場との関係に移行していることを意味する．財政投融資を含め，金融
市場からの借入金であることから常にその償還と，利率に対応することが必
要になる．そこに在学中の金利に対する利子補給などの民間金融機関では想
定されない公的補助が制度に組み込まれることで，奨学金制度としての在り
方と調和が図られるとともに，行政コストを削減するための資金調達がなさ
れてきたのである．具体的には，現在の超低金利政策の下で，財投機関債と
民間借入金の利率は極めて低利であり（2019 年 2 月の財投機関債の利率は
0.001％，民間借入金は 0.000％ [8]），そのため，これらの資金を在学中の財
源とすることで，在学中の利子分のために支出される利子補給金が低減され

ているのである．ここに，公財政が逼迫するなかで，ユニバーサル段階にある高等教育進学を支える公的制度である奨学金事業に対して，巨額な事業資金をどのように継続的に確保していくかという制度課題に対応するための工夫をみることができる．しかし，このような資金調達は，現在の超低金利政策のなかで生じている金利状況を背景としている．金利上昇などの経済環境の変動によって，その前提が変化する可能性があることには留意が必要であろう．

3. 奨学金制度の政策過程

3-1 有利子貸与奨学金の創設

それでは，日本学生支援機構の奨学金制度は，どのような過程をたどってきたのであろうか．奨学金制度のこれまでの経過を概観しつつ，奨学金制度の量的拡大の過程とその意義を検討する．

1943年に創設された大日本育英会は，戦後日本社会において，高校生及び大学生を対象とする国の奨学金事業主体として，貸与奨学金制度の運営を担ってきた．その奨学金制度の特徴は，無利子貸与制度を基本としながら，返還免除制度を組み合わせることにより，事実上の給付型となる返還免除制度が制度に組み入れられていたことにある（白川2012）．そして，奨学金制度の原資には，一般会計を通じた国庫からの借入資金と貸与制度による返還金が用いられることで公財政による運営がなされてきた．大学進学が大衆化する前段階の，高等教育がエリート段階にあるなかで，「育英」を前提とする制度として運営されていたと言える．このような制度構造に対して，1984年に奨学金制度の全面的な見直しが行われ，それまでの一般貸与と特別貸与から，無利子貸与（第一種）と有利子貸与（第二種）の2種類の貸与型奨学金制度に再編され，現在に至っている．

1984年の制度変更は，1970年代から大蔵省の財政制度審議会で提起されてきた奨学金事業の有利子化論に淵源を持つものであり，1980年に大蔵省が示した『歳出百科』（大蔵省1980）による財政改革の提起を背景とするものであった．そして，財政支出削減と行政合理化を目的に1981年に総理府に設置された第二次臨時行政調査会（第二次臨調）の「第一次答申」において，奨学金制度に対して「高等教育に対する助成等の見直しに対応しつつ，他方，外部資金の導入に寄る有利子制度への転換，教職員に就職した者等に対する

返還免除制度の廃止及び返還期間の短縮を図る」ことが提言されたことを直接の契機とする．1984年に行われた日本育英会法の全部改正によって，日本育英会の目的は，それまでの「優秀ナル学徒ニシテ経済的理由ニ因リ修学困難ナルモノニ対シ学資ノ貸与其ノ他之ガ育英上必要ナル業務ヲ行イ以テ国家有用ノ人材ヲ育成スルコト」（旧法1条）から，「優れた学生及び生徒であつて経済的理由により修学に困難があるものに対し，学資の貸与等を行うことにより，国家及び社会に有為な人材の育成に資するとともに，教育の機会均等に寄与すること」（新法1条）と変更され，その目的に教育の機会均等が含まれた．教育の機会均等が目的とされることで，奨学金制度の量的拡大が制度理念に位置付けられるとともに，その財源や制度構成の在り方が重要な意味を持つことになっていく（この「教育機会の均等」の理念は，現在の日本学生支援機構法に引き継がれている）．そして，それまでの一般貸与と特別貸与は，両者をあわせて無利子貸与の第一種学資金に再編され，加えて有利子貸与の第二種学資金が創設された．この2種類の貸与制度は，返還金の利子の有無とともに，原資財源に違いがあり，政府無利子貸与が一般財源を原資とすることに対して，有利子貸与は「外部資金」として資金運用部資金を財源としていた．

　有利子貸与制度の創設を含む，この時の制度変更は，批判的に論及された．一方で，「無利子貸与者を厳選し，それ以外の学生層を有利子制で救済するという視点も，決して奨学事業の後退とは言い難い」として，「有利子貸与制度が，我が国でも高等教育の機会均等化及びその選択の自由を保証する先見性のある改善となる可能性は十分ある」と評価する指摘も存在した（高木1984）．しかし，国会審議の過程において，無利子貸与制度が奨学金制度の根幹とされたこともあり，1998年までは有利子貸与制度の採用者数は相対的に少数とされ，1984年の制度改正から1998年までは，有利子貸与は奨学金制度において部分的な役割を占めるに過ぎなかった（図1）．ただ，ここで重要なことは，先に示した通り1980年の段階で既に，一般会計を用いた無利子貸与の事業規模の量的拡大は望めない状況であったとともに，当時，高等教育の進学率が高まり，大衆化段階を迎えるなかで，1975年以降，国立大学の授業料や入学料の値上げが行われるなど，受益者負担に基づく高等教育政策がとられていたことである．財政投融資を用いた有利子奨学金制度の創設は，その受益者負担の政策動向に適合する政策手段であり，大衆化す

る高等教育進学を支えるための新たな制度であったと見ることができる．そして，この新たな制度を財政投融資の側からみれば，有利子貸与の創設により奨学金制度が政府金融システムに組み込まれたことを意味する．

3-2 有利子貸与奨学金の量的拡充をめぐる政策過程

奨学金制度の転機は，1999 年に，「きぼう 21 プラン」として，有利子貸与奨学金制度を抜本的に拡充する政策転換が行われたことにある．1999 年に行われた有利子貸与奨学金の審査基準の緩和と貸与人数枠の量的拡大によって，奨学金制度の構造が大きく変化していく．この政策転換は，1997 年 11 月に示された財政投融資を教育分野への積極的に活用していく方針（資金運用審議会懇談会「財政投融資の抜本的改革について」），1998 年の大学審議会による奨学金拡充を求める提言（大学審議会「21 世紀の大学像と今後の改革方策について」），1999 年 2 月の当時与党であった自民党と野党であった公明党との間での政策合意（1999 年度予算に関する修正合意）という，財政，高等教育政策，政治的判断の 3 つの政策過程によって具体化されたものである（白川・前畑 2011）．改めて，その過程を詳細にみることで示されることは，当初から奨学金制度の改革や拡充が意図されていたのではなく，政府金融システムの改革のなかでの派生案件であったこと，他方で，高等教育への進学状況がその政策転換を準備していたことである．具体的には，1990 年代半ばの橋本龍太郎内閣（1996-1998）により検討された行政改革・財政構造改革において，金融システム改革の一部として進められた財政投融資制度改革と 1990 年代の高等教育の構造変容が結節するなかで，政策と政治の流れが有利子奨学金の量的拡大に集約したものとみることができるためである．

財政投融資とは，租税をもとにした財政支出や政府支出とは異なる公的資金の投融資システムであり，官営貯蓄機関を全国各地に配置し，そこで集められた資金を「国家銀行」を通じて政府関係機関や民間に投融資するシステムとされ，日本の近代化の有力な推進装置であったとされている（新藤 2006）．明治期から続くこの政府金融システムは，1990 年代の構造不況のなかで，財投機関の巨額の債務累積や財投計画資金の運用問題などから改革対象となり，橋本内閣の金融システム改革において，資金の「入口」と「出口」の双方の改革が議論された．その検討過程において，大蔵大臣と郵政大臣の共同所管である資金運用審議会は，懇談会報告として「財政投融資の抜本的

改革について」（1997 年 11 月）を提示し，これまで主に，住宅・生活環境整備などに振り分けられていた財政投融資の「出口」である融資対象について，「21 世紀を展望すると，少子・高齢化社会の一層の進展等に対応し，医療・福祉，教育等，財政投融資の対象として有償資金の活用が期待される分野が存在する」として教育分野への活用を積極的に奨励する方向を示した．当時，教育分野での財政投融資の利用先（財投機関）は，国立学校特別会計，私立学校振興・共済事業団，日本育英会に限られており，機関補助か個人補助しか，その活用の方向性はない状況であった．そのなかで，1998 年 10 月に，大学審議会は答申「21 世紀の大学像と今後の改革方策について」において，「奨学金については，高等教育についての学生や親の家計負担が重くなっていることを考慮し，今後，主に経済的困難度を重視する観点から抜本的拡充を図ることが必要である」として経済的困難度の重視による抜本的拡充という政策方針を提示し，そして，1999 年度の政府予算では，有利子貸与事業への財政投融資の支出額は前年度比で 3 倍近い飛躍的な拡大がなされた．

　なお，財政投融資は，その後の金融システム改革において，その在り方が抜本的に改革されることとなり，2001 年から，運用資金の調達方法が変更されるとともに，財投機関が発行する債券である財政投融資機関債（財投機関債）が導入され，財投機関が民間金融市場において政府保証のつかない債券を発行し，各機関が資金調達を行うこととされた．財政投融資を原資とする有利子奨学金制度を運営する日本育英会は，財投機関としてこの制度改革の対象となる．このことは，前述した奨学金制度の財源構成の変化をもたらすこととなる．財政投融資においては，2001 年の改革は大きな制度変更であった．

　他方，高等教育の側からみれば，1980 年代から 1990 年まで 30% 程度で推移してきた大学・短大進学率は，1998 年には 40% を超えるまでに伸長しており，高等教育進学率でみると 1993 年には 50% を超えてユニバーサル段階に到達する状況となっていた（図 1）．高校卒業者の進路選択が，就職者が多数を占めていた状況から，進学者が多数を占める状況に構造的に変化するなかで，進学希望者に対して進学資金をどのように安定的に供給するかは，機会均等の観点からも，高等教育財政においても重要な政策課題となる．先にみた大学審議会答申はこのことを背景とする教育政策の流れであり，このことが政治的な流れとして表出したものが，奨学金利用の所得制限の緩和や

奨学金利用者の拡充等を求めた公明党による政治的要求である．1998年7月の参議院選挙の大敗により，橋本内閣から小渕恵三内閣（1998-1999）に内閣が交代して以降，与党自民党は，参議院での与野党逆転した政治状況のなかで政権運営を安定化させるために，野党である自由党と公明党との政治的接近を図っていく．その過程において，公明党は，地域振興券や児童手当制度と奨学金制度の拡充など，自党の支持者を意識した政策の実現を要求している．そのなかで，1999年2月，自民党と公明党の間で，児童手当制度と奨学金制度の拡充が合意された．このことを，本稿の主題である奨学金制度に焦点をあてて位置付けると，公明党の要求は，マス段階にある大学進学，また，ユニバーサル段階にある高等教育進学の費用負担に対して，奨学金利用基準の緩和と量的拡大を通じて，家計に対して教育費負担のための選択肢を増やすことが，幅広い所得階層に対して実現すべき政治課題として認識されたものであったと解釈することができる．しかし，この政治課題の実現，つまり，奨学金制度の量的拡充は，既に，制度的方法論である財源は財政投融資改革を通じて提起されており，また，高等教育財政としては1999年度予算において予算要求されていたものであった．そのため，この政治的要求は，行政による政策形成を後追いするものであり，政党間の政治的接近における緩衝的要求であったとみることができるであろう．しかし，政権構成に関わる政党間交渉において，奨学金制度が重要な政策イシューとして位置付けられたことは，有利子貸与制度の量的拡大に政治的正当性を与える役割を果たした意味で重要である．この後，1999年から2000年代にかけて，有利子貸与の採用人数が，継続して飛躍的に増加していくことになるためである．

このように，1990年代後半に進められた有利子貸与制度の量的拡大は，財政投融資改革を背景にするものであり，1984年に創設された制度がここで活用されることで実現していく．有利子貸与制度の制度創設から15年を経て，高等教育への進学状況の変化するなかで，有利子貸与制度が「発見」されたのである．そして，このように政策の流れのなかで，2つのことが「選択されていない」ことにも重要な意味を持つ．一つは，この時，一般会計を財源とする無利子貸与制度の拡大は想定されておらず，一般会計に影響を与えない財政投融資の活用という流れにおいて奨学金事業の拡大がなされたことである．もう一つは，奨学金制度の在り方そのものに変更を伴う制度改革は伴わなかったことである．1999年の変更は，あくまでも，財源拡大を背

景とする有利子貸与制度の運用見直しであった．それは，奨学金利用者の拡大という政策転換であっても制度変更ではなく，また，行政コストも最小限にとどめたものであった．高等教育進学がマス段階からユニバーサル段階に差し掛かるなかで，奨学金制度そのものの見直しが検討されなかったことは，2000年代以降の「奨学金問題」とその後の制度見直しにつながることになる．

3-3　2000年代以降の奨学金制度をめぐる動向とその意味

有利子貸与制度の量的拡大以降，奨学金制度をめぐる社会的，政治的動向がどのように進んでいったのか，その概略を確認しておきたい．その運営組織は，小泉純一郎内閣（2001-2006）において，2001年から進められた特殊法人改革によって，日本育英会は，2004年から独立行政法人日本学生支援機構に再編された．奨学金事業はほぼそのまま継承される一方で，独立行政法人として中期目標・中期計画を通じた事業運営管理が強化された．

2004年以降の奨学金制度の動向をみると，2000年代前半には，貸与奨学金の未返還金・延滞者数の増加が行政課題として指摘されるようになり，日本学生支援機構にはその回収強化策の導入が求められ，具体的な措置として取り入れられていくようになる．具体的には，2000年に320億円であった延滞額は，2008年には723億円に増加し，このような延滞額の増大に対して，2008年には，監査に基づいて延滞金の回収努力が財務省から日本学生支援機構に要請されるなど，滞納に対する管理が行政課題とされるようになる．延滞額が総額として増加していることは，有利子貸与奨学金利用者数の量的拡大を背景とする（ただし，要返還額に対する延滞額の割合は低下している[9]）．日本学生支援機構は，奨学金の返還促進に関する有識者会議による報告書（奨学金の返還促進に関する有識者会議2008）に基づいて，2009年から，申込時・貸与時から返還意識を涵養するとともに，延滞した場合には早期に解決するための電話連絡や文章の送付を実施している．それでも返還等を行わない返還者に対して，3ヶ月以上の延滞者の情報を個人信用情報機関に登録する制度による対応，人的保証で9ヶ月以上の延滞者には支払督促を行う旨の予告を行った上での裁判書を通じた支払督促の申立により，残額の一括払いを求めるなど返還促進を強化する対応をとるようになった．また，2016年からは学校別の奨学金の利用状況（延滞率も含む）を公表している．他方，日本学生支援機構は，2007年から「奨学金の延滞者に関する属性調査」を毎年行い，その調査結果を公表している．そこでは延滞者が厳しい経済的

64

状況に置かれていることが明らかになった．そして，返還猶予の拡充や減額
返還制度を導入（2011年）するなど，返還困難な状況にある奨学金利用者
に対する新たな制度の導入も行っている．しかし，2009年以降に進められ
た返還促進強化策の導入は，奨学金制度の「金融事業化」として批判もなさ
れた．

　このようななか，2010年代入ると，奨学金制度そのものの在り方が議論
の対象となり，政権に復帰した自民党と公明党の連立政権による安倍晋三内
閣（2012-現在）において，制度改革が進められていく．まず，2012年には
無利子貸与制度の利用者で，申込時の家計支持者が年収300万円以下の場合
には，本人の年収が300万円に達するまでは返還が猶予される制度として「所
得連動返還型無利子奨学金」（後述の制度とは異なる．現在は「猶予年限特
例」と称されている．）が導入され，2017年度には，新たな所得連動返還型
奨学金制度として「所得連動返還方式」が，無利子貸与制度の利用者を対象
に導入された．さらに，2016年には，安倍首相によって給付型奨学制度の
創設が政策課題として設定され，2017年3月に新制度を既定する法改正が
行われることで，給付型奨学金制度が新設された（前2017）．給付型奨学金
制度は，2017年度に先行実施され，2018年度から本格実施されている．さ
らに，2017年には，安倍首相により「人づくり革命」が政策方針として示
され，2019年2月には，「大学等における修学の支援に関する法律」が内閣
より国会に提出され，2020年度からの授業料等の減免や給付型奨学金の拡
充が示されている．これらの制度改革によって，2020年度以降，奨学金制
度については，低所得層に対して給付型奨学金の拡充，中所得層に対しては
無利子による貸与型奨学金，奨学金の利用希望者に対しては有利子による貸
与奨学金という3つの段階での制度対応がなされることとなる．ユニバーサ
ル段階の高等教育進学に対して，公財政はどのような形で進学費用を供給す
るかについて，一つの形を定めるものと意味づけることができる．

　このような2010年代以降の奨学金制度の経過を概観すると，奨学金制度
の在り方が社会問題ともされるなかで，新たな制度が創設されるかたちで制
度改革が進められてきたことがわかる．この動向は，奨学金事業の量的規模
の拡大を背景に，借り手と貸し手のリスクを管理していくための制度調整が
なされる過程であったとみることができる．貸し手にとっては，延滞の増大
を防ぐために，どのように対処するかを可視化することで債務不履行となる

リスクを減少することが進められた．この場合の貸し手は，日本学生支援機構という直接の運営主体だけでなく，一般会計や財政投融資や民間資金を用いていることから，政府・金融市場を意味する．奨学金制度が，小規模な無担保の個人融資であり，長期低額返済による管理コストと債務不履行リスクがあることを考えれば，量的規模の拡大によって，それらのコストやリスクが顕在化したとも言えるだろう．他方，借り手にとっては，奨学金は将来の自己への投資としての側面を持つ一方で，卒業後の進路は景気動向等の社会情勢の影響を受けるため，必ずしも想定通りに返還できるとは限らない．そのために，個々人の状況に対応するための返還猶予期間の拡充（5年から10年への延長）や減額返還制度の導入（1/2 の減額返還）やその拡充（1/3 の減額返還），また，無利子貸与に限るものであるが「所得連動返還型無利子奨学金（猶予年限特例)」「所得連動返還方式」という新たな制度が導入されることで，借り手のリスクを軽減することが進められたのである．これらの対応は，奨学金制度が金融市場との結びつきを強め，量的拡大がなされたことによって生じた課題への対応であると言える．

4. まとめ

本稿は，1990 年代以降の奨学金事業の変化を政策過程と財源構成に着目して確認してきた．奨学金事業を財源の変化から整理すると，一般会計と返還金によって運営されていた奨学金制度に，財政投融資を用いた有利子貸与制度が創設されることで，奨学金事業は政府金融システムの一部に組み入れられた．さらに，高等教育進学の量的拡大という構造変化と財政投融資の見直しのなかで，有利子貸与制度が「発見」されたことにより奨学金事業の量的拡大が図られ，また，財政投融資の改革や特性を背景に，財投機関債や民間資金の借入れが行われるようになり，その財源の多元化が図られてきた．そのことは，奨学金事業が一般会計から政府金融システムに接合し，さらに，金融市場と直接接合していく過程とみることができる．そこには，日本学生支援機構に対する債券格付けや金利対応などの制度的措置もなされている．

このような変化の背景には，公財政が逼迫するなかで，ユニバーサル段階の高等教育進学を支える公的制度としての奨学金事業に対して，現実に，1兆円に近い巨額な資金をどのように毎年継続的に確保していくかという制度課題をみることができる．公財政支出を抑え，行政コストを減らしつつ，現

実の資金調達をどのように実現するかという課題である.

さらに，奨学金制度の在り方は，高等教育財政と個々の高等教育機関の財務にも影響する．奨学金制度が金融市場を通じて資金調達するように変わったことは，高等教育財政に取り入れる民間資金が増加したことを意味する．このようにみると，日本では高等教育への寄附文化が必ずしも根付いていかないなかで，政府金融システムを活用するとともに，金融市場を通じた民間資金の調達することで高等教育進学の量的拡大を維持していく仕組みとして現在の奨学金制度を再定置することができるだろう．このような金融市場を高等教育分野に活用することは，奨学金制度の改革から生じたわけではなく，財政投融資という政府金融システムがもたらしたものである．そのため，このような財源の多元化と，奨学金制度の理念的・制度的在り方とは分離した議論，制度改革がなされており，低金利・長期返済という奨学金制度そのものに対する大きな変更は伴わなかった．しかし，奨学金制度が小規模な無担保の個人融資であり，長期低額返済の管理コストや債務不履行リスクがあることから考えれば，民間資金を取り入れるなかでは，今後，金利上昇や返還期間の圧縮など金融事業としての採算圧力が生じることも考えられる．現在の資金調達が超低金利政策を前提とする構成となっていることは，経済状況の変化に対して脆弱であり留意が必要であろう．他方，高等教育の収益率や教育機会均等のための社会的投資としての新たな価値を見出すことで，さらなる高等教育への資金調達を可能とする可能性もあるだろう．そして2020年度からの実施を目指して，その具体的な在り方が検討されている低所得層への「高等教育の無償化」では，消費税の増税分を用いた給付型奨学金制度の拡充が想定されている．このことにより，高等教育における公財政と金融市場の結節点にある奨学金制度が今後どのように変化していくかは，高等教育への資金調達を考える上でも重要な意味をもつものと思われる.

謝辞　本稿の執筆にあたり，奨学金制度・財源構成の詳細な情報等について前畑良幸氏（日本学生支援機構）の協力を得たこと，また，紀要編集委員会の濱中義隆副委員長，橋本鉱市委員長からは特集論文としての企画・構想段階でご助言いただいたこと，更に，査読時に査読委員から的確なご指摘をいただいたことを記して，感謝申し上げる．なお，言うまでもなく，本稿における一切の責任は筆者に属する.

◇注

1）東京工業大学と東京芸術大学は 2019 年度から，それぞれ標準額の上限とする授業料値上げを行うことを公表している．
2）文部科学省「学校基本調査」各年度版による．
3）同上
4）同上
5）奨学金の利用においては，一種と二種の併用もあるため，学生数と奨学金利用者数によって利用率を求めることはできない．ここではあくまでも増加の参考指標として紹介したものである．
6）日本学生支援機構『JASSO 年報』各年度版による．
7）図 3 では，高等学校等奨学事業交付金も含めて掲載しているが，これは，2004 年の日本育英会から日本学生支援機構への組織変更に合わせて都道府県に事業移管された高校生を対象とする奨学金事業について，国が日本学生支援機構を通じて補助金を配分していたものであり，大学生に対する奨学金事業の経費ではない．
8）日本学生支援機構が公表している民間資金借入の入札結果の表記による．
9）要返還額に占める延滞 3 ヶ月以上の延滞債権の割合は，2004 年度に 7.9%（第一種 8.4%，第二種 7.1%）であったが，2009 年度に 6.5%（第一種 7.1%，第二種 6.2%）となり，2017 年度には 3.4%（第一種 3.4%，第二種 3.4%）となっている（日本学生支援機構『JASSO 年報』各年度版）．

◇参考文献

小林雅之（2009）『大学進学の機会―均等化政策の検証』東京大学出版会.

前一平（2017）「給付型奨学金制度の創設―独立行政法人日本学生支援機構法の一部を改正する法律の成立」『立法と調査』388 号，pp. 65-78.

水田健輔（2009）「日本の高等教育をめぐるマクロ財政フローの分析」日本高等教育学会編『高等教育研究』12，pp. 47-70.

日本育英会（1993）『日本育英会五十年史』日本育英会.

日本学生支援機構（2014）『日本学生支援機構 10 年史』.

日本学生支援機構（2018）「ソーシャルボンドフレームワーク」
　　https://www.jasso.go.jp/about/ir/saiken/__icsFiles/afieldfile/2018/07/04/framework.pdf（2019.3.5）

日本学生支援機構（2019）「日本学生支援機構について　平成 31 年 1 月」
　　https://www.jasso.go.jp/about/ir/saiken/__icsFiles/afieldfile/2018/12/26/54ir.pdf（2019.3.5）

日本学生支援機構『JASSO 年報』各年度版.

大蔵省主計局編（1980）『歳出百科』.

新藤宗幸（2006）『財政投融資』東京大学出版会.

白川優治（2012）「戦後日本における公的奨学金制度の制度的特性の形成過程：1965 年までの政策過程の検証を中心」広島大学高等教育研究開発センター『大学論集』43，2012，pp. 135-152.

白川優治・前畑良幸（2012）「日本」小林雅之編『教育機会均等への挑戦―授業料と奨学金の 8 カ国比較』東信堂，pp. 47-104.

奨学金の返還促進に関する有識者会議（2008）「日本学生支援機構の奨学金返還促進策について」.

高木通英（1984）「日本育英会法の全面改正―私立大学の奨学事業への影響」『学校法人』vol.7/No.7，pp. 6-9.

中央教育審議会（2018）「2040 年に向けた高等教育のグランドデザイン（答申）参考資料集 8【高等教育を支える投資　関係資料】」.

ABSTRACT

A Consideration of the Relationship between the Japan Student Services Organization (JASSO) Scholarship Programs and the Financial Market: The Process and Background Underlying Change in the JASSO Scholarship Programs' Financial Resources

SHIRAKAWA, Yuji

Chiba University

This paper examines the content and the implications of change in the relationship between higher education and the financial markets from the perspective of changes in the procurement structure of JASSO's scholarship project's financial resources. There are currently three types of JASSO scholarship projects: benefit-type, interest-free loans, and interest-bearing loans. The main focus of our examination is on the two loan types. Interest-free loans have existed since the establishment of the public scholarship system in Japan in 1943. The interest-bearing loan is a system that was created with the cooperation of the Fiscal Investment and Loan Program (FILP) as a financial resource in 1984. As resources for these scholarship programs, the government's general funds are used for the interest-free loan system, while FILP is used for the interest-bearing loan system. Furthermore, in both schemes, loan repayment money is used as a financial resource. In 1999, an extension of the number of lenders was adopted as national policy, against the background of the financial policy of utilizing FILP in the education field. The FILP reform was implemented in 2001, and the institutions that accept FILP have decided to issue bonds on their own initiative. Furthermore, in 2007, JASSO started to borrow private funds to cope with the difference between the FILP loans as a source of funding and the interest rate for interest-bearing scholarship loans. These initiatives brought about diversification of the scholarship resources. Direct financing from such financial markets has contributed to the expansion of JASSO's scholarship program, to the establishment of secure stable financial resources and to a reduction in the burden imposed on public finances. However, the loan-scholarship system runs the risk for the lender of being faced with default, and a further risk for the borrower, who may not know whether or not he/she has to return the scholarship-loan. Reform of the scholarship system in the 2010s can be seen as a manifestation of these risks and institutional adjustments. There is also a systemic problem facing the scholarship projects as a public system supporting the advancement of higher education, in a context of greatly expanded higher education opportunities, of how to secure huge amounts of funds each year continuously while reducing the burden imposed on public finances.

アメリカの大学における基本財産
—金融危機時に果たした役割—

福井　文威

　米国の大学が保有する基本財産は，金融市場の変動によりその資産価値が大きく変動する．本稿では，2008年の金融危機時における大学の基本財産の下落が大学の教育活動，及び家計の教育費負担にどのような影響をもたらしたのか検討することを通じ，米国の大学における基本財産の役割について論じる．分析の結果，大学が保有している基本財産の規模によって，金融危機時の基本財産の活用方法は異なっており，それが大学の教育活動と教育費負担に異なる影響を与えていることが見出された．この結果を踏まえ，米国の大学が如何に金融市場と付き合いながら財務基盤を固めてきたのかを考察し，日本の大学への示唆を探る．

1．はじめに

　アメリカの大学では，寄付をもとにしたエンダウメント・ファンドと呼ばれる基本財産が構築され，この資産が大学の教育研究活動に貢献している．著名な大学，特に私立大学ではその傾向が強く，大学の財務基盤の強化が政策課題ともなっている日本ではそれを参考にすべきという意見も多い．一方，その財源となっている寄付や投資利益は，金融市場と密接に関係しており，金融危機においては大きな損失を生むリスクを抱える．事実，2008年の金融危機時においては，有力私立大学の基本財産が多額の損失を生んだことは報道等でも伝えられてきたところである．本稿では，アメリカの大学がそのようなリスクを抱えながらも，如何に金融市場と付き合いながら財務基

鎌倉女子大学，コロンビア大学ティーチャーズカレッジ

盤を固めてきたのかを論じ，日本の大学への示唆を探る.

　本稿の構成は，以下の通りである．はじめに米国における基本財産と大学の経常的な活動との関係性について概念的に整理するとともに，基本財産が拡大してきた歴史的経緯について概観する（第2節）．続いて，基本財産に関する過去の先行研究をレビューしながら本稿で検討する課題を提示する（第3節）．その上で，2008年の金融危機直後における，基本財産から経常的な活動への繰り入れ（ペイアウト）の動きと大学の実質学費の変動に着目し，金融危機時における基本財産の役割について考察を行う（第4節）．最後に，本稿で示された知見を整理し，今後の大学経営・政策上の含意を提示する（第5節）．

2. 米国大学における基本財産

（1）基本財産とは

　基本財産（Endowment fund）とは，「現在，或いは将来の活動を支える収入を得るために，大学が蓄積し保有する金融資産，或いは実物資産」（Ehrenberg 2009: 1）のことを指し，米国の著名大学は，この基本財産の一部を利用しながら毎年の教育研究活動を維持している．図1は，米国の主要な私立大学の経常的な活動と基本財産の関係性を概念的に整理したものである．基本財産はこれまでに蓄積された基本財産から生まれる投資利益（金利や配当収入，資産価値の上昇・下落）と基本財産への寄付金によって増減するとともに，大学は基本財産の一部を経常的な活動へ繰り入れ（ペイアウト）を行う．この基本財産からペイアウトされた資金が授業料等収入，外部研究等資金，寄付，投資収入等とともに大学の教育研究活動に利用されている．特に，巨額の基本財産を有する大学では，基本財産からペイアウトされた資金への依存度が高く，ハーバード大学の2018年度[1]の収入構成は，基本財産からのペイアウトを元手とする資金が35%，授業料等収入が21%，外部研究資金が18%，経常的な活動への寄付金が9%，その他資金が17%となっている[2]（Harvard University 2018）．よって，基本財産からいくらの額を毎年支出するかは重要な経営判断事項であり，各大学はペイアウト率という指標（基本財産の何%を毎年の事業活動に支出するのか示した指標）に注視しながら基本財産をマネジメントしている[3]．

　このように巨額の基本財産の運用をしながら，その一部を切り崩し，長期

72

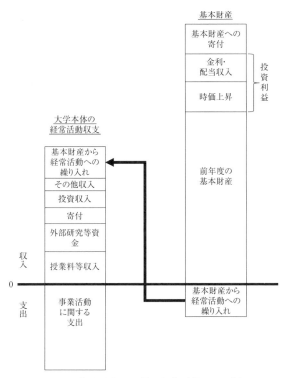

図1　基本財産と大学の経常活動との関係

出所）Harvard University (2018) 等を参考に作成．

的な大学経営を維持する仕組みが見られるが，巨額の基本財産を有する大学は，米国においても決して多くはない．図2は，学生1人当たり基本財産の規模の分布を，大学タイプ別にまとめたものである．学生1人当たり基本財産の規模が最も大きい大学群に着目すると，私立博士研究型大学の場合は平均約115万ドル，私立学士型大学の場合は平均約58万ドルとなっている．その一方，州立大学の場合は，博士研究型大学においても平均約11万ドルとなっており，基本財産は一部の私立博士研究型大学と私立のリベラルアーツカレッジに集中している．事実，全米の大学の基本財産の75％は，トップ12％の大学によって占められているという指摘もある（Sherlock et al. 2018）．

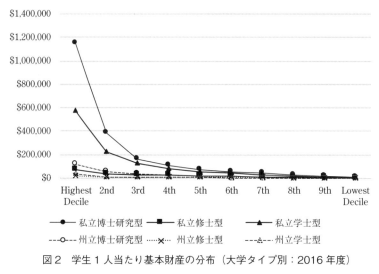

図2 学生1人当たり基本財産の分布（大学タイプ別：2016年度）

注：2016年度の学生1人当たり基本財産の規模順に大学をソートし，学生数をもとに十分位に分類した上で平均的な学生1人当たり基本財産額が算出されたもの．
出所）The College Board (2018) Table 19 をもとに作成．

　また，巨額の基本財産は大学にとって魅力的な資金ではあるが，基本財産の多くは寄付者から付託された資金であり，必ずしも大学が全てを裁量的に使用できる資金ではないことに留意する必要がある．通常，基本財産はその資産の特性に応じて，寄付者が使途を指定した基本財産（True endowment），一定期間寄付者が使途を指定した後に使途制限の無い資産へと切り替わる基本財産（Term endowment），寄付者ではなく大学機関で使途を指定した基本財産（Quasi-endowment）に分類されている（Sherlock et al. 2018）．NACUBO（2018）の調査に回答した809大学の基本財産5,668億ドルの内，2,553億ドル（45％）は寄付者に使途を指定された基本財産（True endowment）であり，大学が機関内で使途を指定した資産（Quasi-endowment）は1,354億ドル（24％），期限付きの使途制限資産（Term endowment）は123億ドル（2％）となっている[4]．よって，基本財産の運営にあたっては，寄付者との契約が考慮されなければならない重要な要素となる．

（2）基本財産の推移
　米国の大学における基本財産の変遷を見ていくと，現在巨額の基本財産を

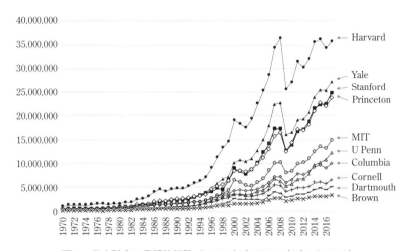

図3　基本財産の長期的推移（1970年度-2016年度：$1000）

出所）Council for Aid to Education, *Voluntary Support of Education* の各年度版より作成．

保有する大学も歴史的に一貫してその水準を保持してきたわけではない．図3は，東海岸の伝統的な私立大学群であるアイビーリーグ（ブラウン大学，コロンビア大学，コーネル大学，ダートマス大学，ハーバード大学，ペンシルベニア大学，プリンストン大学，イェール大学）とマサチューセッツ工科大学，そして，西海岸に位置するスタンフォード大学の長期的な基本財産の推移を示したものである．米国の主要な私立大学の基本財産は，1980年代から徐々に上昇し始め，1990年代以降に急激に拡大している．この拡大の背景には，第1に，米国の有力私立大学の積極的な投資戦略がある．2017年度，基本財産の平均的な投資配分先は国内株式が16％，債券が8％，海外株式が20％，債券や株式などの伝統的な投資先以外への投資（オルタナティブ投資）が53％，その他が4％となっており，株や債券以外にも積極的な投資活動を行っている（NACUBO 2018）．このような積極的な投資戦略は，大学間の競争とともに1980年代中頃から活発化し[5]，国内株式や国内債券中心の資産運用からプライベート・エクイティ，絶対収益型ファンドへの投資へと転換されてきた（Goetzmann and Oster 2013, Lerner et al. 2008）．例えば，1985年のイェール大学の投資方針は約6割強を国内株式，2割弱を国内債券，1割を海外株式に投資していたが，1986年よりプライベートエクイティへの

75

投資を，1991年に絶対収益型ファンドへの投資を開始し，その割合を増加させてきた（Yale Investments Office 2002）．基本財産から得られる毎年の投資収入には課税がなされない時代が続いてきたため，こうした積極的な投資戦略は，1990年代の好調な金融市場の動向と相俟って，基本財産の急激な拡大をもたらした．

いまひとつの要因に，1980年代以降の寄付の拡大がある．基本財産は，そのものに内国歳入法501(c)(3)のステータスを有しており，寄付者からの大学や基本財産に対する寄付は，税制上優遇をされる（Sherlock et al. 2018）．特に，米国の場合，寄付者に対する税制優遇措置の関係から金融市場の拡大とともに大学への寄付が拡大する誘引が働き，1990年代のIT革命を背景とした金融市場の好転とともに寄付が拡大してきた（福井 2018, 金子 2012）．

即ち，米国の大学の基本財産は，その投資利益とともに寄付金が金融市場と連動するという特徴を有しており，1990年代の金融市場の拡大とともにそれと強く連動した大学システムが形成されてきた．そのため，好景気時には急激に資産を拡大させるが，金融危機時においては巨額の損失が発生する．例えば，2008年の金融危機時における寄付と投資利益の変動を確認すると[6]，寄付については2007年度の水準を100とした時，金融危機発生後の2009年度の水準は私立博士研究型大学で90，私立修士型大学で86，私立学士型大学で81の水準にまで落ち込んだ．また，投資利益についてみると，金融危機直後の2009年度の落ち込みが激しく，私立博士型大学で平均4.5億ドル，私立修士型大学で平均1,122万ドル，私立学士型大学で平均2,230万ドルの損失が発生し，その結果，基本財産の規模は，2009年度に大きく下落した．なお，その後の経緯を見ていくと，金融市場の回復とともに基本財産は，再拡大し，現在はほぼ金融危機ショック前の基本財産の水準に回復している（図3）．

このように金融市場と強く連動する基本財産は，金融危機が発生した際にどのような役割を果たし，大学の教育活動に如何なる影響を与えるのか，本稿では既存の統計データや財務資料から考察することとしたい．

3. 先行研究と課題設定

(1) 大学の基本財産に関する先行研究

　大学における基本財産の役割，また，その変動要因については，その理論研究と実証研究がこれまでにも蓄積されてきた．大学における基本財産のマネジメントに関する研究をレビューした Cejnek et al.（2013）は，当該研究分野を，資産運用に関する研究，基本財産のパフォーマンスに関する研究，基本財産のペイアウトに関する研究，基本財産のガバナンスに関する研究に分類している．本稿では，金融危機時における基本財産の損失が，大学の経常的な教育活動に如何なる影響を与えたのかを考察することに焦点を当てるため，特に基本財産からのペイアウトに関する研究の動向を概観しながら，本稿で検討する課題を提示したい．

　基本財産のペイアウトに関する研究における 1 つの主要な論点は，なぜ大学は基本財産を蓄積し続ける必要があり，毎年のペイアウトはどのように設定することが適切なのかという問題である．この問題は，現在の大学の活動に基本財産を使用するのか，或いは将来の教育研究活動への投資に備え基本財産を保持するのかという論点を含んでおり（Brown and Tiu 2013），大学が基本財産を保有する目的と深く関わる．基本財産のペイアウト額の設定に関する初期の代表的な研究として，Litvack et al.（1974）と Tobin（1974）がある．Litvack et al.（1974）は，1970 年代の米国の大学における基本財産の伝統的なペイアウトが利子及び配当に限定されていることを批判し，基本財産の実質的な価値を永続的に保持するためには，キャピタルゲインやインフレ率を考慮する必要があることを指摘した．また，Tobin（1974）は，基本財産の役割として世代間の公平性を担保する側面を強調し，各世代で公平にペイアウトが使用される原則を提唱した．

　一方で，Hansmann（1990）は，大学が基本財産を保有する理由を世代間の公平性を担保する機能から説明するのは不十分であるとし，基本財産が蓄積される理由を，大学の収入が減少した際にその影響を財政的に緩和させる側面（Financial buffer），大学の評判資本（Reputational capital）を長期的に保証する側面，大学機関の教育研究活動の知的自立性（Intellectual freedom）を保証する側面，現役世代が重視した価値を次の世代に提供し続ける側面（Subsidizing value）に加え，寄付者，教職員，理事の基本財産に

対する短期的なインセンティブを検討した上で基本財産の機能を包括的に提示し，その後の研究に強い影響を与えた．また，Hoxby（2012）は，大学組織をベンチャーキャピタルに見立て，大学の組織行動原理は社会の知的資本を最大化することを目的とし，人的資本と研究に対する投資を行うことにあるとするモデルを提示した．その上で，大学の人的資本や研究に対する投資のリターンは，私的に回収することが困難な性質を有しており，社会的な知的資本を最大化するための投資を大学が継続的に行うために基本財産が蓄積されるという説を示している．

　こうした理論研究をベースにしながら，基本財産のペイアウト率の変動に着目し，基本財産の役割を実証的に検討した研究も進んでいる．特に，Brown et al.（2014）は，基本財産からの収入は大学全体の収入項目の１つであり，経済危機時に財政的な緩和を行う機能（Black 1976, Hansmann 1990, Merton 1992）が期待される点に着目し，1986 年度から 2009 年度の博士研究型大学のデータから基本財産にショックが与えられた際の大学の行動を分析している．その結果，大学は，好景気時にはペイアウト率を維持するのに対し，経済的なショックがあった場合には雇用者数を抑えることで支出削減に努める一方，ペイアウト率を下げ基本財産を保持する行動を平均的に選択することを示した．その理由として，大学経営者は，基本財産の規模そのものが将来の教育研究投資の維持，大学の評判，自身の評価につながると捉え，基本財産が経常的な活動に貢献するかどうかよりも基本財産の蓄積（Endowment hoarding）を重視する可能性を指摘している．一方，基本財産のペイアウト率を上昇させるか否かは，当該大学の基本財産の規模によって異なることが示されており（Sherlock et al. 2018），蓄積された基本財産の規模を加味した考察の必要性も示唆される．

　このように基本財産のペイアウトに関する理論や実証研究が蓄積されてきているが，高等教育研究においては，基本財産のマネジメントに留まらず，基本財産という資産が大学の実際の教育研究活動にどのような影響を与えているのか，或いは家計の教育費負担にどのような影響を与えているのか検証することが更に求められるであろう．事実，基本財産からのペイアウトは，大学の独自奨学金の財源ともなっており，当該大学に通う学生の教育費負担を軽減させる効果もある（長野 2008）．よって，本稿では，基本財産が有する経済的なショックに対する財政的な緩和措置としての機能（Hansmann

1990, Merton 1993), 人的資本への投資のための資金としての機能 (Hoxy 2012) を踏まえながら, 2008 年の金融危機時に基本財産が大学の経常的な教育活動にどのような役割を果たし, 高等教育の費用負担にどのような影響を与えたのか検討することとしたい.

(2) 分析に使用するデータ

上述の問題を検討するにあたり, 本稿では基本財産の規模が米国において突出して大きいハーバード大学とイェール大学における 2008 年の金融危機前後の財務報告資料の内容を検討するとともに, 米国の私立博士研究型大学, 私立修士型大学, 私立学士型大学, 約 960 大学の 2007 年度から 2014 年度の基本財産の規模, 学生 1 人当たりの教育経費, 学生の実質学費に関するデータを使用する. 分析にあたっては, 2008 年の金融危機発生前における基本財産の規模をもとに大学を分類した上で, 各グループの金融危機発生後の学生 1 人当たり教育経費, 学生の実質学費の変動に着目し, 金融危機時における基本財産と大学の教育活動の関係性を検討する.

4. 金融危機後の基本財産と教育費負担

(1) 基本財産と教育経費, 実質学費の関係

はじめに, 分析の前提として各大学の学生 1 人当たりの教育活動に関する経費という指標を手掛かりに, 基本財産の規模と大学の教育活動の関係性を示す. 図 4 は, 2017 年度の学生 1 人当たり基本財産と学生 1 人当たり教育経費を散布図にまとめたものである. ここから明らかなように, 大学タイプ別に見ても学生 1 人当たり基本財産の規模が大きい大学ほど, 学生 1 人当たり教育経費が大きいことが確認でき, 基本財産からの収入が多く利用できる大学が教育活動に多くの資金を投下している (相関係数は, 私立博士研究型大学において 0.858, 私立修士型大学において 0.611, 私立学士型大学において 0.737 となっている[7]).

続いて, 基本財産の規模と学生の実質学費 (net price) との関係性を検討する. 基本財産からのペイアウトの一部は, 大学独自の奨学金として利用される傾向があり基本財産の規模の大きな大学ほど学生の実質学費は低くなると考えられる. 図 5 は, 各大学の所得階層別の平均的な実質学費のデータを利用し, 基本財産の規模別に実質学費の平均値を算出したものである. ここから明らかなように, 基本財産の規模が大きい大学ほど低所得世帯の学生の

79

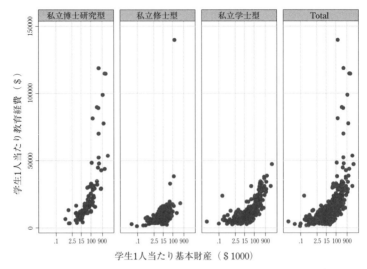

図4 学生1人当たり基本財産と教育経費の関係（2017年度）

注）学生1人当たり基本財産，学生1人当たり教育経費について0と報告している大学は除外し掲載．横軸は対数目盛を使用．

出所）U.S. Department of Education, National Center for Education Statistics, Integrated Postsecondary Education Data System（IPEDS）を利用し作成．

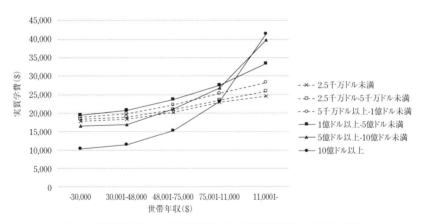

図5 所得階層別にみた実質学費（基本財産規模別：2017年度）

出所）U.S. Department of Education, National Center for Education Statistics, Integrated Postsecondary Education Data System を利用し作成．

実質学費が低く設定されていることが確認できる．例えば，年収3万ドル以下の世帯の実質学費に着目すると，基本財産が5億ドル未満の大学は平均2万ドル弱となっている一方で，基本財産が5億ドル以上10億ドル未満の大学においては平均1.6万ドル，基本財産が10億ドル以上の大学において平均1万ドルとなっている．よって，基本財産からのペイアウトによって特に低所得者層の大学への教育費負担が軽減されていることが示唆される．このように，基本財産は，潤沢な教育投資，また，低い実質学費を実現する1つの重要な要素と考えられるが，この財源に依存することが金融危機時にどのような影響をもたらすのか検討したい．

(2) 金融危機時におけるペイアウト

基本財産という資産が何らかの環境変化に伴う大学の収入減を緩和する役割（Hansmann 1990），或いは社会的知的資本を最大化するための人的資本への投資に寄与する役割（Hoxby 2012）を担うのであれば，金融危機に伴う景気停滞期は学生の教育費負担能力も低下する可能性があるため，大学は経常的な教育活動を維持するためにペイアウト率を上げ，基本財産の一部を切り崩して使用することが想定される．一方で，金融危機は，基本財産そのもの資産価値が下落するため，基本財産の規模を維持するためにペイアウト率を維持，或は，下げるインセンティブも働くことが想定される（Brown 2014）．この問題について，ここでは巨額の基本財産を蓄積してきた代表的な事例であるハーバード大学とイェール大学のケースから検討したい．

第2節で確認した通り，ハーバード大学，イェール大学とも2008年の金融危機直後は基本財産の資産価値が大幅に下落し，両校ともその価値が約30％下落した．金額に換算するとハーバード大学は109億ドル，イェール大学は163億ドルの資産を失ったことになる[8]．この時，基本財産からのペイアウトや大学が提供する奨学金はどのように変化したのであろうか．両校の財務報告書からその推移をまとめたものが図6である．ペイアウト率の変化に着目すると，ハーバード大学は2009年度まで5％未満のペイアウト率で推移していたものを2010年度は6.1％に引き上げる判断をし，イェール大学は2008年度まで4％前後で推移していたペイアウト率を2009年度に5.2％，2010年度に6.9％まで上昇させており，両校とも金融危機直後にペイアウト率を大きく上昇させていることが確認できる．また，奨学金の推移に着目すると，金融危機直後も上昇傾向にあり，様々な支出削減がなされた中におい

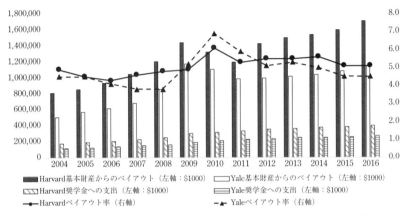

図6　基本財産からのペイアウトと奨学金への支出（ハーバード大学とイェール大学の事例）

出所）ハーバード大学, イェール大学の各年度の Financial Report を利用し作成.

ても実質学費を抑える判断をした形跡が見られる．基本財産の規模自体が減少しているため，ペイアウトの額は減少しているものの，基本財産を切り崩すことで景気停滞期における大学の経常的な活動を支えたと見て良いだろう．この当時の判断については，2016年にハーバード大学が連邦議会議員に宛てた説明書簡に端的に表れており，以下に引用する．

> ハーバード大学の基本財産がその価値の27％を失った金融危機の際に大学は重大な財政的課題に直面した．大学全体では統合，人員削減，給与の凍結，出張の削減やその他の変更を通じて大幅な支出削減を行った．しかしながら，この破壊的な期間の中においても一定の安定性を提供するために，カンパニー（筆者注：マネジメントカンパニー）は，2010年度にペイアウト率を6.1％に上昇することを承認した．—中略—また，ペイアウト率を上げることに加えて，カンパニーは，金融危機の影響を受けハーバード大学で学び続けるために追加的な（或いはかなりの）援助を必要とする学生や家族に対応するため，学生財政援助の戦略的な増加を図った（Office of Federal Relation, on behalf of Harvard University: 11）．

即ち，両校の事例を見る限り，基本財産自体が金融危機のショックを受け

アメリカの大学における基本財産

表1 基本財産のペイアウト率（基本財産規模別）

基本財産の規模	2006	2007	2008	2009	2010	2011	2012	2013
10億ドル以上	4.6	4.4	4.2	4.6	5.6	5.2	4.7	4.8
5億ドル以上-10億ドル未満	4.5	4.4	4.5	4.9	5.7	5.2	4.7	4.6
1億ドル以上-5億ドル未満	4.6	4.5	4.2	4.4	4.9	5.0	4.3	4.4
5千万ドル以上-1億ドル未満	4.7	4.8	4.6	4.7	4.6	4.5	4.3	4.4
2.5千万ドル以上-5千万ドル未満	4.8	4.8	4.3	4.3	4.1	4.0	3.8	4.3
2.5千万ドル未満	4.6	4.6	4.1	3.9	3.5	3.7	3.7	4.1

注：色の濃淡はペイアウト率の大きさを表す.
出所）NACUBO（2016）を一部加筆修正.

た時においても，経常的な活動を安定的に行うために基本財産の一部を切り崩し，奨学金などへの支出に回したということが見て取れる.

　一方で，他大学の基本財産の平均的なペイアウト率の推移を既存の統計データ（表1）から確認すると，このような経営判断を行った大学は，基本財産の規模が大きい大学に限られており，金融危機時のペイアウト率の判断は大学によって別れている（Sherlock et al. 2018）．特に，基本財産の規模が小さい大学は，ペイアウト率を低下させており，金融危機に伴う基本財産の目減りを抑えるための経営判断を行ったことがうかがえる．基本財産は，将来世代の教育研究活動に寄与することも想定されており，一定額を残す判断を重視したともいえるであろう．よって，金融危機時に基本財産の一部を経常的な活動に使用するかどうかは，金融危機発生前の基本財産の規模を考慮する必要がある.

（3）金融危機時における基本財産の運営が教育費負担に与えた影響

　以上を踏まえた上で，基本財産の規模が金融危機時に大学の教育経費，学生の費用負担にどのような影響を与えたのか検討したい．はじめに，金融危機発生前（2007年度時点）の基本財産の規模をもとに分析対象大学を6グループに分類し，各グループの学生1人当たり教育経費の平均的な伸び（2007年度の水準を100とした上で，年度ごとの各グループの中央値）をまとめた結果から考察する．図7から明らかなように2009年度までの学生1人当たり教育経費の伸びはいずれのグループも上昇傾向にあるが，金融危機後の2010年度のトレンドに着目すると，基本財産10億ドル未満の大学群の学生1人当たり教育経費の伸びが停滞しているのに対し，基本財産10億ドル以上の大学群は学生1人当たり教育経費の伸びを維持している．即ち，金融危

83

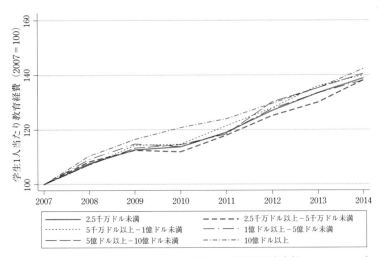

図 7　学生 1 人当たり教育経費の推移（基本財産規模別中央値：2007＝100）

注）Consumer Price Index（CPI）を利用しインフレ調整済みの値をもとに算出．
出所）U.S. Department of Education, National Center for Education Statistics, Integrated Postsecondary Education Data System を利用し作成．

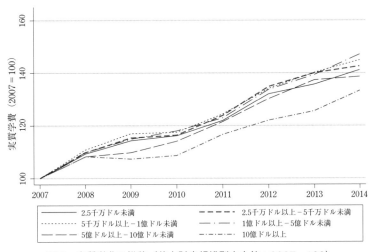

図 8　実質学費の推移（基本財産規模別中央値：2007＝100）

注）Consumer Price Index（CPI）を利用しインフレ調整済みの値をもとに算出．
出所）U.S. Department of Education, National Center for Education Statistics, Integrated Postsecondary Education Data System を利用し作成．

機後に教育投資の伸びがグループ間で差が生まれたことが確認できる．

また，図8から基本財産の規模別に実質学費の伸びを確認すると，2008年度の実質学費の伸びはどの大学グループも同程度の伸び率で上昇しているが，金融危機が発生した2009年度とその後の2010年度は基本財産が10億ドル以上の大学群が学生の費用負担の伸びを顕著に抑えたことが見て取れる．これは即ち，巨額の基本財産を有している大学においては，Hansmann（1990）等が指摘する金融危機時に基本財産が財務的なバッファーとして働き，家計負担を支えたが，基本財産のストックが小さくペイアウト率を上昇させなかった大学群は，家計の教育費負担を補うよりも将来世代が使用する可能性のある資産の安定的な確保に重点をおいた判断をしていることを示唆するものである．よって，大学が保有している基本財産の規模によって，金融危機時の基本財産の活用方法は異なっており，それが大学の教育活動と教育費負担に異なる影響を与えていることが見出された．

5. 結語

以上を総括すると，基本財産に依存する私立大学は，金融市場のショックによってその保有資産が大きな影響を受ける．しかし，金融危機時に各大学は，保有する基本財産の規模を踏まえながら，ペイアウト率という蛇口を調整し，現役世代と将来世代への教育投資をコントロールしており，米国大学の基本財産のマネジメントの根幹がここに垣間見られる．これを踏まえ，以下に，本研究結果の持つ大学経営・政策上の含意について示しておきたい．

（1）基本財産の戦略的な活用

第1に，大学の基本財産のマネジメントは，その規模を中長期的に維持・拡大するための運用方針を定めるという側面のみならず，現役世代の教育研究活動を支えるためにどの程度の額を基本財産から毎年支出するのかという点に関する戦略的な経営判断が要求されることが示唆される．本稿で示したように，米国の有力私立大学では，金融危機時に基本財産が大きく減少した際にも，現役世代への教育活動や教育費負担を支えるために，あえて基本財産を切り崩す経営判断をしたことが観察され，基本財産の効果的な活用が大学マネジメント上の重要な位置にあることがうかがえる．Hoyte（1994）が指摘するように，大学が基本財産の一部を切り崩し現役世代への教育活動に支出する行動は，将来の寄付者への投資という見方もできる．日本では基本

財産のマネジメントは，その運用方針のあり方に焦点が当てられる傾向があるが，ペイアウト率の調整を通じた基本財産の戦略的な活用が，将来の寄付の獲得や中長期的な基本財産の拡大，更には大学のプレステージの向上につながるという視点は強調しておいて良いであろう．

一方で，米国の大学における基本財産のマネジメントのあり方は多様であり，その方針を一律的に捉えることには限界があることも指摘しておかなければならない．例えば，金融市場のショックの影響を基本財産で緩和するには，米国の事例を見ても相当な額の基本財産の規模が必要であり，それができたのは一部の大学に限られている．反対に，少額な基本財産を保有する大学は，金融危機直後はペイアウト率を下げ，教育経費の伸びを抑えたことが観察され，基本財産の活用方法は当該大学が保有する基本財産の規模によって異なっている．よって，大学マネジメントにおける基本財産の役割は一様ではなく，その規模に応じてペイアウトの調整を判断する必要があり，特に，基本財産の小規模な大学がその経常的な活動を基本財産収入に過度に依存することはリスクを伴うことは改めて認識される必要があるだろう．

(2) 基本財産を保有するリスク

第2に，大学の基本財産は，金融市場の変動により巨額の損失を生み出すことがあるが，その評価は中長期的な視点からもなされる必要性が示唆される．本稿で示したように，米国の有力私立大学の基本財産は，金融危機直後に軒並み下落したが，その後の趨勢を見ていくと中長期的には拡大傾向にある．無論，金融市場の混乱に伴う大学の基本財産の減少は教育研究活動に影響を及ぼし，また，それが時には扇動的に報道されることも認識しなければならない．一方で，当該大学が基本財産に大学の中長期的な活動を支える役割を期待するのであれば，そのマネジメントの評価も中長期的な視点からなされる必要があり，さもなければ，それに見合った運用活動の実行が困難となる．そのため，各大学は，基本財産の役割を明確化するとともに，大学内外の関係者とその認識を広く共有する努力が必要であろう．

また，基本財産を保有するリスクは金融市場の変動だけではなく，基本財産という資産の性質に起因する内在的なリスクが存在することに留意する必要がある．特に，大学が保有する基本財産のどの程度が寄付者からの使途制限がある資産で，どの程度が使途制限の無い資産なのかという点は，基本財産のマネジメントをする上で不可欠な視点である．本稿では，特に基本財産

の人的資本への投資部分に着目し，基本財産と実質学費の関係に焦点を当てたが，寄付者が指定する使途は必ずしも奨学金への支出とは限らない．例えば，特定の研究活動の支援，スポーツ振興，建物の建設などに使途を限定することもある．こうした使途制限のある寄付により実現された活動は，場合によっては大学の長期的なコストを上昇させる可能性もあり，更にはそのコスト上昇分を埋めるために授業料を上昇せざるを得ない状況になることもある（American Council on Education 2014）．近年，日本では基本財産や寄付は，政府補助金の停滞を補うものとして一部で期待されることがあるが，こうした点を踏まえると，性質的に異なる資金であると捉えた方が良いであろう．よって，基本財産が抱えるリスクは，金融市場のショックのみならず，基本財産という資産の性質に起因する内在的なリスクがあり，それを踏まえた上で，大学のポートフォリオの中に位置付ける必要がある．

（3）今後の展望

　米国の大学における基本財産の安定性は，経済環境や大学のマネジメントの影響のみならず，それを支える法制度の影響を踏まえる必要がある．特に，米国の株式形態寄付に対する特有の寄付控除制度や繰越控除を可能とする制度は大口寄付者の寄付促進に寄与してきたし，基本財産やその運用収入に対する非課税措置は大学の基本財産を拡大させる上で重要な制度であった．しかし，基本財産を支えてきた制度は，米国において大きな転換点にある．近年の動向で特に着目すべき政策的な変化は，2017 年 12 月に可決された Tax Cuts and Jobs Act of 2017（P.L. 115-97）であり，これまで非課税措置とされてきた基本財産の投資収入に対して 1.4％の課税をすることが一部の大学（具体的には，在籍者数 500 人以上であり，学生 1 人当たり 500,000 ドル以上の基本財産を有している大学）に対して適用された[9]．この背景には，近年の授業料の高騰に対する批判などがあるが，これまでに基本財産が支えてきた教育研究活動が毀損されることを懸念する大学側と政策担当者との間で政治的な議論が続けられている．今後の政策論議においても，大学システムにおける基本財産の役割については，大学のマネジメントや教育活動との関係のみならず，研究活動へのインパクト，それを支える制度や寄付者との関係などを含めた統合的な理解に努める必要であり，これに寄与する更なる研究が期待される．

◇注

1）本稿における年度という表現は特に断りの無い限り，アメリカの大学が採用する財政年度と同様の期間を指す．よって，2018 年度は 2017 年 7 月–2018 年 6 月を意味する．

2）基本財産の規模の大きいアイビーリーグの大学でも基本財産からのペイアウトが経常収入に占める割合にはばらつきがある．例えば，2017 年度の財務報告書から確認するとイェール大学では 34％，ブラウン大学では 18％となっている．また，NACUBO（2018）の調査によれば，米国の大学の経常予算に占める基本財産からの収入は平均 7.9％となっている．

3）各大学における基本財産のペイアウトの方針を調査した Sedlacek and Jarvis（2010）によれば，ペイアウトのルールは，過去の基本財産の移動平均に一定割合を乗じるもの，前年度のペイアウト額をもとにインフレ率を考慮し算定するもの，移動平均とインフレ率の双方を考慮したものなどのタイプがある．ただし，Brown and Tiu（2013）によれば，毎年 4 分の 1 の大学はペイアウトの方針を変更している．

4）この他に信託基金やその他の資産が統計上含まれている（NACUBO 2018）．

5）1960 年代後半から Ford Foundation（1969）によって，基本財産に関するマネジメントの高度化の必要性が指摘されている．また，基本財産の運用の高度化とともにマネジメント・カンパニーを設置する大学が増えており，例えばスタンフォード大学の事例などは，上山（2010）に詳しい．

6）Council for Advancement and Support of Education, VSE Data Miner 及び U.S. Department of Education, National Center for Education Statistics, Integrated Postsecondary Education Data System（IPEDS）を利用し算定した．

7）相関係数の算出にあたっては，学生 1 人当たり教育経費，学生 1 人当たり基本財産の実額を対数変換した値を使用した．

8）ハーバード大学，イェール大学の 2009 年度財務報告書より算出した．

9）同時に，連邦所得税の定額控除選択者の控除額を 2 倍にするという措置がなされた．米国の場合，連邦所得税の控除項目は，定額控除と項目別控除があり，定額控除選択者は，世帯構成等に応じて所得税額の控除額が設定されているため寄付控除による税制上の恩恵を受けない．この制度改正により，項目別控除選択者の数が減少することが予想され，寄付控除目的での大学への寄付金が減少する可能性が考えられる．

◇参考文献

American Council on Education, 2014, *Understanding College and University*

Endowments.（https://www.acenet.edu/news-room/Documents/ Understanding-Endowments-White-Paper.pdf, 2018.12.19）

Black, Fischer, 1976, "The Investment Policy Spectrum: Individuals, Endowment Funds and Pension Funds," *Financial Analysts Journal*, 32（1）: 23–31.

Brown, Jeffrey R., Dimmock, Stephen G., Kang, Jun-Koo, and Weisbenner, Scott J., 2014, "How University Endowments Respond to Financial Market Shocks: Evidence and Implications," *American Economic Review*, 104（3）: 931–62.

Brown, Keith C., and Tiu, Cristian L., 2013, "The Interaction of Spending Policies, Asset Allocation Strategies, and Investment Performance at University Endowment Funds," Brown, Jeffrey R., Hoxby, Caroline M. eds., *How the Financial Crisis and Great Recession Affected Higher Education*, Chicago: University of Chicago Press.

Cejnek, Georg, Franz, Richard, Randl, Otto, and Stoughton, Neal M., 2013, "A Survey of University Endowment Management Research," *Journal of Investment Management*, Third Quarter 2014.（http://dx.doi.org/10.2139/ ssrn.2205207, 2018.12.19）

Ehrenberg, Ronald G., 2009, *Demystifying endowments*［Electric version］, New York: TIAA-CREF.

Ford Foundation, 1969, *Managing Educational Endowments. Report to the Ford Foundation*, New York: Advisory Committee on Endowment Management.

福井文威，2018，『米国高等教育の拡大する個人寄付』東信堂.

Goetzmann, William N., and Oster, Sharon, 2013, "Competition among University Endowments," Brown, Jeffrey R., Hoxby, Caroline M. eds., *How the Financial Crisis and Great Recession Affected Higher Education*, Chicago: University of Chicago Press.

Hansmann, Henry, 1990, "Why Do Universities have Endowments?," *The Journal of Legal Studies*, 19（1）: 3–42.

Harvard University, 2018, *Financial Report Fiscal Year 2018*.（https://finance. harvard.edu/files/fad/files/harvard_annual_report_2018_final.pdf, 2018.12.19）

Hoxby, Caroline M., 2013, "Endowment Management Based on a Positive Model of the University," Brown, Jeffrey R., Hoxby, Caroline M. eds., *How the Financial Crisis and Great Recession Affected Higher Education*, Chicago: University of Chicago Press.

金子元久，2012，「高等教育財政の展望」『高等教育研究』15: 9–27.

Lerner, Josh, Schoar, Antoinette, and Wang, Jialan, 2008, "Secrets of the Academy: The Drivers of University Endowment Success," *Journal of Economic*

Perspectives, 22(3): 207–22.

Litvack, James M., Malkiel, Burton G., and Quandt, Richard E., 1974, "A Plan for the Definition of Endowment Income," *The American Economic Review*, 64(2): 433–7.

Merton, Robert C., 1993, "Optimal Investment Strategies for University Endowment Funds," Clotfelter, Charles T., and Rothschild, Michael, eds *Studies of Supply and Demand in Higher Education*, Chicago: University of Chicago Press.

NACUBO, 2016, *2015 NACUBO-Commonfund Study of Endowments*.

NACUBO, 2018, *2017 NACUBO-Commonfund Study of Endowments*.

長野公則，2012，「アメリカの大学の基本財産と奨学金：プリンストン大学の No-Loan Policy に着目して」『東京大学大学院教育学研究科紀要』52: 327–36.

Office of Federal Relation, on behalf of Harvard University, 2016, *Re: Request for Information on Endowment* [Letter written March 31, 2016 to Orrin Hatch, Kevin Brady, Peter Roskam]. (https://www.harvard.edu/sites/default/files/content/20160401_harvard_congressional_report.pdf, 2018.12.19)

Sedlacek, Verne O., and Jarvis, William F., 2010, *Endowment Spending: Building a Stronger Policy Framework*, Commonfund Institute. (https://files.eric.ed.gov/fulltext/ED559301.pdf, 2018.12.19)

Sherlock, Molly F., Gravelle, Jane G., Crandall-Hollick, Margot L., and Stupak, Joseph M., 2018, "College and University Endowments: Overview and Tax Policy Options," *Congressional Research Service*. (http://www.dartblog.com/documents/CRS.pdf, 2018.12.19)

The College Board, 2018, *Trends in Higher Education*. (https://trends.collegeboard.org/college-pricing/figures-tables/institutional-finances#Endowments, 2018.12.19)

Tobin, James, 1974, "What is Permanent Endowment Income?," *The American Economic Review*, 64(2): 427–32.

上山隆大，2010，『アカデミック・キャピタリズムを超えて：アメリカの大学と科学研究の現在』NTT 出版.

Yale Investment Office, 2002, *2002 The Yale Endowments*. (http://investments.yale.edu/endowment-update/, 2018.12.19)

ABSTRACT

The Role of Endowments in U.S. Higher Education during the 2008 Financial Crisis

FUKUI, Fumitake

Kamakura Women's University, Teachers College Columbia University

Endowment funds have assumed an essential role in supporting higher education — especially with respect to the endowment funds of top private research universities in the U.S. However, this funding asset tends to fluctuate with changes in financial markets, and many universities lost considerable assets during the 2008 financial crisis. This paper explores the role of endowments in U.S. higher education during that crisis. Using the financial data of payout rates and net prices of U.S. private universities from 2007 to 2014, this paper suggests that universities made different decisions pertaining to endowment funds in response to the financial crisis. On the one hand, the universities that had accumulated huge endowments increased their payout rates and discounted the net prices, to support families that needed additional financial aid during that period. On the other hand, universities with smaller endowments tended to reduce spending to keep the level of endowments constant, thus decreasing instruction expenses. These results imply that the role of an endowment differs depending on its size. Finally, this paper discusses the implications of the U.S. experience for Japanese higher education.

高等教育研究　第22集（2019）

日本の大学における資産運用の特徴と新たな展開
—Fiduciary Duty の概念を軸に—

川崎　成一

　本稿は，米国大学の資産運用の基本的な枠組みを形成してきた，フィデューシャリー・デューティーの概念を軸に米国信託法の変遷を辿りながら，そこからみえる日本の私立大学における資産運用の特質と，近年みられる新しい資産運用の取り組みについて論じる．日本の私立大学は，本来フィデューシャリーとみなされるが，その資産運用はプルーデント・マン・ルールやプルーデント・インベスター・ルールからは乖離した，ポートフォリオ概念の欠如や単年度志向と公平性の希薄さ，自家運用，使い切り型の疑似基金という特質を有する．しかし，近年では，ポートフォリオ運用や外部運用，教育理念と合致した運用がみられ始める等，フィデューシャリーとしての責務を果たしていこうとする動きがみられる．

1.　はじめに

　18歳人口の減少などに伴う厳しい環境下，政府の財政難もあり，日本の大学はその財務基盤が弱体化しつつある．米国大学のように，資産運用を新たな財務基盤構築の切り札とするために様々な努力がなされているが，必ずしも期待通りに進んでいる訳ではない．

　本稿では，このような現状を踏まえ，米国大学における資産運用の枠組みを形成してきた法的なルール，とりわけ，フィデューシャリー・デューティー（Fiduciary Duty）の概念を軸とした信託法の変遷を辿りながら，それとの対比から日本の大学の資産運用の特徴を明らかにする．そして，近年みられる

東京大学（教育学研究員）

93

日本の大学の新しい資産運用の取り組みを紹介し，そこにある可能性や課題を浮き彫りにする．

　なお，国立大学法人においては，公的資金に当たらない寄附金等の自己収入の運用対象範囲が拡大されたものの，余裕金の運用は独立行政法人通則第47条を準用した国立大学法人法第35条の規定により，運用対象や金融商品が制限され，また公立大学法人についても余裕金の運用について制限があることから，本稿では日本の私立大学を中心に論じる．

2. 日本の私立大学における資産運用の現状

（1）規模

　まず，私立大学の資産運用の規模についてみてみよう．私立大学は個々の大学でみれば規模の大小は様々であるが，資産の保有者として資産の出し手となる機関投資家のアセット・オーナーに位置付けられる[1]．アセット・オーナーの代表的な機関として GPIF（年金積立金管理運用独立行政法人：Government Pension Investment Fund）等があるが，日本私立学校振興・共済事業団（以下，事業団）もそれに該当する．GPIF の資産規模は 145 兆円弱と圧倒的な規模を誇るが，事業団も 4 兆円余の運用資産を有する．

　そこで，アセット・オーナーである私立大学が保有する個々の運用資産を合算し，私立大学全体を一つの連合体として考えると，その規模は 1985 年度の 2 兆 7,266 億円から，2016 年度には 9 兆 9,210 億円に達し[2]，凡そ 30 年間で 3.6 倍に増加した（図表1）．この運用資産は現預金の 3 兆円弱を含むため，すべてが実質的な資産運用に回っているとは限らないが，事業団の運用資産を大きく上回り，アセット・オーナーとして金融市場では無視のできない相応の規模を誇っているといえる[3]．しかし，私立大学の平均的な運用資産（1 大学当たり）は，大学数（法人数）が大幅に増加したこともあり，1985 年度の 87 億円から 2016 年度の 181 億円へと 2 倍程度の増加に留まっている．しかも，事業団が実施した「平成 29 年度 学校法人の資産運用状況（集計結果）」によれば，2016 年度で 100 億円以上の法人数が 205 法人（31.2％）あるのに対して，50 億円未満が 349 法人（53.1％）もあることから運用資産の規模は持てる大学と持たざる大学との差が拡大しており，二極化が進んでいるといえる[4]．

図表1 私立大学の運用資産の規模と資産運用利回りの推移（1985-2016年度）

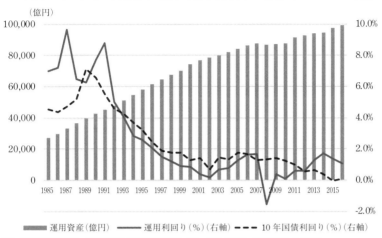

(注) 日本私立学校振興・共済事業団『今日の私学財政 大学・短期大学編』(各年度版) より作成.

（2）運用対象資産

それでは，日本の私立大学は金融市場においてどのような資産で運用を行っているのであろうか．図表2で私立大学全体の運用資産の構成比をみると，現預金や債券といった元本確保型の保守的な運用が全体の9割を占めている．そして，運用資産が大きくなるにつれて現預金比率が逓減し，有価証券運用（債券，株式，投資信託，その他）の比率が逓増しているが，株式は資産規模に係わらず（10億円以上50億円未満を除く），2％程度で推移している．また，投資信託やその他商品は500億円以上の大学で相応の組み入れがあるものの，その比率は低い．一方，米国大学全体では大規模大学の影響を受けているものの，現預金4.0％，債券8.0％に対して，株式36.0％，その他52.0％となっている．運用資産の最も小さいグループ（Under $25 Million）でも，株式58.0％に対して，債券24.0％，現預金7.0％であることから，日本の私立大学とは運用資産が大きく異なることがわかる．

（3）運用利回り

このような運用資産を反映し，日本の私立大学はどの程度の運用利回りを得ているのであろうか．一言で運用利回りといっても，様々な概念があることから，その定義を明確にした上で分析する必要がある．ここでは，日本私

図表2　日米大学の運用資産構成比

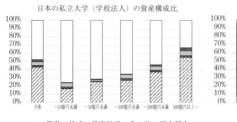
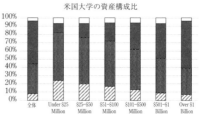

(出典) 日本私立学校振興・共済事業団（2017）より作成．

(出典) 2017 NACUBO-Commonfund Study of Endowments より作成．
(注1) 2017年6月末の構成比率（金額加重）．
(注2) 原データを「固定利付債券→債券」，「米国株式・株式（米国以外）→株式」，「代替戦略→その他」，「短期証券・現金ほか→現金預金」に読み替え作成．

立学校振興・共済事業団『今日の私学財政 大学・短期大学編』（各年度版）掲載の財務データから，「資産運用収入」，「資産売却差額」，そして，「資産処分差額」の合計額を分子とし，それを分母となる簿価（取得価額）で割った利回りを算出する．つまり，利息・配当金及び実現損益のみを考慮した利回りであり，有価証券の時価（含み損益）は反映されていない．図表1によれば，バブル期の1987年に9.6％という運用利回りを記録したものの，それ以降はほぼ一貫して下落基調を辿り，リーマンショックの影響を受けた2008年にはマイナス利回りを計上，足元でようやく1％程度を確保している状況にある．しかも，分析期間32年間の私立大学の平均利回りは2.7％で10年国債利回りの平均値2.5％と大差ない．したがって，アセット・オーナーである私立大学の運用規模は拡大しているものの，期待感とは裏腹に，必ずしも満足のいく利回りを獲得できていないのではないかといえる．

3．米国大学の資産運用に係る枠組みの形成

それでは，なぜ日本と米国大学では運用資産が大きく異なるのであろうか．以下では，信託の根底をなすフィデューシャリー・デューティー（Fiduciary Duty）の概念を軸に，米国信託法の変遷を辿りながら，この問題を考える．ここで信託法について論じるのは，慈善組織である大学基金の資産の投資については，かねて，信託法の規制に服すると解されており（松元2017：237），現在の米国大学の資産運用における枠組み形成に大きな影響を与えて

きたと考えるからである．もともと英国の植民地時代に設立された米国の伝統的なカレッジでは，英国の伝統を受け継ぐかたちで，慈善活動の一環として篤志家等からの寄付や遺贈を受け，それがやがて基本財産として形成された．寄付や遺贈で資産を拠出した篤志家等を委託者，その資産を基本財産として運用・管理を託された大学（最高意思決定機関である理事会）を受託者，教育を受ける学生を受益者と捉えれば，これら三者の間には，明確な信託契約はないものの，暗黙的には信託関係が生じているものと考えられる．そこでは，委託者と受託者との信頼関係のもと，受託者はフィデューシャリーとして義務を負う一方，信託法がその信頼関係をさらに強固にするため，資産の運用・管理を行う受託者に様々な義務を課してきたのである[5]．そこで，まずは，以下で米国信託法の変遷について，その概要をまとめておこう（図表3）．

（1）フィデューシャリー・デューティー（Fiduciary Duty）

フィデューシャリー・デューティー（Fiduciary Duty）とは，受託者の義務，または信認義務と訳され，受託者が受益者に対して負う義務を総称して呼ばれる（大塚・樋口編著 2002: 139）．英米の信託法では古くから知られた概念であり，日本ではあまりなじみのない法概念であったが，近年，日本の金融界でもよく聞かれる．ただし，「フィデューシャリー・デューティーの概念は，しばしば，信託契約等に基づく受託者が負うべき義務を指すものとして用いられてきたが，欧米等でも近時ではより広く，他者の信認に応えるべく一定の任務を遂行する者が負うべき幅広い様々な役割・責任の総称として用いる動きが広がって」（金融庁 2017: 1）いる．信託法で著名なボストン大学のフランケル教授は，受認者の提供するサービスは，通常は社会的に望ましいもので，専門性を必要とすることが多い．医療，法律サービス，教育，資産運用，会社の経営，宗教的奉仕のようなもので，これらのサービスを効率的に実行するためには，受認者に対し財産または権限が託される必要があるとし（Frankel 2011 = 2014: 6），その意味では，会社の取締役や取締会は株主から会社経営を託されたフィデューシャリーであり，同様に大学の理事や理事会もステークホルダーから託されたフィデューシャリーとみなすことができる．つまり，大学は，フィデューシャリーとして大学を取り巻くステークホルダー（利害関係者）からの信認を得て，必要な財源と権限が託されることにより，環境や社会の変化に対応した教育・研究を行い，それを持続可能な

ものにするために，健全な大学経営が求められている．まさにフィデューシャリー・デューティーの概念は，大学の社会的責任（USR：University Social Responsibility）の概念とまさに相通じるものがあるといえる[6]．

（2）資産運用に関するフィデューシャリーの責任と義務

それでは，資産運用に関してフィデューシャリーにはどのような責任や義務などを伴うのであろうか．ここでは，米国大学の資産運用に影響を与えてきたフィデューシャリー・デューティーの核心となる「プルーデント・マン・ルール」と「プルーデント・インベスター・ルール」の概要について論じる．

① プルーデント・マン・ルール（prudent man rule）

プルーデント・マン・ルールは，1830年に起こったマサチューセッツ州最高裁判所のハーバード大学対エイモリー事件[7]に起源を有するといわれる．プルーデント・マン・ルールでは，受託者が委託者から託された資産の運用を行う場合，どのような資産に投資しようとも，自らの資産を運用するのと同様の思慮分別や慎重さ（prudence）をもって運用すれば，受託者責任，とりわけ，その一つである注意義務（duty of care）を果たすことができるとされる．ただし，プルーデント・マン・ルールを採用しようとする州はなかなか広がらなかった．建国の初期から19世紀の間は裁判所（コート・リスト・ルール（court list rule））が，20世紀に入ると議会（リーガル・リスト・ルール（legal list））が安全かつ保守的と考えられる投資対象を限定列挙することにより，受託者の運用の裁量権が限定されていた．当初，これらのリストに載っていたのは国債や不動産を担保とした第1順位の貸付債権にほぼ限られており，リストにない投資先（株式投資等）へ受託者が運用を行った場合には，直ちに信託違反とされていた．つまり，信託財産の保全が第一で，デフォルト・リスクの回避に注意が払われていたのである．

ところが，世界的な大恐慌（1929年）で債券価格が暴落すると，ようやくリーガル・リストが必ずしも有効ではないことが明らかとなった．その後，信託法第1次リステイトメント（1935年制定）にプルーデント・マン・ルールが取り入れられ，米国銀行協会信託部会のモデル法（1942年作成）が各州で採用されるようになると，プルーデント・マン・ルールは全米に広く浸透した．1957年に制定された信託法第2次リステイトメントにおいてもプルーデント・マン・ルールは取り入れられ，受託者の投資運用に関する規制緩和の動きが定着したのである．

このような中，債券のインカムゲイン（利子・配当）の獲得だけではなく，株式等のキャピタルゲイン（売買損益）や投資元本の増減（時価変動）を含むトータルリターンの考え方に則り運用を行うべきであるとする報告も相次いだ．具体的には，フォード財団の「バーカー・レポート」と「キャリー・ブライト・レポート」であり，これらは信託法における伝統的な元本と収益の計算ルールからの解放でもあった[8]．そして，1971 年にはバーカー・レポートからの提言を具現化するため，大学基金共同運用機関コモンファンド（Commonfund）が設立され，72 大学から 63 百万ドルを集め業務が開始された（松田 2012: 24）．さらに，プルーデント・マン・ルールは，1972 年に公益法人や非営利団体（大学，財団，病院等）における資産の管理・運用のモデル法である，公益組織のファンド運営に関する統一州法（UMIFA：Uniform Management of Institutional Funds Act）にも反映され，プルーデント・マン・ルールが米国信託法における受託者の行為基準となったのである．

② プルーデント・インベスター・ルール（prudent investor rule）

プルーデント・マン・ルールの浸透により，リーガル・リストから解放され，一見投資対象の選択の柔軟性が増したかに思われた．しかし，信託法第 2 次リステイトメントの起草者である信託法の権威オースティン・スコット教授が自らの教科書で投機的投資の禁止を謳うと，その影響は大きく，ある個別資産が投機的であると裁判所で判断されると，実際に受託者が注意深く行動したか否かに関係なく，その資産は投機的と判断されるようになった．

その一方で，1990 年にノーベル経済学賞を受賞したハリー・マーコビッツが，1952 年に発表した "Portfolio Selection" は，証券投資理論の急速な発展を促すきっかけとなった．投資を有価証券の集合体であるポートフォリオとして捉え，リスクとリターンを個別資産毎に定量化するだけでなく，それらを組み合わせたポートフォリオのリスクとリターンを，一つの集合体として把握することが可能となった．これにより，これまで個別資産毎にリスクを把握してきたプルーデント・マン・ルールと，ポートフォリオ全体でリスクを把握しようとする証券投資理論との間に乖離が生じ，これまで採択された信託法第 1 次，第 2 次リステイトメントは時代遅れのものとなった．

そこで，プルーデント・マン・ルールの本来の趣旨に立ち返ること，そして証券投資理論の発展を取り込むという 2 つの目的を達成するために，1990 年に信託法第 3 次リステイトメント（プルーデント・インベスター・ルール）

図表3 米国大学資産運用における枠組み制定の動きと日本の大学

	枠組み制定に関する主な動き	資産運用に関するルールの変遷	資産運用に関する日本の大学の立ち位置
		コート・リスト・ルール	国公立大学／インカム志向
1830	ハーバード大学対エイモリー事件	リーガル・リスト・ルール（プルーデント・マン・ルール）	
1929	世界大恐慌		
1935	信託法第1次リステイトメント	プルーデント・マン・ルール	私立大学（現預金・公社債中心）／インカム志向
1952	ハリー・マーコビッツ「ポートフォリオ・セレクション」		
1959	信託法第2次リステイトメント		
1967	フォード財団「バーカー・レポート」		
1969	フォード財団「キャリー・ブライト・レポート」		
1971	コモンファンド　設立		私立大学（株式・投資信託等で一部運用）／インカム志向
1972	公益組織のファンド運営に関する統一州法（UMIFA）		
1990	信託法第2次リステイトメント（プルーデント・インベスター・ルール）	・プルーデント・インベスター・ルール・トータルリターン	私立大学（ポートフォリオ運用）／トータルリターン志向
1994	統一プルーデント・インベスター法		
1997	元本と収益についての統一法		
2006	公益組織のファンドの慎重な運用に関する統一州法（UPMIFA）		

(注) 資産運用における日本の大学の立ち位置については，筆者のイメージに基づくもので，明確な理由があるわけではない．

　が採択され，1994年には統一プルーデント・インベスター法として法典化された．そして，2006年にはその統一プルーデント・インベスター法の考え方をほぼ踏襲するかたちで，先のUMIFAが改訂され，公益組織のファンドの慎重な運用に関する統一州法（UPMIFA：Uniform Prudent Management of Institutional Funds Act）が採択された．

　このプルーデント・インベスター・ルールの特徴を簡単にまとめると，(1)分散投資を行うことを義務として明確化したこと，(2)個々の投資判断はそれだけをみて評価するのではなく，ポートフォリオ全体でリスクの妥当性を判断すること，(3)インカムゲインを得る受益者とキャピタルゲインを得る

受益者との公平性を保ち，インフレを考慮した投資元本の実質価値の維持を図ること，（4）受託者が運用の専門家でない場合には，専門家に投資を委任することが可能となったこと，（5）リターンはインカム収益のみならず，元本の実質的価値の増減を含めた総合収益（トータルリターン）を考慮すること，などである．現在米国大学にみられる資産運用の姿はフィデューシャリーの概念を根底に信託法の枠組みの中で形成されてきたことがわかる．

4. 私立大学における資産運用の日本的な特徴

このように，米国大学の資産運用は，信託法の枠組みの中でフィデューシャリーとしてのあるべき姿を追いかけながら，それが UMIFA, UPMIFA といった公益組織ファンドに係る運用に関する統一法の制定につながり，長い時間をかけて発展，制度化されてきたといえる．

それに対して，現在，日本の私立大学の資産運用については，必ずしも法的な枠組みや明確なルールが定められている訳ではない．そこで，以下では，日本の私立大学における資産運用の特徴を可能な限り体系的に理解するために，これまでの米国のフィデューシャリー・デューティーの変遷を踏まえながら，いくつかの論点に絞って考察を加える（図表3）．

（1）ポートフォリオ概念の欠如

最初に特徴付けられるのは，多くの日本の私立大学ではポートフォリオ運用という概念が欠如しているのではないかということである．特定非営利活動法人 21 世紀大学経営協会が実施した調査結果によれば，現預金のみで運用を行う大学は 22.4％を占め（特定非営利活動法人 21 世紀大学経営協会 2015），さらに，現預金を除けば債券の資産構成比が大部分を占めていることから（図表2），適切な分散投資が行われていないことが推察される．

なぜ日本の私立大学では，このような保守的な運用が行われているのであろうか．確かに，国立大学法人においては，法令で安全かつ保守的と考えられる投資対象が限定列挙されていることからその理由は明らかであるが（これは米国において 1800 年代にみられたリーガル・リスト・ルールに他ならない），私立大学には明確な運用規制がある訳ではなく，どのような方法で資産の運用を行うかについては，各学校法人が寄附行為や関連諸規程等に従い，自らの責任において決定するものであるとされている[9]．

一方で，文部科学省が示している「学校法人寄附行為作成例」[10]によれば，

（積立金の保管）

　第30条　基本財産及び運用財産中の積立金は，確実な有価証券を購入し，又は確実な信託銀行に信託し，又は確実な銀行に定期預金とし，若しくは定期郵便貯金として理事長が保管する．

とある．もちろん，この通知は一般的な寄附行為の例であり，私立学校法の規定を踏まえつつ，画一的に取り扱うことのないように注意を促されてはいるが，多くの大学の寄附行為がこの作成例に準拠して作成されていることを考えると，有価証券や金融商品の確実性等が個別に判断され，結果として運用が預貯金や債券に偏ってしまう可能性がある．よって，そこにはポートフォリオ全体でリスクの妥当性を判断し投資先を分散するという，米国のプルーデント・インベスター・ルールにおける分散投資の発想はみられない．

　つまり，日本の私立大学の多くは，ポートフォリオ運用の概念を持たずに，主に余資の生じたタイミング，或いは何らかの金融商品が満期（償還）日を迎えたタイミングで，安全確実な，預入可能な期間で最も高い金利の商品を個別に選好するという単一運用を中心に行ってきたといえる．端的にいえば，これは資産運用というよりも，預貯金等の満期（償還）日を管理するという資産管理に過ぎない．その意味で，この段階にある私立大学は米国における1900年代前半に位置しているのではないかと考えられる．

　（2）簿価主義・予算主義と公平性の希薄さ

　次に特徴的なのは，学校法人会計基準における簿価主義と予算主義による資産運用上の弊害である．簿価主義は，経営の安定性と永続性を重んじる私立大学にとって正当化され得る会計制度であるが，一般的には予想外の実現損発生を回避する，価格安定性の高い運用（預貯金・債券等）を増長する．また，予算主義は，私立大学の永続性確保のために，資金不足に陥らないように収入の範囲内で支出を管理し，資産運用においては，いかなる金融環境下においても予算通りの運用成果，つまりインカム収益を年度内に確実に獲得することが優先される，単年度志向に陥りがちである．

　しかし，このような私立大学の資産運用の姿は，フィデューシャリーとして本来は望ましいものではない．フィデューシャリーたる大学に求められているのは，投資元本の実質価値を将来に亘って維持し，受益者へ運用の成果（リターン）を適切に配分することである．大学における最も大切な受益者

は学生であり，しかもそれは現在の学生だけでなく，将来の学生も受益者として考える必要がある．

　ところが，現在の資産運用の姿をみると，日本ではこの世代間の公平性を担保しようとする意識が希薄であるように思われる．フィデューシャリーの観点から言えば，現預金や債券の運用資産が多いということは利子・配当を重視し，まさに現在の学生にそのリターンの多くを還元しようとしていることを意味する．反対に，株式等を多く保有している大学は，目先の利子や配当の獲得よりも，将来に亘るインフレをも考慮した投資元本の実質価値維持と増大に関心があることになる．したがって，予算確保のため，投資元本に生じた含み益を吐き出し実現益として計上してしまうような行為は，フィデューシャリー・デューティーの観点からは世代間の公平性を損なう投資行動とみなされる懸念がある．投資に関して裁量権を有する受託者は，投資の対象を選択することによって「収益」と「元本」そのものを操作できてしまうからである（大塚・樋口編著 2002: 23）．だからこそ，信託法第3次リステイトメントでは受託者が収益をあげるか，元本の増加を目指すのかという二者択一ではなく，全体としての利益を最大化するのをよしとするトータルリターン・アプローチが採用されたのである．このように，日本では簿価主義，予算主義といった要因が複合的に絡み合うことにより，世代間の公平性を担保するという意識をなかなか得ることができず，資産運用が現預金や債券から脱却できない大きな理由の一つになっているのではないかと考えられる．

（3）自家運用

　私立大学の多くの運用は，前記の通り，その実態として資産管理のレベルにあるものといえ，それゆえ，専門的な能力を発揮する場面はそれほど多くないと考えられる．実際，先の21世紀大学経営協会の調査結果によれば，有価証券運用を行っている大学のうち85.6％もの大学が，外部運用を全く行わず，自家運用のみを行っていると回答している．

　一方，米国では，かつては信託法第2次リステイトメントの中で運用の裁量判断を含む権限は委任できないとされていたが，現在のプルーデント・インベスター・ルールの中では，受託者は投資運用に関する行為をすべて自分で行う必要はなく，投資に関する権限を他の専門家に委任することが可能とされている．それにより，米国では，運用の多様化，高度化を図る過程で，フィデューシャリーとして，運用の専門能力が十分になく受益者に必要なリター

ンを返すことができない場合，これを注意義務違反とみなされることから，投資戦略に応じて積極的に運用を外部委託し，必要であれば外部コンサルタントからの投資助言も受けている．事実，NACUBO and Commonfund (2018) の調査によれば，米国私立大学 507 校のうち 45% の大学でアウトソーシングを行い，86% の大学で外部コンサルタントを使ったと回答している．その点，日本の私立大学ではいまだ資産管理の色彩が強く，運用が未成熟であることもあり，自家運用が中心となっているように思われる．

　（4）疑似基金

　また，制度上の視点からみれば，米国基金（endowment）は大学の会計とは分離された別会計で運営されている．原則投資元本には手をつけられず，永続的に維持されることが前提とされ，運用収益の全部もしくは一部が大学の会計に繰り入れられている．このような真性基金（true endowment）の他に，疑似基金もしくは準基金（quasi endowment）と呼ばれる，大学の会計内に存在する基金も存在する[11]．こちらは運用収益のみならず，理事会の裁量によって元本を取り崩して支出することが可能で，日本の私立大学にみられる運用資産とほぼ同一の性質を有するものと考えられる．

　それを踏まえると，日本の私立大学の運用資産は，一定の制約が課せられている資産はあるものの，その大部分が，運用収入だけでなく元本の取り崩しも可能な，使い切り型の疑似基金といえる．そして，これが理由で日本ではフィデューシャリーとして永続的に投資元本の価値を維持，向上させていくという意識が希薄になっているのではないかとも考えられる．また，日本の私立大学では，運用資産の大部分が大学の同一会計内で，「引当（特定）資産」や「積立金」などの複数の名称区分によって，比較的少額の運用資産が別々に運用管理されていることが多い[12]．したがって，実はこのような管理方法も，実態はともかく，それぞれの運用資産を一元的に管理し大学全体を一つのポートフォリオとして運用管理していくことを阻害しているのではないかと思われる．

5．私立大学の新しい資産運用のかたち

　このような私立大学における資産運用の日本的な特徴を踏まえ，近年みられる私立大学の新しい資産運用の動向について述べる．

(1) ポートフォリオ運用の芽生え

近年，大規模な資産を有する大学を中心に，ようやく本格的なポートフォリオ運用が芽生えつつある．ポートフォリオ運用とは，自らの大学における目標リターンを設定し，様々な制約条件のもと各自のリスク許容度に応じた基本ポートフォリオを，証券投資理論に基づき策定し，複数の資産に分散投資を行うことである．その契機は，リーマンショック（金融危機）後の仕組債を中心としたダメージや，超低金利政策継続のもと現預金や債券運用に限界が見え始めてきたこと等にあると考えられる．

この中でポートフォリオ運用のフロントランナーは上智大学であろう．上智は 2009 年より運用専門人材（同大学 OB）を外部から招聘し，本格的な運用を開始した．運用資産は第 2 号，第 3 号基本金と減価償却引当資産等の一部の約 400 億円（2015 年 12 月末）である．投資方針には，中長期的な視点から目標リターン 3%，リスク 6% 以下の保守的な基本ポートフォリオを策定し，円ベース債券 53%（国内債券に近いリスク特性で，国内債券以上の期待リターンが見込まれる戦略・資産），国内株式 12%，外国株式 20%，エマージング債券 12%，インフレ対応資産 3%（2016 年度）となっており，広範囲に分散投資を図ったポートフォリオ運用を実践している．一方で，単年度の資金需要に対応するため，運用収益を分配するファンドも採用するなど，短期と中長期の両睨みで運用を行っている．

また，早稲田大学でもポートフォリオ運用を本格化する動きがみられる．早稲田では，従来の運用とは別枠で，過去の運用益や使途非限定寄附金を原資としたワセダ・エンダウメントを立ち上げ，ミドルハイリスク・ミドルハイリターンの運用を開始した．資産規模は，運用総資産の約 1 割に相当する約 110 億円（1 億ドル）で，長期的に 5% を超える収益を目指し，徹底したポートフォリオの分散を図るとしている（鈴庄 2018）．

このように，大きな運用資産を抱える大学では，自ら基本ポートフォリオを策定し分散投資を開始，日本でもようやく 1990 年代の米国大学のように本格的なポートフォリオ運用のスタートラインに立ち始めたといえる．

(2) 分散投資と集団投資スキーム

一方，中小規模大学が，大規模大学と同じように，本格的な分散投資を開始するにはハードルが高い．このような中，日本においても米国のコモンファンドをモデルとした共同運用機関（一般社団法人大学資産共同運用機構）が

2017年6月に設立された. これは, 自らの力で資産運用を行うことが困難な中小規模大学が, 外部の専門家に運用を一部委任し, 集団投資スキーム (私募投資信託) を通して, 様々な金融市場にアクセスし, 内外株式や REIT (不動産投資信託), ヘッジファンド等への分散投資を容易にするものである[13].

また, この共同運用機関スキームでは, 私募投資信託等のファンドを通した間接投資方式を使うことにより簿価主義による実現損発生の弊害を回避することができる (引間 2011: 36). したがって, ファンド内で個別銘柄の売買を行い, そこで売却損を出したとしても, ファンドから資金を出さなければ, その損益は直接会計上影響を与えず (他の利息や配当金, 売却損益と合算して「受取利息・配当金」として認識), 現行の学校法人会計基準の中でも大きな制約にならず分散投資を図ることができる. その意味で, このスキームはまさに, プルーデント・インベスター・ルールを忠実に実践したスキームであるといえる.

(3) アウトソーシングと専門組織化

これまで日本の大学の多くは, 証券会社などの金融機関を通じた個別銘柄の債券や株式, 金融商品を手掛けてきた. それゆえ, 依然として自家運用のみを行う大学も多いが, 一部採用先を含めれば, 外部委託運用の割合は徐々に増加している. 先の 21 世紀大学経営協会の調査結果によれば, 外部委託運用先 (一部・全部) の割合はこの 10 年間で 12.1% の増加 (2005 年 1.4% → 2015 年 13.5%) をみせている. 金融市場が厳しさを増す中, リターンの獲得が難しくなっており, 大学の運用体制が脆弱な中, 自家運用の限界や, 自家運用における運用の失敗で善管注意義務違反などが問われ, 結果責任を問う訴訟が相次いだこともあり, 委託先の運用を管理する方が組織的に対応しやすいとの判断も背景にあるとみられる (深沢 2016). また, 大学向けの資産運用コンサルティングも, 野村證券や R&I (格付投資情報センター), デロイト・トーマツといった異なる業態がサービスの提供を行っており, 大学のアウトソーシングのニーズに応え始めている.

一方で, 東京理科大学は, 学校法人東京理科大学の 100% 出資で東京理科大学インベストメント・マネジメント (株) を 2014 年に設立 (代表は金融業界出身の同大 OB), また北里大学は, 2018 年 7 月に学内の組織として資産運用部を新設するなど, 組織形態は異なるが, 資産運用を専門的に取り組もうとする動きがみられる.

（4）サスティナブル投資

また，資産運用を自らの建学の精神や教育理念等と合致させ，世界の持続可能な発展に資する運用を目指す動きも出てきた．特に，後者については責任投資や ESG 投資（環境・社会・ガバナンスに配慮した投資）といわれるものであり，日本でも急速な広がりをみせている．

その中の一つが上智大学である．上智は，2014 年に文部科学省のスーパーグローバル大学創成支援（グローバル B：グローバル化牽引型）に採択され，2015 年 11 月には，教育理念と投資方針を一致させることをコミットするため日本の学校法人として初めて国連責任投資原則（PRI）に署名した．これを契機に投資の社会的な役割や意義を学ぶ教育プログラムを立ち上げ，さらには国際機関でのインターンシップ計画を図るなど，資産運用を教育理念やグローバル共生社会を目指す教育活動，そして社会貢献活動等との一体化を図りながら実行している．そして，近年では，USR の一環や，環境や福祉系の学部を擁する大学がこれらの教育・研究活動と整合的な資産運用を実践するために，グリーンボンドやソーシャルボンド等を購入し ESG 投資を積極的に行っている[14]．

まさに，このような動きは，建学の精神やミッション等を背景に，アセット・オーナー，フィデューシャリーとして，資産運用を通して社会的使命と役割を果たしていこうとする新しい動きであると考えられる．

6. まとめ─今後の可能性と課題

以上のように，米国大学の資産運用の枠組みを形成してきたフィデューシャリーを軸とした信託法の変遷を辿りながら，私立大学を中心とした資産運用の日本的な特徴を明らかにしてきた．そこでまず明らかになったことは，日本では資産運用を新たな財務基盤構築の柱にしようとの気運が急速に高まっているが，米国では 1800 年代初頭から非常に長い年月をかけて，現在の姿が形成されてきたということである．すなわち，分散投資やトータルリターン（総合収益），証券投資理論を背景としたポートフォリオ運用，公平性の概念，外部委託など，現在の米国大学の資産運用を特徴付けているものは，いずれもフィデューシャリー・デューティーの概念を軸に確立，制度化されてきたものであり，拙速に事を運ぶ必要はないのではないかということである．もとからフィデューシャリーの概念が乏しい日本の大学で完全な

かたちで米国型の資産運用の枠組みを模倣することは困難であるし，フィデューシャリーの基本概念は普遍であったとしても，それをどのように適用させるのかは国によって異なると考えるからである．

　しかし，新しい財務基盤構築は急務を要する．多少の時間を要しても，アセット・オーナーとしてフィデューシャリー・デューティーを軸とした，日本型の資産運用モデルを構築していく必要がある．そのためのポイントは，運用専門人材の育成，運用ガバナンスの構築，外部委託の活用（アウトソーシング）の３つではないかと思われる．資産管理から資産運用への移行には，相応のスキルとノウハウを持った運用専門人材が必要とされ，また，資産運用に係る統一的な意思決定を迅速に，かつ的確に機能させるためには学内の運用ガバナンスの構築を図る必要がある．そして，アウトソーシングも外部に任せきりにするのではなく，当然それをモニタリングしコントロールできる人材と組織が必要とされる．いずれにしてもこの３つの要素をバランスよく備えた大学が金融市場という荒波に向かい，資産運用を財務基盤構築の柱にすることができるのではないかと考えている．その意味で各大学の資産運用の取り組みとその成果については今後の研究上の課題になってくると思われる．

　なお，本稿で論じたフィデューシャリー・デューティーを軸とした資産運用のあり方は一つの考え方を示したものであり，そのあり方が一様でないことはいうまでもない．

◇注

1）機関投資家には，アセット・オーナーとアセット・マネジャーの２種類がある．アセット・オーナーは，資産の保有者として，年金基金や財団・基金，保険，その他資産を管理する機関等が該当し教育機関（学校法人）を含む．また，アセット・マネジャーは，アセット・オーナーから資金の委託を受けて（外部委託），実際に資金の運用を行う資産運用会社が該当する．

2）ここで算出した私立大学の運用資産とは，厳密にいえば学校法人の運用資産であり，日本私立学校振興・共済事業団『今日の私学財政 大学・短期大学編』（各年度版）掲載の次の各科目データを合算したものとする．すなわち，運用資産＝有価証券（「その他固定資産」及び「流動資産」に計上された長短有価証券）＋退職給与引当特定預金（資産）＋施設設備引当特定預金（資産）＋減価償却引

当特定預金(資産)＋その他引当特定預金(資産)＋特定基本金引当資産(第2号，第3号基本金引当特定資産)＋現金・預金，である．

3）私立大学が個々に保有するトータルの運用資産額と日本私立学校振興・共済事業団，公益財団法人私立大学退職金財団の持つ運用資産額を合算すると14兆3,419億円（2016年度末）にも達することから，アセット・オーナーである私学関連セクターの金融市場への影響力は相応に大きなものといえる．

4）日本私立学校振興・共済事業団による当該調査は大学法人のみならず，短期大学法人・高等専門学校法人も集計対象に含む．また，当該アンケートによる運用資産額は，本稿で算出した運用資産から流動負債及び第4号基本金相当額を控除した額としている点には留意が必要である．

5）暗黙的な信託関係のみならず，直接的には以下のようなことを事由に信託法の規制を受けてきたと考えられる．つまり，もともと信託は，英国において中世末期から相続に伴う家族の世代間における資産移転手段として利用され民事信託として発展してきたが，その当時の資産の多くは不動産であった．このような中，初期の米国の伝統的なカレッジでは，英国法の伝統に基づく慈善的な個人からの不動産の寄付や信託を利用した遺贈が多かったことから法的には信託法の規制を受けることとなり，それゆえ，その後資産の多くが不動産から金融資産に変化をみせた後においても，信託法の枠組みの中で規制を受けてきたものと考えられる．

6）私立大学社会的責任(USR)研究会(2008)によれば，大学の社会的責任(USR)とは，大学が教育研究等を通じて建学の精神等を実現していくために，社会の要請や課題等に応え，その結果を社会に説明・還元できる経営組織を構築し，教職員がその諸活動において適正な大学運営を行なうことをいう．

7）ハーバード大学対エイモリー事件とは，受益者であるハーバード大学の理事会が，相続財産の受託者であるエイモリー（個人）を善管注意義務違反として訴えた事件．ここで，ハーバード大学は受託者の立場にはなく，受益者の立場にいたことから，必ずしもフィデューシャリーとしての大学の責務を問われた事件でないことに留意．この事件では，受託者であるエイモリーが，本来は安全な国債等で運用すべきところ，信託財産の全額を株式に投資をし，損失を生じさせたが，マサチューセッツ州最高裁判所は，リーガル・リストにない投資先（株式）であっても，思慮分別のある者が自らの資産を運用するのと同じように運用管理していれば，受託者に義務違反はなく損失に対する責任はないとの判決を出した．詳しくは，Havard College. v. Amory, 26 Mass.（9 Pick.）446（1830）．を参照．

8）信託法における伝統的な元本と収益の計算ルールとは，基金の元本は永続的に維持する必要があることから使用することはできず，使用できるのは元本を運用することにより得られた収益（利息・配当）のみとするルール．このルー

ルのもとでは，キャピタルゲインは収益とはみなされず，元本に割り当てられるものと解されていた．詳しくは，松元（2017）を参照．

9）「学校法人における資産運用について（通知）」（平成 21 年 1 月 6 日付け 20 高私参第 7 号文部科学省高等教育局私学部参事官通知）を参照．

10）「学校法人寄附行為作成例の改正について（通知）」（平成 16 年 8 月 6 日付け 16 高私行第 3 号文部科学省高等教育局私学部通知）を参照．

11）NACUBO and Commonfund（2018）により筆者が算出したところ，疑似基金は，大学の有する基金の総資産額の 23.9％を占めていた．

12）自大学の教職員向けの年金資金を「年金信託契約書」に基づいて，当該資産を大学会計から切り離して外部金融機関に運用を任せている場合はこの限りではない．

13）当該機関は日本株や先進国株，外国債券，日米 REIT が 30％を占め，残りの 70％はヘッジファンド投資で，初年度から 8％のリターンを達成し，現在，玉川大学など 9 大学から 80 億円の資金を預かっている（田茂井 2018）．

14）近年では，グリーンボンドやソーシャルボンドを購入した大学が，ESG 投資に対する実績のアピールや，多様なステークホルダーに対する資産運用の説明責任等の観点から，積極的に情報発信を行う大学が増えている．例えば，筆者が確認できたグリーンボンド投資表明先は関西，工学院，埼玉医科，静岡理工科，獨協，立正，早稲田等の各大学である．

◇引用文献等

Cary, W. L., & Bright, C. B., 1969, "The law and the lore of endowment funds," *Report to the Ford Foundation*: Ford Foundation.

Fishman, J. J., 2014, "What Went Wrong: Prudent Management of Endowment Funds and Imprudent Investing Policies," *THE JOURNAL OF COLLEGE AND UNIVERSITY LAW*, 40: 199–246.

Ford Foundation Advisory Committee on Endowment Management, 1969, *Managing educational endowments, Report to the Ford Foundation*, New York: Ford Foundation.

Frankel, Tamar, 2011, *Fiduciary law*: Oxford University Press.（= 2014，溜箭将之監訳，三菱 UFJ 信託銀行 Fiduciary Law 研究会訳，『フィデューシャリー「託される人」の法理論』弘文堂.）

深沢道弘，2016，「ケーススタディー 学校法人の資産運用・上智大」『年金情報』 No.707，株式会社格付投資情報センター（R&I）: 2-8.

Hansmann, H., 1990, "Why do universities have endowments?," *The Journal of*

Legal Studies, 19（1）: 3-42.

樋口範雄，1999，『フィデュシャリー［信認］の時代』有斐閣.

樋口範雄，2014，『入門・信託と信託法［第 2 版］』弘文堂.

引間雅史，2011，「日本の大学法人における資産運用の実態と課題」『証券アナリストジャーナル』49（12）: 28-39.

川崎成一，2010，「私立大学の資産運用とリスク管理」『大学財務経営研究』7: 175-202.

川崎成一，2018，「大学基金における資産運用の新しい潮流―ESG 投資の現状と今後の展望について―」『日本高等教育学会第 21 回大会発表要旨集録』94-5.

金融庁，2017，『顧客本位の業務運営に関する原則』.

Longstreth, B., 1986, *Modern investment management and the prudent man rule*, Oxford University Press.

松田裕視，2012，「大学基金は大学をどう変えてきたか～大学資産共同運用機関: コモンファンド（1）」『学校法人』35（1）: 23-8.

松元暢子，2017，「非営利組織の資産の運用に関するルール―大学の基金（endowment fund）を中心として―」JSDA キャピタルマーケットフォーラム事務局編『SDA キャピタルマーケットフォーラム（第 1 期）論文集』229-47.

National Association of College and University Business Officers and Commonfund Institute, 2018, *2017 NACUBO-Commonfund Study of Endowments*.

日本私立学校振興・共済事業団，2017，『平成 29 年度 学校法人の資産運用状況（集計結果）』.

日本私立学校振興・共済事業団，『今日の私学財政 大学・短期大学編』各年度版，学校経理研究会.

大塚正民・樋口範雄編著，2002，『現代アメリカ信託法』有信堂高文社.

新堂明子，2002，「アメリカ信託法におけるプルーデント・インベスター・ルールについて―受託者が信託財産を投資する際の責任規定―」『北大法学論集』52（5）: 426-372.

私立大学社会的責任（USR）研究会，2008，『USR 入門―社会的責任を果たす大学経営をめざして―』.

鈴庄一喜，2018，「「学の独立」へ積極運用」『日本経済新聞』8.27.

田茂井治，2018，「複数大学が共同で投資」『アエラ』11.5.

特定非営利活動法人 21 世紀大学経営協会，2015，『「第 6 回大学法人資産運用状況調査」報告書 2015 年 9 月調査』.

ABSTRACT

Structural and Investment Trends of Private Universities in Japan: From the Viewpoint of the Concept of Fiduciary Duty

KAWASAKI, Shigekazu

Researcher Graduate of Education, The University of Tokyo

In this paper, following the enactment of the US trust law, which is centered on the concept of fiduciary duty, and which has formed the fundamental framework of US university investment, I discuss the characteristics of investment in private universities in Japan and investment trends in recent years.

Originally, private universities in Japan are fiduciary, but their investments display characteristics deviating from Prudent Man rules and Prudent Investor rules. In other words, their characteristics are a lack of portfolio management, single-year oriented investment, in-house investment and quasi endowment.

However, in recent years, there is a trend among private universities to fulfill their responsibility as a fiduciary, portfolio management, outsourced investment, and investment consistent with their educational mission.

産学連携とベンチャーキャピタル

小林　信一

　本稿は大学とファイナンスとの関係の観点から，産学連携とベンチャーキャピタルの現状と課題を探ることを目的とする．現段階では大学のファイナンスに，産学連携，ベンチャーキャピタルはほとんど意味を持っていない．しかし，現在進行中，並びに近い将来に見込まれる制度変更は状況を大きく変える可能性がある．「官民イノベーションプログラム」の下で一部の国立大学は国からの出資金を国立大学ベンチャーキャピタルや投資ファンドに出資できることになった．これは 2014 年から実質的に動き出したが，現時点では大学の安定した資金調達源にはなっていない．しかし，2018 年の 2 つの法改正は，大学発ベンチャーやベンチャーキャピタルと大学の関係を大きく変え，大学のファイナンスの手段となる可能性がある．

はじめに

　本稿は，大学とファイナンスとの関係の観点から，産学連携とベンチャーキャピタル（VC）の現状と課題を探ることを目的とする．もっとも，現状だけを検討するのであれば，結論は単純であり，現段階では大学のファイナンスに対して，産学連携，VC はほとんど意味を持っていない．しかし，現在進行中，並びに近い将来に見込まれる制度変更は状況を大きく変える可能性がある．そこで，ファイナンスの観点から産学連携，VC の現状と相互関係を描出した上で，将来の制度変更の影響について見通しを述べる．

　産学連携は広い概念である．その中心は，産学の委託研究及び共同研究で

広島大学

ある．これらは，多くの場合，相手先の事業会社が大学に対して研究活動のコストである研究費を負担するものであり，金融会社や金融市場との関わりはほとんどない．広義の産学連携の中で金融市場と関わるのは，寄附の一部と大学発ベンチャー（大学発 VB）である．

寄附は通常，現金や土地，建物の寄贈によるが，まれに株式を寄附する場合がある．株式の配当金を奨学金の財源とする等の場合である．一方，株式による資金運用については，国立大学は収益事業を目的としていないため，原則として行えない．

大学発 VB は通常の VB と同様に，いわゆるエンジェルや VC の出資，金融機関による融資等，その成長段階に応じたファイナンス（資金調達）が必須である．ただし，それは大学発 VB のファイナンスの問題であって，大学のファイナンスではない．大学発 VB は，創業前後の初期段階に大学からのライセンスや技術指導，インキュベーション施設の利用等の便宜を受けることができる．大学発 VB は，その対価を現金ではなく，エクイティで大学に支払うことができる．VB が順調に成長した場合，IPO（株式公開）や M&A（合併・買収）に至る．それにより，株式の市場価格が決まるので，大学は株式を売却して利益を上げうる[1]．なお，本稿執筆時点では，国立大学は原則として IPO や M&A 後に速やかに株式を売却することとされ，株価上昇を期待して保有し続けることはできない．これも，国立大学は収益事業を目的としていないという原則から導かれる規制である．

一方，大学と VC は，現時点ではほとんど無縁である．一般的な VC が大学へ投資することはないし，大学が直接 VC に出資することもない[2]．前述のように，VC に支援された大学発 VB の IPO，M&A に伴い，大学は株の売却益を得られる可能性がある．それはあくまでも大学発 VB との関係であり，VC との関係ではない．例外が「官民イノベーションプログラム」（後述）の下で 2014（平成 26）年から実質的に動き出した国立大学 VC である．これにより，一部の国立大学は国からの出資金を国立大学 VC や投資ファンドに出資できることになった．詳細は後述するが，現時点では，これらの出資が大学の安定した資金調達源にはなっていない．

このように，大学のファイナンスの観点から産学連携，VC を見ると，現時点ではほとんど意味を持たない．ただし，ここ数年で制度改革が進み，とくに 2018（平成 30）年の 2 つの法改正により，大学発 VB や VC と大学の

関係が大きく変わり，大学のファイナンスの手段に道が拓かれつつある．

　以下では，①産学連携の歴史的展開と多様な方式について概観し，それを踏まえて，②産学連携を通じた大学とファイナンスの関係の現状を整理する．次に，③VB 及び VC の概要を紹介した上で，④現在進行中の制度改革について検討し，大学とファイナンスの関係の今後の見通しについて論じる．最後に⑤産学連携や VC を通じたファイナンスの課題を論ずる．なお，以下では産学連携や制度整備が先行する国立大学を中心に扱う．また，読者の便宜のために表1にベンチャー投資に関する用語の説明を示す．

表1　用語の説明

用語	説明
CVC （Corporate venture capital）	事業会社（金融以外の事業を行う会社）が社内外に持つベンチャー向け投資ファンド．VB の技術や製品を本業に導入することで新たな事業展開等が見込める場合に将来の提携，M&A 等を念頭に資本参加する．
GP（General partner）	投資事業有限責任組合で無限責任を負う組合員で，組合の業務を担う．通常は投資ファンドの中心となる VC．
LP（Limited partner）	投資事業有限責任組合で，出資額までの責任を負う有限責任の組合員．エンジェル，VC，金融機関，その他投資家が LP として参加する．
TLO／承認 TLO	Technology Licensing Organization．技術移転機関．このうち法的に承認された TLO（承認 TLO）を特定大学技術移転事業者と呼ぶ．
イグジット（EXIT）	VB の成功又は育成段階からの卒業をイグジット（EXIT）と呼ぶ．IPO，M&A のほか，VB 経営陣による自社株買い等がある．
インキュベーション	VB の起業準備，初期の育成のための各種の支援を行うこと．
エクイティ／ エクイティファイナンス	エクイティは株式，新株予約権等を指す．エクイティによる資金調達をエクイティファイナンスと言う．
エンジェル	創業前後の VB を主対象として投資する個人投資家．
官民ファンド	民間ではリスクが大きく投資が困難な分野の企業への出資等，民間投資を補完する，政府資金で組成されるファンド．
ギャップファンド	公的研究資金を得やすい基礎研究段階と民間資金調達が可能な製品開発段階との間のハイリスクな段階の資金支援．
キャピタルゲイン	株式の売却等により得られる利益．
承認ベンチャーキャピタル （承認 VC）	認定 VC ではなく，一般的な VC であるが，特定大学の承認を得た VC として大学と協力しつつ，大学発 VB へ投資を行う．
大学発ベンチャー （大学発 VB）	大学の研究成果の事業化を狙う VB，大学から技術移転を受けた VB，学生が起業する VB 等．英語では startup/spinoff．
投資ファンド／ 投資事業有限責任組合	企業への投資を目的に，VC や投資家等から資金を集めて組成するファンド．本稿では，VB 向け投資ファンドで，法律に基づく投資事業有限責任組合を対象とする．

（次ページへ続く）

115

認定ベンチャーキャピタル（認定 VC）／国立大学ベンチャーキャピタル（国立大学VC）	法律に基づき経産・文科大臣の認定を受けた VC．法的には，特定研究成果活用支援事業者と言う．事実上，政府出資金を財源に，国立 4 大学が出資して設立した国立大学 VC を指す．なお，指定国立大学制度が創設され，指定国立大学は文科大臣の認定により国立大学 VC を設立できることになった．
ベンチャーキャピタル（VC）	金融機関の融資を得にくいハイリスク段階の VB への投資を行う投資会社．近年は単独での投資はせず，GP として LP を集め投資ファンドを組成し，投資を主導，又は投資ファンドに LP として参加する．
ベンチャービジネス（VB）	起業後年数が短い企業．技術力等を背景に成長が見込まれる企業を指すことが多い．和製英語．米国の startup に相当．
ライセンス	専用実施権設定や通常実施権許諾等による，知的財産権の実施許諾．その対価をライセンス料，ロイヤルティと言う．

注）厳密な定義ではなく，本稿を読む上で必要なレベルの説明にとどめた．

1. 産学連携の歴史的展開と多様な方式

1.1. 産学連携の歴史的展開

　産学の委託研究，共同研究の制度が整備され，拡大し始めたのは 1980 年代である．1990 年代も産学連携は委託研究，共同研究を中心に発展したが，1998（平成 10）年度の TLO 制度の創設から国立大学法人化に至る期間に，知的財産権重視の産学連携へと徐々に変容していった．1998（平成 10）年に成立した「大学等における技術に関する研究成果の民間事業者への移転の促進に関する法律」は，大学等の特許取得，技術移転を促進する機関として TLO を位置付け，承認 TLO には各種の優遇措置を適用した．技術移転とは，大学における特許権等のうち，大学帰属や研究者個人帰属になった特許の実施権を民間事業者に対してライセンスすることを指す．

　当時，大学の中で製品化等に役立ちうる技術が生まれても，研究者の特許取得等に対する関心が低かったため，結果的に技術が大学に死蔵されてしまい，経済に貢献してないという批判があった．法人化以前の国立大学は行政組織であったので，研究者は自らの発明を大学の発明委員会に開示し，価値があると判定されれば国有特許として出願され，そうでなければ研究者帰属とされ，特許出願等は研究者の判断と費用負担に依存する形になった．そのため，有力な発明でも権利化されないか，研究者が企業に一定の権利を譲渡して，企業に共同出願してもらうなどした．そこで，大学の中にある有力な発明を発掘し，権利化し，それを産業界にライセンスする能動的な産学連携方式が検討された．それを担うのが TLO である．

当初は大企業に対するライセンスが想定されたが，現実には，大型のライセンス収入を得られるケースは少ない．得られるとしてもライセンスの対価は通常，事業会社からの支払いであり，金融市場とは関係ない．一方，技術移転の制度化は，大学の中にある技術等を活用して起業する大学発VBの設立を容易にした．後々，これが大学発VBの増加をもたらす．

1999（平成11）年成立の産業活力再生特別措置法第30条によって，国の委託研究の研究成果である特許権等を受託者から国に譲渡せず，一定の条件の下で受託者に帰属させることが可能になった（日本版バイドール法）．当時は，国立大学は国の行政機構の一部で法人格がなかったため，日本版バイドール法の適用外であった．また，2000（平成12）年に「産業技術力強化法」が制定され，国立大学の研究者がその研究成果を活用する会社等の役員等を兼職することが認められた．これにより，国立大学教員が大学発VBの役員等を兼業するという，大学発VBの支援方式が加わった．

2004（平成16）年に国立大学は法人化して法人格を得た．その結果，日本版バイドール法の適用対象となり，大学における発明に関わる特許等は機関帰属が原則となった．そのため，TLOを経なくとも大学自身が知的財産権の取得やライセンスを行えるようになり，大学内部にも知的財産権の管理組織が整備された．また，国立大学法人が承認TLOに出資できることになった[3]結果，TLOと国立大学の役割分担が見直された．例えば，東京大学は2007（平成19）年に東京大学TLOの発行済株式総数の過半数を取得した．国立大学法人化で，大学として技術移転等に取り組みやすくなった．

なお，2001（平成13）年5月から6月にかけて，経済財政諮問会議に相次いで提出された平沼赳夫経産大臣（当時）による「新市場・雇用創出に向けた重点プラン」（平沼プラン），遠山敦子文科大臣（当時）による「大学を起点とする日本経済活性化のための構造改革プラン」（遠山プラン）により，大学発VBを5年間で1000社にする構想が発表された．国立大学法人化による制度変化も後押しして，TLO制度導入以来，助走してきた大学発VBの重視政策が明確に推進されることになった．

1.2. 産学連携の多様な方式

産学連携は多様な方式を発展させてきたが，方式によってファイナンスとの関係も異なる．ここでは産学連携の方式を整理しておく．

第一は，技術相談・技術指導等である．主として中小企業等が，問題の原

因追究や解決策の模索などについて大学スタッフの支援を受ける場合や，大学が保有する特殊な分析機器等の利用や測定依頼等である．なお，技術指導等を受ける企業が，大学内の小規模なスペースを貸ラボ，貸オフィスとして借りることがある．

第二は，受託研究・共同研究である．説明は省略する．

第三は，奨学寄附金である．奨学寄附金の一部は株式の形で寄附され，その運用益を奨学金に充てることがあるが，一般には株式を原資とする寄附の場合は，寄附者が株式を換金し，現金の形で寄附をする．この場合，株式譲渡に所得税等が課せられる．つまり，寄附者は寄附に加えて相当額の税金も支払わなければならないため，寄附の阻害要因になっていると言われ，制度改正の焦点の一つになっている．

第四は，包括的連携である．通常の委託研究，共同研究は焦点を絞った特定のテーマと比較的短期の期間を定めて実施されるが，協力体制を比較的中長期にわたって持続し，研究テーマも研究の進展に応じて柔軟に設定する方式がある．大学と企業や地方自治体が包括連携協定等を結び，それに基づき企業等の研究開発ニーズと大学研究者の研究テーマを継続的にマッチングして共同研究を複数実施する．

また，寄附講座，共同研究ラボ，共同研究センターなど，大学内に共同研究のための組織を設置して，中長期的な包括的な協力関係の受け皿とする方式がある．これらの受け皿組織には企業研究者が共同研究員として参加して大学研究者と共同研究等を実施する．また，一定期間大学に出向し，特任教授等として研究に従事する場合や，いわゆるクロスアポイントメント制度を利用して企業と大学を兼職する場合もある．

第五は，技術移転である．技術移転を促進するためのライセンスや，ライセンスや技術指導等を通じたVB起業支援のための諸活動が該当する．大学発VBの起業準備，初期の育成のための貸ラボ，貸オフィス，各種支援サービスをまとめてインキュベータと呼ぶこともある．大学の発明や知識を活用するVBについては，国立大学の教員が当該企業の役員等を兼業して支援する制度もある．以上が産学連携の主要な方式である．

2. 大学と産学連携を通じたファイナンス

多様な産学連携方式が大学のファイナンスとどのような関係にあるかを整

理しておく．ここでファイナンスと呼ぶのは，研究活動のための外部資金の獲得ではなく，金融市場（債券市場，株式市場，M&A を通じた資本取引，金融機関との取引，VC や投資ファンド等への出資や利益の分配等）を通じた資金調達を指す．この定義に従えば，委託研究，共同研究等は，研究費の獲得手段として重要ではあるが，ファイナンスではない．

　大学にとってファイナンスとして意味を持ちうるのは，寄附により株式を取得する場合と，大学発 VB に対するエクイティファイナンスである．2005（平成 17）年の文科省通知[4]は，寄附による株式取得も大学発 VB からライセンスの対価としての株式取得も認めている．ただし，「①株式の取得後，特段の事情なく保有し続けることは，余裕金の運用が制限されている法［国立大学法人法］の趣旨にかんがみ適切でないことから，換金可能な状態になり次第可能な限り速やかに売却することが求められる」（［］は筆者補記），「②取得した株式が未公開株である場合は，株式公開後可能な限り速やかに売却する必要がある」とされており，株式を保有し続けることは認められていない．また，同通知の Q&A では，国立大学法人は利益の獲得を目的とせず独立採算を前提としないため，取得した株式が公開された際，直近に株価の上昇が見込まれても速やかに売却すべきだとしており，株式の売却による積極的な資金の獲得は原則として認められていない．

3. 大学発 VB，大学 VC とファイナンス

3.1. VB のファイナンス

　大学とファイナンスの関係は限定的だが，近年その関係が変貌しつつある．とくに 2018（平成 30）年の法改正により，今後は大きく変わる可能性がある．このことを理解するためには，大学発 VB のファイナンス環境について理解する必要がある．大学発 VB に限らず，技術を基盤とする VB の場合，その成長段階に応じたファイナンスが必要になる．ここでは，VB の成長段階とファイナンスの関係について詳細な分析をし，いわゆる「死の谷」のコンセプトの成立に影響を及ぼしたブランスコムらの研究（Branscomb and Auerswald 2002: 32-34）に基づいて紹介する．

　VB は①基礎研究，②概念実証，③アーリーステージ技術開発（以下，アーリーステージ），④製品開発，⑤生産・市場開拓と進み，最終的に市場参入し，IPO 等に至る．①基礎研究と②概念実証をシードステージとも呼ぶ．②の初

119

期段階までは政府や大学の支援がある．①基礎研究は，基本的には大学の中で行われ，有望な発明があれば特許等を申請して，その特許等を基に，②概念実証に取り組みつつ，研究者，学生等の大学関係者が起業準備を進める．この段階では，大学のインキュベータ等の支援を受けながら，発明が製品等に結びつくのか，有効性があるのかを検討していく（概念実証）．この段階で将来性がないと判断されれば，起業には結びつかない．可能性があると判断されれば③アーリーステージへと進む．

　一方，⑤生産・市場開拓はレイターステージとも呼ぶ．市場でビジネスとして成立する可能性が見える段階でIPOも視野に入ってくる．この段階では金融機関による融資やCVCの出資など，資金調達の可能性は広がる．

　②と⑤の間のファイナンスは困難を伴う．④製品開発の段階では，製品化の見通しが不透明で資金調達は容易ではない．しかし，③アーリーステージの技術開発が成功すれば，そのビジネス化の可能性を評価できる者が登場し，④段階の支援を行う．それがVCで，目利きと資金提供を担う．

　最大の難関が③アーリーステージとその前段階である②概念実証である．技術はあるがビジネスとして成立するか不透明な段階である．この段階の資金調達の選択肢が少ないことがVBの最大の課題であり，これが「死の谷」の核心である．この段階は，資金調達の規模は小さいが，開発期間が長期化すれば調達すべき資金の規模はどんどん膨張していくリスクがある．ビジネス化の目処が立たない場合は，開発からの撤退，会社の清算に至る可能性もある．そのため，出資側から見てハイリスクである．

　ここで登場するのがエンジェルである．しかし，エンジェルの支援の予測は困難である．米国には，VBの成功者がIPOやM&Aで得た資金を，エンジェルとして新たなVBに投資する循環過程があるが，そもそも日本にはエンジェルが少ない[5]．複数のVCによる協調投資によるリスク分散の可能性もある．複数のVC等が共同で投資ファンドを組成して，そこを通じてVBに投資する．投資先も複数に分散させることで，リスクを分散させる．こうした方式により，③アーリーステージのVBへの出資がある程度は可能になる．また，同窓会や教員有志の出資によるVC，大学と協力関係にあるVC等の承認VCは，投資のリターンよりも大学発VBの育成を目的としており，積極的に③アーリーステージの大学発VBへ出資する．そのような投資があれば，一般のVCの協調投資の可能性も高まる．これをさらに進めたものが，

大学 VC である.

3.2. ベンチャーキャピタル（VC）とその振る舞い

VC は一般に，成長が見込める VB に出資して，資金面の支援をするのみならず，経営上の助言や取引先の開拓などマーケティング等の育成的支援をする（ハンズオン）．VC は直接 VB に出資をするのではなく，複数の VC や出資者が共同で投資ファンドを組成し，そこを経由して投資するのが一般的である．現在の投資ファンドは 1998（平成 10）年の「中小企業等投資事業有限責任組合契約に関する法律」に基づき，有限責任組合として組成される[6]．投資ファンドは，運営の中心となる VC が無限責任を負い（GP），それ以外の出資者は有限責任の LP として参加する．

通常，GP となる VC は，単一の投資ファンドに出資するのではなく，複数の投資ファンドを組成する．個々のファンドは累積投資額が投資ファンドの総額に収まる範囲で複数回に分けて複数の投資先に対して投資を行う．投資ファンドは，存続の期間が決められているので，期限までに投資を回収し，キャピタルゲインを得ようとする．例えば，10 年の存続期間の場合，ファンド組成直後に出資した VB の場合，IPO 又は M&A まで 10 年間待てるので，VB は比較的余裕をもって製品開発や市場開拓をできることになり，ファンド側も VB に対して出資のみならず，育成的支援が可能になる．一方，ファンドにとっては長期の出資はリスクが大きいので，利益の確保のために短期的成功を期待することになる．育成と短期的利益確保のバランスは投資ファンドの目的や性格によって異なる．

VB の成功もしくは育成段階からの卒業である EXIT の形態としては, IPO, M&A のほか，VB の経営陣による自社株買いなどがある．EXIT により，投資ファンドは株式を売却し，利益を確定することになる．逆に，VB が解散すれば損失が確定する．通常は，値上がりを期待して株式を持ち続けることはせず，できるだけ早くキャピタルゲインを確定する．また，EXIT で回収した資金を同じファンドの下で別の投資に回すこと（再投資）はせず，キャピタルゲインは出資者に分配される．

なお，投資の時期がファンドの存続期限に近づけば，投資の性格も，VB の育成より，キャピタルゲインの短期間での確定を重視するようになる．投資時期が遅くなるほど投資はリスク回避的になり，近未来に EXIT する可能性が大きい，レイターステージの VB への出資で短期にキャピタルゲインを

確定しようとする．そこで，キャピタルゲインの確保を重視する VC が投資しにくいアーリーステージにある VB への，育成的な中長期的投資を担う投資ファンドと VC が必要になる．

4. 制度の変化と今後の見通し

4.1. 第二次安倍内閣の成長戦略と官民イノベーションプログラム

大学発 VB の数は，2000（平成 12）年度に 420 社，2004（平成 16）年度に 1207 社だったが，2017（平成 29）年度には 2093 社に増加し，年度別設立数は，2000 年代前半を中心に急増した（ピークは 2005（平成 17）年度の 149 社）．リーマンショック後に設立数が減少したが，2013（平成 25）年度以降は毎年 100 社を上回っており，2016（平成 28）年度には 157 社に達した（経済産業省 2018a: 8-9）．国立大学法人化前後が第 1 のブームであるとすれば，現在は第 2 の大学発 VB ブームである．ただし，IPO に至ったのは 2018（平成 30）年 5 月現在 57 社にとどまる（経済産業省 2018b: 5）．大学発 VB が多数設立されながら必ずしも順調に成長できないでいる．アーリーステージを乗り越えることが困難なのだ．

国立大学法人化後に安定していた産学連携制度が大きく変化する契機も，アーリーステージにある VB がいかに資金を調達するかという問題意識からであった．国立大学法人化後は，国立大学の株式の保有や売却に関しては厳しく制限される状況が続いた．これが大きく変わり始めたのは，第二次安倍内閣発足後の成長戦略からである．政権発足直後の「日本経済再生に向けた緊急経済対策」（2013（平成 25）年 1 月 11 日閣議決定）は，イノベーション基盤の強化の一環として，官民イノベーションプログラムの創設，「大学等による，研究開発成果の事業化及びこれを目的とした投資を行う子会社の設立，大学発ベンチャー支援ファンド等への出資を可能とする制度改正」を取り上げた．これにより大学による大学 VC と投資ファンドへの出資を実現するための制度改革に着手することになった．

2012 年度補正予算は早速，官民イノベーションプログラムとして大学 VC 設立のための資金を 4 国立大学への出資金として計上した[7]．これで資金は確保されたが，出資を可能にする制度はまったく整備されていなかった．制度整備の必要性については，教育再生実行会議が「これからの大学教育等の在り方について（第三次提言）」（2013（平成 25）年 5 月 28 日）で，「国

は，研究開発の事業化やこれを目的とした投資会社及び大学発ベンチャー支援ファンド等への国立大学による出資を可能とするなど，制度面の整備を行う.」とし，2013（平成25）年6月14日の閣議決定「日本再興戦略」及び「第二期教育振興基本計画」もそれを踏襲した.

制度整備には法制の大幅な手直しが必要だった．そこで2013（平成25）年末に「産業競争力強化法」が制定された．同法は国立大学がVC（特定研究成果活用支援事業者）[8]に出資することを認めた．ただし，国立大学は経産大臣及び文科大臣の認定を受けた認定VCに対してのみ出資，人的及び技術的援助を実施できるとした（第22条．現在は第21条）．逆に言えば，国立大学VCが認定された大学のみがVCを持ち，そこに出資できる．つまり，国立大学VCを設立し，出資できるのはすでに政府からの出資金が配分されていた4大学に実質的に限定された．これにあわせて，国立大学法人法でも業務の範囲を定める第22条に認定VCへの出資，人的及び技術的援助を追加した．これらの法改正によって，国立大学VCの創設への道が拓かれた．なお，産業競争力強化法は国立大学VCが認定を受ける期間を2013（平成25）年度から2017（平成29）年度までの集中実施期間に限った（第4条）.

4.2. 国立大学VC（認定VC）の設立

法改正によって，国立大学VCや投資ファンドの設立が進められた（表2）．準備期間も必要であり，実際に投資ファンドが組成されるまでには時間を要した．最初の国立大学VCの認定は2014（平成26）年9月で，投資ファンド[9]が最初に認定されたのは2015（平成27）年6月である．同年9月30日にはOUVC1号投資事業有限責任組合が最初の出資を行った．最初のIPOは，同ファンドが支援したVBの2018（平成30）年2月28日の東京証券取引所マザーズへの上場である．つまり，官民イノベーションプログラムは，集中実施期間は2013（平成25）年度から2017（平成29）年度とされながら，その根拠となる法整備が2013（平成25）年末にずれ込み，実際に国立大学VCが設立されたのはその1年後の2014（平成26）年末，最初のVBへの出資は2015（平成27）年9月，集中実施期間の中間点だった．最初のIPOは，集中実施期間の期限の1ヶ月前にようやく実現できた．このように官民イノベーションプログラムの実施は大きく遅れた.

加えて，4国立大学は政府からの出資金の全てを投資ファンドへ出資するのではなく，2号ファンドの組成を予定してかなりの資金を留保してい

表 2 官民イノベーションプログラムにより認定された国立大学 VC 及び投資ファンド

認定日	国立大学 VC 又は投資ファンド
2014（平成 26）年 9 月 1 日	大阪大学ベンチャーキャピタル（株）
2014（平成 26）年 9 月 1 日	京都大学イノベーションキャピタル（株）
2014（平成 26）年 10 月 31 日	東北大学ベンチャーパートナーズ（株）
2015（平成 27）年 11 月 4 日	東京大学協創プラットフォーム開発（株）
2015（平成 27）年 6 月 4 日	OUVC1 号投資事業有限責任組合（GP：大阪大学ベンチャーキャピタル（株））
2015（平成 27）年 6 月 26 日	THVP-1 号投資事業有限責任組合(GP：東北大学ベンチャーパートナーズ（株）)
2015（平成 27）年 10 月 6 日	イノベーション京都 2016 投資事業有限責任組合（GP：京都大学イノベーションキャピタル（株））
2016（平成 28）年 8 月 29 日	協創プラットフォーム開発 1 号投資事業有限責任組合（GP：東京大学協創プラットフォーム開発（株））

出典）関係機関 web ページ等に基づき筆者作成

た[10]．つまり，この 2 号ファンド用の留保金は，法律の定めるスケジュールに従えば，集中実施期間内での認定を得られないまま，産業競争力強化法の適用対象から外れることになる．つまり，国の巨額な出資を受けながら，その半分近くを未使用のまま残すことになる．そればかりか，すでに組成された 1 号ファンドに関しても，2018（平成 30）年度末時点で，VB への出資の達成率は 26％にとどまると言われる[11]．もっとも，どの投資ファンドも存続期間は 10〜15 年としており，アーリーステージ以前の段階にある VB に対する支援としては，将来的に追加投資が必要になる可能性が高いことから，必ずしも投資ファンド組成直後に全ての資金を出資する必要はない．しかし，目に見える成果が出ないことや，官民ファンドに対する厳しい見方が強まる中で，国立大学 VC の見直しが始まった．

　なお，認定 VC 以外の VC や投資ファンドでも，大学発 VB への出資は可能である．国立大学 VC の影響もあり，政府の出資の対象とならなかった国立大学や私立大学でも，独自に VC を組成する動きが出てきている．ただし，国立大学の場合，法律では認定 VC 外の VC への出資は認められていないので，同窓会，教員有志，民間企業等が VC を組成し，大学の承認 VC として大学と協力しつつ，大学発 VB へ投資を行うケースが見られる．その嚆矢が，2004（平成 16）年設立の東京大学エッジキャピタル（UTEC）である．図 1，図 2 は，一般の VC（図 1）及び認定 VC（図 2）と大学，大学発 VB との関

産学連携とベンチャーキャピタル

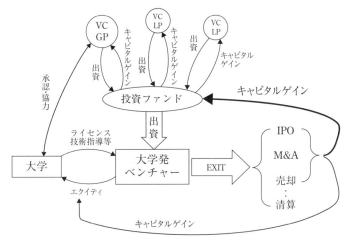

図1 一般的な VC（承認 VC を含む）と大学，大学発 VB の関係

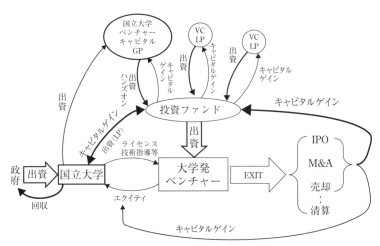

図2 国立大学 VC と大学，大学発 VB の関係

係を示したものである．

　大学発 VB に対するファイナンスの観点から見ると，国立大学 VC があることで，アーリーステージ以前の段階での資金調達の可能性が広がる．大学のファイナンスの観点からは，以前に比べれば資金調達の可能性は高まった．

すなわち，2016（平成28）年の文科省事務連絡[12]は，国立大学が収益事業をできないとは，「国立大学法人法第22条第1項各号に規定される業務と離れて，収益を目的とした別の業務を行うことができないという趣旨」であり，「同項各号の範囲内の業務を行う中で，受益者に対し費用の負担を求め，結果として，収益を伴うことまでを否定するものではない」とした．国立大学法人法第22条第1項には，産業競争力強化法制定にあわせて，認定VCに対する出資が追加されていたことから，この事務連絡は認定VCへの出資の回収のみならずキャピタルゲインを得られることを明確化したものである．だが，現実の認定VCの活動状況はその緒に着いたばかりであり，資金調達の手段として機能するのは当分先だろう．

なお，大学発VBに対するエクイティファイナンスからの収益に関しては，2017（平成29）年の文科省通知[13]が，従前の通知と同様に，ライセンスや技術指導に対する対価としての株式保有は認める一方，「換金可能な状態になり次第速やかに売却すること」とした．ただし，2005（平成17）年通知とは異なり，「特段の事情」がある場合は株式を保有し続けることが認められた．具体的には，「収益を伴う事業」の対価として取得した株式について，換金可能な状態になった時点では，当該株式の価額が当該「収益を伴う事業」の対価に見合わないと国立大学法人等が判断した場合，及び取得した大学発VB等がIPOをした際，その株式を一斉かつ大量に売却することで当該株式の急激な価値の下落を招く恐れがある場合である．これにより，キャピタルゲインを得る余地が生まれたと言える．

4.3. 官民ファンドの見直しと産業競争力強化法改正

2018（平成30）年には大学VCや大学のファイナンスに関して見直しが図られた．官民ファンド全般に関して，民業圧迫だという批判のほか，官民イノベーションプログラムに関しては，集中実施期間の期限が近づく中で，出資されずに残っている残額については国庫返納すべきだという見解も示された[14]．また，会計検査院 (2018: 48, 124) は，政府出資金は出資金である以上，将来は回収することを見込んでいるが，使用見込みのない政府出資金を国庫に納付する手段について法令上の規定がないことを指摘し，文科省に対して必要な法改正等を検討するよう指摘した．

このような問題点が指摘される中で，2018（平成30）年5月に産業競争力強化法が改正された（同年7月施行）．この改正では，政府出資金の未使

用額を返納させるという選択肢は選ばれなかった．逆に，認定投資ファンドの投資の範囲を拡大することで，投資拡大を後押しする方向に舵を切った．すなわち，従来，認定投資ファンドの出資先は，自大学と関係のある大学発VBに限られていたが，新たに，他の国立大学等の大学発VBも対象に加えられた．このことは，4国立大学VCが4大学のためのVCから，全ての国立大学のためのVCへと変質したことを意味する．また，集中実施期間の規定を廃止した．これにより，未使用の政府出資金による2号ファンドの組成の期限が実質的に先送りされることになった．ただし，4大学による出資期限については明確でなく，新聞報道[15]は，「おおむね3年」という見方や，5年後（2023年3月末）までに政府出資金が未使用である場合には国庫返納もありうるという見方も紹介している．

　認定VCの活動は，実質的には始まったばかりである．認定VCはアーリーステージ以前の段階の大学発VBに出資するので，IPOやM&AなどのEXIT，さらに資金の回収，キャピタルゲインを得るまでには，時間がかかる可能性が高い．大学の資金調達に寄与するとしても，かなり先のことになるだろう．その意味では，産業競争力強化法により多少なりとも時間的猶予が与えられたことは，国立大学VCや大学の投資ファンドに対する出資が，将来的に大学の資金調達に寄与する余地を残したと言える．

4.4. 科学技術・イノベーション創出の活性化に関する法律

　2018（平成30）年12月には「研究開発システムの改革の推進等による研究開発能力の強化及び研究開発等の効率的推進等に関する法律」が改正され[16]，法律の名称も「科学技術・イノベーション創出の活性化に関する法律」に改められた．この改正では，大学のファイナンスに関して，積極的に資金調達を行うことを可能にする方針が打ち出された．

　大学改革の下で，国立大学は運営費交付金の減少や研究資金配分の選択と集中に直面し，自助努力による資金源の多様化が喫緊の課題となった．「日本再興戦略2016」（2016（平成28）年6月2日閣議決定）は「2025年度までに大学・国立研究開発法人等に対する企業の投資額をOECD諸国平均の水準を超える現在の3倍とすることを目指す」とした．2018（平成30）年6月の閣議決定「統合イノベーション戦略」も，民間資金や寄附金等の外部資金獲得の拡大が必要だと，同じ目標を引き継いだ．

　これらを踏まえて，「科学技術・イノベーション創出の活性化に関する法律」

の第 34 条の 5 は国立大学法人等が，大学発 VB に対して，安価もしくは無
償で支援をする場合に，当該 VB の発行した株式又は新株予約権を取得，及
び保有できるとした [傍点筆者]．従来は，2017 (平成 29) 年通知によって「特
段の事情」がある場合を除いて「換金可能な状態になり次第速やかに売却す
ること」とされていたが，今回の法改正により，大学発 VB の株式売却のタ
イミングは大学が独自に決められることになる．これにより，大学発 VB の
株式保有は，大学にとって資金調達の手段としての性格を有することになる．
もっとも，「科学技術・イノベーション創出の活性化に関する法律」で方向
性が示されたばかりであり，具体的な内容は，関連する法令（国立大学法人
法，同施行令等）の改正を待つ必要がある．

　前後するが，国立大学法人法の 2016 (平成 28) 年改正で翌年度から指定
国立大学制度が導入された．これと同施行令により，指定国立大学は，文科
大臣の認可を得て，大学 VC に出資できることになった．大学 VC の設置と
出資ができる国立大学の範囲は，産業競争力強化法が想定した 4 国立大学か
ら，指定国立大学全体へと広がった．将来的には指定国立大学の資金調達源
が広がる可能性がある．

5. 産学連携と VC の課題

5.1. 米国の経験

　以上のように，現在は，運営費交付金の減少とそれに伴う不可避的な外部
資金源の開拓という現実的問題へ立ち向かうために，国立大学が VC や VB
を通じて資金調達できる道を拓こうとしているところである．このようなラ
イセンス等を通じた大学発 VB のエクイティの取得や大学 VC を通じた大学
発 VB への出資によるキャピタルゲインを期待する産学連携による積極的な
資金調達が，大学のファイナンスとして効果があるのか，どのように物事が
進むのか，現時点での予想は難しい．もっとも，日本の産学連携施策は，20
年以上遅れて米国を後追いしているので，米国の経験を振り返れば，日本の
今後の見通しと課題に関してヒントを得られる可能性がある．

　米国では，1980 年代に民間企業との共同研究を中心に産学連携が発展し
た．企業から大学へ支出される研究資金は 1980 年代以降，2001 年まで増加
を続け，米国全体では年間 20 億ドルを超える水準に達した．しかし，2002
年以降は微減に転じた (Alan 2006: 1-2)．大学の特許取得に関しては 1990

年代以降次第に活発化し，ライセンスも増加していった．特許やライセンスは一定期間有効であるため，累積効果が現れる．つまり，毎年の新規特許取得ではなく，過去から蓄積された特許群がライセンスを生み，ライセンスもそれが生産活動等で使われる限り支払われ続ける．つまり，最初はわずかな収入にしかならなくとも，特許取得やライセンスが着実に進めば，累積効果でライセンス収入が加速度的に拡大する局面を迎える[17]．

　米国の場合は1990年代後半から2000年代始めにかけて，ライセンス収入の急速な拡大期を迎えた．1991年度のライセンス収入は26億ドルだったのが2000年度には85億ドル，2004年度には114億ドルに達した．諸経費を引いた純利益は1991年度に2億ドルだったのが，2000年度には10億ドルを超え，2004年度には約14億ドルに達した．企業が大学へ支出する研究資金20億ドルには及ばないが，存在感のある資金源に成長した．さらに，1990年代半ばからはライセンスの対価の一部をエクイティで取得するケース，大学発VBから大学がエクイティを取得するケースが増加した（AUTM 2005: 24）．エクイティの取得は，VBの成功を期待する投資なので，従来とは異なり，技術開発のみならず，取引先開発等を含む経営全般を支援することになる．これはVCの役割に近い．そこで，米国の有力大学は直接投資するほかに，大学と密接に関連する大学VCを設立し，ハンズオンの支援をするようになった（西尾 2000: 58-60）．

　このように，米国では2000年前後に，ライセンスや大学発VBのエクイティ取得といった特許重視の積極的な産学連携方式が急拡大を見せる一方で，民間から大学への研究資金の支出が頭打ちになった．このことは産学の関心を集めた．大学が特許重視の立場をとると契約の合意に至るまでの時間が長期化する，重要なテーマについて大学と共同研究しにくくなるといった議論が展開された[18]．

5.2. 日本の課題

　こうした米国の産学連携の発展経過を観察すれば，日本の産学連携や大学発VB，大学VCに関する課題が見えてくる．

　第一に，産学連携が大学のファイナンスの手段となるための制度は整備途上にあり，辛抱強く育てなければならない．日本の産学連携方式の中で，大学のファイナンスに寄与しうるのは，特許等のライセンス，大学発VBのエクイティの取得，大学VC等によるVBへの出資などである．大学発VBの

エクイティの取得に関しては,「科学技術・イノベーション創出の活性化に関する法律」により大学の資金調達手段になる可能性がある.国立大学VCによるVBへの出資については活動を開始して4年未満で本格的な出資には至っておらず,収益を上げるまでには長時間を要する.つまり,産学連携が大学のファイナンスに寄与するようになるのは,当分先のことだろう.米国の例を見ても,制度整備の後,本格的な収益を上げるまでには長時間を要しており,日本の場合も,拙速に収益を求めるべきではない.

第二は,国立大学VCが近未来にどうなるのかという問題である.通常,利益相反を避けるために,1号ファンドの組成から時間を置いて2号ファンドを組成することが多い.政府出資金の4割以上が出資されずに残されているが,それを出資して2号ファンドを組成するのは当分先のことになる可能性が高い.それを政府が待ってくれるのか,あるいは返納を命じられるのかは,見通しが立たない.昨今の官民ファンドへの風当たりは厳しく,返納を命じられる可能性は決して小さくない.さらに先のことではあるが,1号ファンドも組成から10〜20年後には存続期間が満了し,解散することになる.当然,政府出資金相当分は返納することになると思われるが,それを経て,大学VCや大学自身による出資活動を継続するに足る余裕金が手元に残されるか否かは,大学発VBの継続的育成にとって死活問題である.おそらく現在の制度がそのまま維持されるとは考えにくいので,新たな制度設計が必要になるだろう.

第三は,委託研究・共同研究と知的財産権重視による資金調達のバランスである.大学VC,大学発VB,ライセンス等の知的財産権重視の資金調達がうまくいき,安定的な資金フローが実現できれば,それらは大学の有力な資金調達源となるだろう.しかし,民間企業との委託研究・共同研究と知的財産権重視の資金調達との間で利害が衝突する可能性がある.大学が知的財産権重視の行動様式を強めれば,委託研究・共同研究でも大学は特許権等の取得や共同取得を主張する可能性がある.しかし,既存企業,とくに大企業にとっては大学との間ですぐに特許に結びつく研究よりは,アイディア段階の交流を望んでいることが多く,大学が知的財産権重視に偏れば,委託研究・共同研究の機会を逃す可能性が出てくる.両者のバランスの取り方や,利益相反への配慮などが課題となるだろう.

第四の課題は,大学における基礎的研究や産学連携と関係のない分野の研

究活動と産学連携や大学 VC，大学発 VB との関係である．産学連携制度は，大学固有の研究活動を産学連携に直接晒すのではなく，むしろ産学を区別し，両者のつながりを統制するために発展してきた．大学発 VB の中で時価総額が最大のペプチドリーム社（経済産業省 2018b: 5）の創業者・菅裕明東京大学教授が，創業の目的で重要だったのは「アカデミアの自由な研究を守る」ことだったと述べた（菅 2016: 97）ことは示唆的である．また，VC，VB 等から得られる資金は，外部資金を得にくい分野に配分し，大学の全体性を維持し，大学の健全な発展のために役立てるのが本来の趣旨である．こうした理念を諸制度の中に埋め込むことが今後の課題である．

謝辞　国立大学 VC 第 1 号となった大阪大学ベンチャーキャピタル初代代表取締役の松見芳男氏，大学関係者の出資で設立され，投資ファンドを GP として組成している株式会社コラボ産学官代表取締役の丹治規行氏の両氏にはVC 運営，投資ファンドの運用の実態等について教えていただき，本稿執筆の上でたいへん参考になった．謝意を表する．

◇注
1）IPO や M&A 以外に，大学が保有するエクイティを売却することもある．また，VB の清算で損失を被ることもある．
2）同窓会や教員有志が出資して，大学発 VB を支援するために VC を作ることは可能である．ただし，大学本体とは直接の資金的関係はない．
3）国立大学法人法第 22 条第 1 項第 6 号，同施行令第 3 条．
4）「国立大学法人及び大学共同利用機関法人が寄附及びライセンス対価として株式を取得する場合の取扱いについて（通知）」（16 文科高第 1012 号，平成 17 年 3 月 29 日）．
5）近年 IT 系分野で VB の成功者が CVC 等を創設する例が見られる．米国に比べて格段に小規模だがベンチャー育成の循環が生まれつつある．
6）それ以前は，全ての出資者が無限責任を負った．2004（平成 16）年に「投資事業有限責任組合契約に関する法律」に改正．
7）東北大 125 億円，東京大 437 億円，京都大 272 億円，大阪大 166 億円，計1000 億円．ほかに産学連携体制整備に運営費交付金計 200 億円を配分．
8）投資事業有限責任組合（投資ファンド）を含む．
9）この投資ファンドはいわゆる官民ファンドであり，国立大学 VC が GP とな

り，国立大学自身，民間企業，金融機関等が LP として出資する．

10) 会計検査院（2018: 46）によると 2018（平成 30）年 3 月現在で政府の出資 1000 億円のうち 447 億円が未使用である．

11) 日本経済新聞「国立大 VC 文科省と摩擦」2018 年 4 月 3 日朝刊．

12)「国立大学法人等が実施することのできる「収益を伴う事業」の考え方について（事務連絡）」（平成 28 年 3 月 31 日文科省高等教育局・研究振興局）．

13)「国立大学法人及び大学共同利用機関法人が株式及び新株予約権を取得する場合の取扱いについて（通知）」（29 文科高第 410 号，平成 29 年 8 月 1 日）．

14) 例えば，自由民主党行政改革推進本部行政事業レビューチーム・官民ファンド各種の見直しチーム「提言」（2017（平成 29）年 7 月 27 日）．

15) 日本経済新聞　前掲注（11）．

16) 2008（平成 20）年に議員立法で制定．立法府が行政府に対して，取り組むべき政策を具体的に指示するプログラム法．今回が 2 回目の本格的な改正．

17) 特許の実質的な有効期間は必ずしも長くはない．製品における大学特許の寄与度は大きくないので，際限なくライセンス収入が拡大することはない．

18) Re-Engineering the Partnership: Summit of the University-Industry Congress, 25 April 2006. 現時点では該当する web はないが，アーカイブサイトから資料入手可能．（https://web.archive.org/web/20060623223920/http://www7. nationalacademies.org/guirr/Meetings.html, 2018.12.20）．

◇引用文献

AUTM, 2005, AUTM U.S. Licensing Survey: FY2004 Survey Summary, Northbrook: AUTM.

Branscomb, L. M. and Auerswald, P. E., 2002, Between Invention and Innovation: An Analysis of Funding for Early-Stage Technology Development, NIST GCR 02-841, Gaithersburg: National Institute of Standards and Technology.

会計検査院，2018，『官民ファンドにおける業務運営の状況について』．

経済産業省，2018a，『平成 29 年度産業技術調査事業（大学発ベンチャー・研究シーズ実態等調査）報告書』．

経済産業省，2018b，『大学発ベンチャーのあり方研究会報告書』．

西尾好司，2000，「米国大学における研究成果の実用化メカニズムの検証」『FRI 研究レポート』（94）．

Rapoport, A.I., 2006, "Where has the Money Gone? Declining Industrial Support of Academic R&D," InfoBrief, NSF06-328.

菅裕明，2016，「バイオ分野における基礎研究と産学連携（講演記録）」国立国会図書館『ライフサイエンスをめぐる諸課題』，95-101.

ABSTRACT

University-Industry Collaboration and Venture Capital: From a Perspective of University Finance

KOBAYASHI, Shinichi
Hiroshima University

The objective of this paper is to explore the current status of university-industry collaboration and venture capital and issues arising from an exposition of this topic. The central focus is placed on the relationship between university and finance, with particular reference to the case of national universities. At the present time, both university-industry collaboration and venture capital have very little significance for university finances. However, the system reform which is currently in progress as well as reforms planned to be implemented in the near future might bring about a drastic change in the relationship between university and finance.

Under the government's "Public and Private Innovation Program" launched in 2012, designated national universities were enabled to invest the government capital specially assigned to them in national universities' venture capital and related investment funds, and activity actually began in 2014. At the present time, however, the said funds have not become a stable financial resource for national universities.

However, two legal amendments enacted in 2018 deeply transform the relationship between universities and finance, with the result that universities would be able to obtain an effective means of strengthening university finances. Although such a possibility might be materialized, it could take a long time for universities' venture capital and funds to function efficiently. Furthermore, another disturbing factor that can be anticipated is that much depends on politics. Even if universities' venture capital and investment funds functioned well, the result might be the introduction of many conflicts and problems into the university system.

大学縮小期における借入金マネジメント

西井　泰彦

本稿の目的は，1960 年から現在に亘る文部科学省と日本私立学校振興・共済事業団の財務上の統計資料を利用して，私立大学の借入金を巡る動向とを振り返り，借入金に関する問題点と意義を分析することである.

日本の私立大学は，二度に亘る学生急増期と減少期を経過する中で，借入金を活用して施設設備を取得して，大学の規模の拡大を図ってきた.

借入金の比重が増大したが，その後，学生数が増加するとともに，財政上の改善が進み，自己資金が増加して借入金の返済が可能となった.

しかし，近年，私立大学の拡張が止まり，財政が再び悪化している. 学生数の長期的な減少が予測されており，私立大学が安定的な経営を持続するための借入金のあり方と課題を検証する.

はじめに

日本の私立大学は借入金を活用して施設設備を取得し拡大してきた. 学齢人口が減少し経営環境が悪化している今日，私立大学の財政運営にとって再び借入金のあり方が問われている. 本稿では，これまでの借入金の歴史を振り返りながら，借入金の経過と現状を整理したい. 借入金分析の基礎資料として，文部省（現 文部科学省，以下「文科省」という.）による「私立学校の支出および収入に関する調査報告書」等の財務状況調査及び日本私学振興財団（現 日本私立学校振興・共済事業団，以下「私学事業団」という.）が発刊している「今日の私学財政」や「事業報告」等を利用した（後記一覧）.

日本私立大学協会附置私学高等教育研究所

各資料は，調査方法，期間，対象等が異なっており，報告書の解説部分で各年度の特徴が示されているが，長期間に亘る全体的な動向をまとめてはいない．また，私立大学における借入金の方策や設備投資に関する経営戦略についての分析研究は殆んど見られない．本稿では私立大学の借入金を巡る動向を検討したうえで，私立大学経営における借入金方策の課題を提起したい．

以下，まず，私立大学の学生数等の外部環境を概観し，私立大学の収支面から借入金の収入と返済，返済財源の蓄積，借入金の内訳と私学事業団の役割，施設設備取得のための借入金の活用，収支差額の推移を分析するとともに，私立大学法人の有形固定資産と金融資産及び負債の現状を把握し，最後に，私立大学経営における借入金の意義と課題を提起することとする．

1. 私立大学の学校数と入学者数の推移

借入金の経過を理解するためには，私立大学のこれまでの拡張の動向と各時期の経営環境を認識しておくことが不可欠である．このため，文科省の「学校基本調査」から私立大学数と学生数の推移を図1に示した．

私立大学数は18才人口がピークだった1966年を挟む数年間の期間に100校以上が新設された．1955年の122校から1975年には300校を越えた．その後も私立大学数が増加した．この数か年は横ばいであり，2018年には603校となっている．

各年度の入学定員と入学者数及び入学定員充足率（超過率）の推移を「全国大学一覧」等から求めると図2のようになった．第一次急増期には入学定員以上に入学者数が増加し，入学定員充足率は1960年代から1975年まで急上昇した．翌年からは私立学校振興助成法が施行され，入学定員の増加が認可事項となり，定員の抑制と超過率の下降が進んだ．1986年頃から18才人口が再びピークとなる1992年に向けて臨時的な定員増を含んで入学定員が増加した．入学者数は35万人台から47万人以上に増加し，学生総数も200万人を越えた．この20年ほどは入学定員が増加しているが，入学者数は横ばいから減少気味となり，定員充足率は逓減している．

1992年以降の18才人口の再減少，大学の新設，定員充足率の低下などによって私立大学の一校平均学生数は減少しており（図1），縮小期を迎えた私立大学は経営面や財政面においても厳しい課題に直面している．

大学縮小期における借入金マネジメント

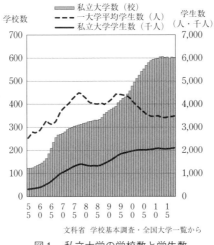

文科省 学校基本調査・全国大学一覧から
図1　私立大学の学校数と学生数

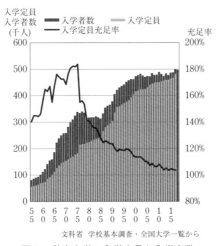

文科省 学校基本調査・全国大学一覧から
図2　私立大学の入学定員と入学者数

2. 私立大学の借入金を巡る動向

(1) 借入金の種類

私立大学における借入金とは学校法人の負債となる収入であり、期限まで

に他人に返済を要する他人資金である．返済の期限が貸借対照表日後1年を越えるものを長期借入金とし，返済期限が1年以内に到来するものを短期借入金という．借入目的は，学校法人又は設置学校部門に係る土地建物等の施設費，設備費等の有形固定資産の取得のほか，経常的又は臨時的な運転経費や経営資金に充当する場合がある．借入先としては，私学事業団，住宅金融公庫（旧），医療金融公庫（旧），地方自治体又は地方私学振興会等の公的金融機関のほか，都市銀行，信託銀行，地方銀行，第二地方銀行，信用金庫，信用組合，農協等の市中金融機関がある．個人又は建設業者もある．加えて，私立学校に特有の学校債がある．借入れの期間には10年から20年に亘る長期借入や1年以内の短期借入がある．借入利率については，金利水準を反映して数％の時代から最近では1％を下回っている．利率は固定制又は変動制に区分され，元金均等又は元利均等の返済方法がある．そのほか，土地建物に対する抵当権設定，建物に関する火災保険証券の質権設定，理事長等の連帯保証人契約が求められる場合があり，その内容は多様である．

（2）大学部門の借入金等の金額と比重

文科省の財務状況調査から，過去の私立大学の借入金の収入額の推移を取り上げる．借入金等の大小の程度を認識するために，それぞれの年度の経常的収入を求め，それに対する割合を％又は年数で表示する方法をとった．1960年から1996年までの病院を含む大学部門の借入金収入額と経常的収入に対する割合を求めると次の図3のとおりとなる．

1960年には借入金額は経常的収入の15％（0.15年分）の割合であったが，第一次急増期のピークであった1966年までに大きく増加して37.5％と最高の割合に達した．1992年が第二次急増期のピークに当たっており，臨時的な定員増が認められ，大学や学部等の新設に伴う施設拡充が進んだ時期であった．1985年の金額が最高であり，以後，一時的な増減はあるものの総じて減少傾向となった．収支改善と自己資金の充実により借入金の比重は10％を切り，長期的に低下した．1996年には3.1％と落ち込んだ．

その後の動向については図4を見ることになる．私学事業団の調査は病院を除く大学部門のみの資金収支計算書の集計値であるため，その分だけ低い値となる．借入金収入の割合は1982年に11％，1993年に6.7％，1996年に3.0％であった．その後は2％程度で横ばいである．

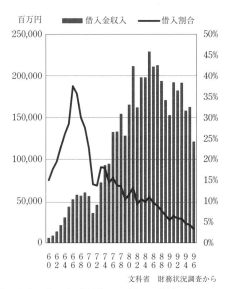

図3 借入金収入額と経常的収入に対する割合（1960-1996年）

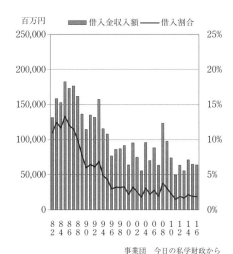

図4 借入金収入額と経常的収入に対する割合（1982-1964年）

(3) 借入金の収入と返済

借入金の収入と返済の支出を併せて比較することで大学法人の返済能力や財政的な余裕度を見ることが可能となる．

ここで，借入金返済額の借入金収入に対する割合を「借入収支比率」とする．この比率が100％未満であると借入金収入が返済額を上回る借入超過となり，借入金残高が増加する．逆に100％以上であると返済額が収入額を上回るため，借入金残高は低下する．文科省の1960年から1996年までの調査では債務償還費として借入金の元本返済額に利息分も加わっており，病院部門を含んでいるため，比率が高く表示される．私立大学の借入金収入と債務償還費の推移を示すと次の図5のようになる．

第一次急増期の1966年頃は，借入金収入が増加して返済額を大きく上回り，収支比率は70％から60％台にまで下降した．1970年に100％まで上昇し，1974年頃には80％前後に再び下降した．この頃はオイルショックの時期であり，物価の大幅な上昇に伴う給与改訂などのために短期借入金が膨張した．1980年に入ると借入返済額が増加して比率は100％を上回るようになった．借入額は1985年をピークに減少した．返済額は1987年が最高となり，以後，減少した．借入収支比率は1980年代の後半には120％を越え，1990年には160％までに達した．この時期は第二次急増期の直前で，学生数の増加に伴っ

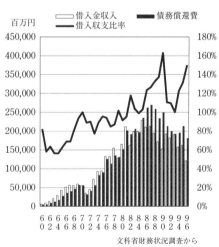

図5　借入金と債務償還費の割合（1960-1996年）

大学縮小期における借入金マネジメント

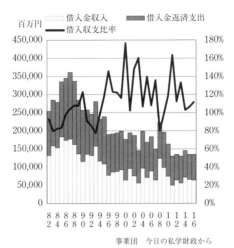

図6 借入金収入と返済支出の割合（1982-2016年）

て収支状況が好転して，財政的な余裕が生じた．借入金の期限前の返済すなわち繰上償還も進んだ．1992年前後には再び18才人口のピークとなり，臨時定員増に伴う施設設備の拡充のための資金調達により借入金が増加して，収支比率は100％近くまで下がった．1996年以降には借入金収入が減少し，債務償還費が多くなり，120％以上の値を示すこととなった．

　図6の私学事業団の調査では1982年から最近までの動きが認識できる．借入金収入は1980年代の後半にかけて増加し，返済額も遅れて増加したため，収支比率は80％から100％を越えるところまで上昇した．1990年代以降の借入額は半減した．返済額についても長期的に減少した．最近の収支比率は100％から120％程度の範囲となり，返済が進んでいる．

(4) 借入金返済額と経常的収支差額との比較
　学校法人の各年度の事業活動収入からその年度に費消される事業活動支出を除いた経常的な収支差額が各年度の設備投資の財源となり，過去の借入金の返済にも充当される．収支差額が大きければ将来的な蓄積も可能である．この差額の金額と比率が収支活動の余裕度を示す．借入金の返済額に対する経常的収支差額の割合は借入債務に対する返済能力とみなすことができる．

　文科省の調査から，1960年から1996年までの各年度の大学部門の経常的収支差額と債務償還費の割合は図7のようになる．

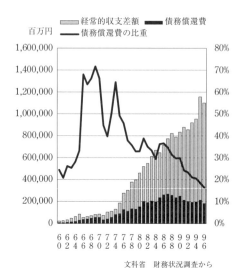

文科省　財務状況調査から

図7　経常的収支差額と借入返済額（1960-1996年）

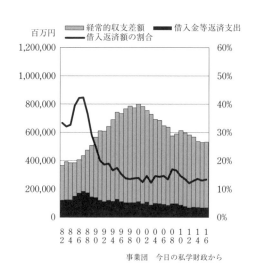

事業団　今日の私学財政から

図8　経常的収支差額と借入返済額（1982-2016年）

　第一次急増期を含む1960年から1970年には借入返済額の負担は収支差額の60％を越えていた．収支差額の半分以上が元金と利息の償還に回されていたことを物語っている．返済を支弁できる収支差額が生み出されたために，

高額な借入返済の負担を克服することができた．1972年における債務償還額の比重は40％程度でなお高かった．その後，収支差額が拡大し，第二次急増期を過ぎた1995年がピークとなった．償還額の比重は20％以下に長期的に下降したことが分かる．図8は，私学事業団による大学部門の集計値と割合である．1993年から2000年頃まで経常的収支差額は緩やかに増加し，返済額は減少して，その割合は13％程度となった．最近では収支差額と返済額も減少しており，割合は横ばいとなっている．

(5) 長期借入金・短期借入金・学校債の比重

1982年から現在までの大学部門の資金収支上の借入金収入のうち，長期借入金，短期借入金及び学校債の収入額の内訳とその割合を示すと図9のようになる．借入金が最大であったのは1985年で，長期借入金は42.3％，短期借入金が51.3％，学校債が6.4％の比重であった．短期分が長期分を下回るのは1987年からである．特定の大規模大学の臨時的な資金需要が影響する場合もあって年度の増減幅が大きい．近年は借入金に占める長期分の割合は80％近くに上昇しており，比重が高くなっている．

一方，短期借入金は，1985年頃から減少して最近では僅かとなっている．その割合は40％程度から20％前後まで漸減した．短期借入金の内容は，長

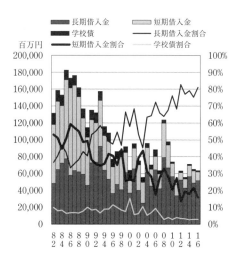

事業団 今日の私学財政から

図9 借入金の長期・短期区分（1982-2016年）

期借入金の翌年度返済分のほか，年度途中における人件費や物件費の一時的な費用，施設設備取得又は資産運用に必要な資金などである．短期借入金の比重が低下している．

学校債については 1994 年まではかなりの水準であったが，2011 年以降は大幅に減少した．割合は 10％前後から 2％を切って大きく下降している．文科省の経営充実調査（1999）によると，学校債を募集している学校法人は医歯系，理工系などの大学法人の一部であるが，全体の 1 割にも満たず，減少傾向にある．募集対象は新入生の保護者がほとんどで，無利子で，償還期限は卒業時とする例が多い．募集と償還の手間がかかる割には増額が見込めなくなる．

(6) 私学事業団からの借入金の推移

大学法人が調達した借入金の残高の金融機関ごとの内訳の推移を次に示した．私立大学の最大の金融機関は私学事業団（旧 私学振興会）と銀行等の市中金融機関である．

図 10 によると，私立大学の借入金残高は第一次急増期にかけて大きく増加したことが分かる．市中金融機関の伸びも著しいが，長期に亘る貸付が主である私学事業団の融資残高が急増し，その割合は 19％から 37％に上昇した．その後の動向は図 11 から認識できるが，第二次急増期に向けて市中金

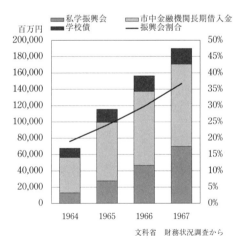

図 10　金融機関ごとの借入金残高（1964-1967 年）

大学縮小期における借入金マネジメント

図11　金融機関ごとの借入金残高（1978-2014年）

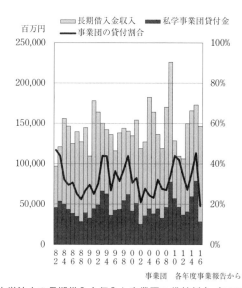

図12　大学法人の長期借入金収入と事業団の貸付割合（1982-2016年）

融機関の貸付額が増加を続けた．最近は横ばいである．私学事業団の融資残高は増加した後に一定レベルを維持している．この結果，私学事業団の借入金総額に占める割合は 35% 程度から 45% 近くまで上昇し，事業団への依存度が高まっている．

以上は，借入金の年度末の累計残高であるが，各年度の収入ベースで見ると図 12 のようになる．大学法人の 1982 年から 2016 年までの長期借入金収入に対する私学事業団の貸付額の割合を示した．出典は私学事業団の暦年の事業報告である．借入金収入は年度ごとの増減があるが，事業団の貸付額は毎年度一定程度を維持している．その割合は 3 割から 4 割前後を占めており，私立大学にとって私学事業団は過去から現在まで最大の資金調達先となっている．

(7) 施設設備の取得と長期借入金の活用

私立大学が借入金を導入する際に最も多いケースが土地建物の施設設備を取得する場合である．私立大学の設備投資額と借入金収入との関係を理解するため，文科省データによる 1960 年から 1996 年までの大学部門の借入金の総額と施設設備支出に対する割合を次に示した．また，私学事業団の資料により 1982 年から 2016 年までの大学部門の設備投資費と長期借入金及び借入金全体の金額と施設設備費に対する割合を求めた．

図 13 によると，1986 年頃までの期間には施設設備支出の急増に合わせて借入金収入も増加し，支出額に対する借入金の割合は 50% を越えるレベルが継続した．借入金には長期借入金のほか短期借入金等も含まれており，借入金の全てが施設設備の財源に使われた訳ではないが，施設設備の取得に際してかなりの借入金が導入されていた．当時は自己資金が潤沢でないため借入金に依存せざるを得なかった．1990 年以降にも設備投資が続いたが，借入金額は徐々に減少傾向となり，その割合も 30% 未満に低下した．

図 14 により，1982 年以降の大学部門の施設設備支出と長期・短期借入金の推移を見ると，第二次学生急増期のピークの 1992 年頃まで私立大学の設備投資が急増したことが分かる．1990 年代後半に至るまで短期借入金の比重が借入金全体の半分以上であったことに注目される．この間，長期借入金を含めて金額的には高い水準にあった．詳しく見ると，1988 年以降の 10 年間ほどは設備投資がやや増加していたが，借入金は減少し，その割合は，全借入金では 60% から 30% 程度に，長期借入金では 30% から 20% 未満に下降

している．1992年頃からは年度ごとの増減はあるが，設備投資の規模はほぼ横ばいになり，施設設備費に対する借入金の割合は，借入金全体で15%，長期借入金のみで10%程度が維持されている．

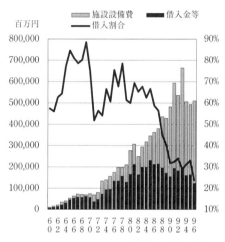

図13 施設設備支出と借入割合（1960-1996年）

図14 施設設備支出と借入割合（1982-2016年）

(8) 大学法人の収支状況の推移
① 事業活動収支差額による収支動向

　大学法人の借入金の比重を低下させて金融資産の増加を支えた基本的な原因は，各年度の事業活動収入と事業活動支出との差である事業活動収支差額の金額が増大し，その割合が高い時期が続いたことである．

　図15の大学法人の推移グラフによると，1975年から1995年頃まで15％以上の高い割合の事業活動収支差額比率が続き，数千億円前後の収支差額が自己資金として毎年蓄積されたことが分かる．2005年頃までには金額が減少したが，3千億円を越える収支差額が生まれていた．しかし，1990年代後半から収支差額比率が長期的に下降した．2008年は資産処分の一時的な要因があるが，最近では5％ほどに低落している．

　この間に生み出された事業活動収支差額の累計額は16兆円程度に上り，これがこの期間の約9兆円の設備投資を可能にし，約7兆円の借入金の返済財源になった．しかし結果として，金融資産として溜まる分は少なく，減価償却分程度しか残らなかったといえる．

② 借入金等利息と受取利息・配当金収入

　借入金の分析で欠かせないものが借入金に伴う支払利息の状況である．借入利息の水準は時々の金利水準に影響される．大学法人の事業活動収支計算

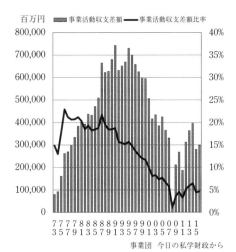

図15　事業活動収支差額と比率（1973-2015年）

図 16　資産運用収入と借入金等利息（1973-2015 年）

書から，借入金等利息の金額とその事業活動収入に対する割合の動向を示したものが図 16 である．借入金等利息は借入金に伴って発生する費用であり，貸借対照表上の借入金の多寡が収支上に反映する消費的な支出である．一方，資産運用収入（現 受取利息・配当金収入）は貸借対照表上の金融資産の運用結果が収支上で現れる収入科目である．借入金と金融資産が相対的な性格をもつのと同様に，借入金利息と運用収入を対照させながら分析することも重要である．

　これによると，借入金等利息の金額は 1991 年頃まで増加したのち長期的に減少を続けた．その比率は 1973 年頃には 4.4％と高い値を示していたが急下降し，1990 年頃までには 2％程度となり，1995 年からは 1％未満に低下している．借入金の総額の減少と借入利率の低下の結果である．他方，資産運用収入は，金額的には 1979 年頃から増加し，その比率は 1991 年をピークに 6％を越えることもあった．しかし，1992 年以降は急激に減少し，比率も 2％を下回ったのち，2007 年には再び上昇して 3％台に乗せたが，リーマンショック後に下落した．最近では金額がやや持ち直し，比率は 2％ほどになっている．

　これらの資産運用収入と借入利息との差が大学法人の保有する自己資金の運用結果とみなすことができる．両者は 1976 年に逆転し，資産運用収入の

比率が1991年には5％を越えた．現在では，その差が再び縮小して2％程度となっている．収支の悪化と金融資産の伸び悩みが反映されている．

3. 大学法人の負債と金融資産等の推移

（1）負債金額と総負債比率等の低下

借入金や負債の状況を幅広く理解するためには，単年度の収支上の動きだけでなく，その年度の収支活動の結果，どれだけの自己資金が生み出されて法人全体の資産と負債が増減したかを，年度末の貸借対照表の決算値に基づいて分析することが必要である．大学法人の貸借対照表から各年度末の資産総額と負債総額の金額と総負債比率を1973年から2016年まで連続して示したものが図17である．1960年代後半の学生急増期を通じて，大学法人は施設設備の拡充に伴う借入金の増加により，総負債比率は1975年度が42.6％と最も高くなった．負債総額の中には退職給与引当金や前受金が含まれているため，これらを除く外部負債を計算すると，その割合も1973年から1975年が27％前後でハイレベルであった．その後，収支活動の改善に伴う自己資金の増加，借入金収入を上回る返済額の増加によって，総負債比率や外部

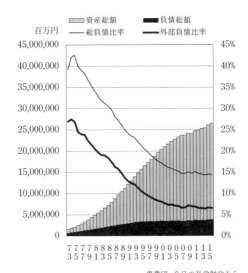

事業団　今日の私学財政から

図17　負債総額と総負債比率（1973-2015年）

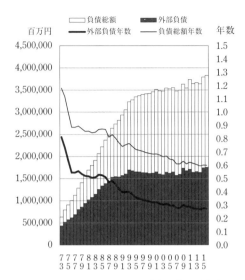

図18 外部負債と対帰属収入年数（1973-2015年）

負債比率は年々下降した．1986年には総負債比率は30％を割り込み，1997年には20％を切った．最近では14％台となっている．

　負債総額を，資産総額に対する比率でなく，事業活動収入に対する年数割合で評価することもできる．負債を何年分の年収で返せるかという視点である．図18は負債総額と外部負債の推移及び各年度の対事業活動収入の年数を図示したものである．特に，外部負債の金額が1993年まで増加した後に横ばいになっていること，その割合は1976年の0.5年程度まで急減後，緩やかに下降して，負債の比重が長期的に低下していることが分かる．

(2) 金融資産と差引余裕比率の改善

　他人資金である借入金と自己資金である金融資産は言わばトレードオフの関係にある．有形固定資産の取得に際しては，保有する金融資産を使って借入金を導入しない方法と借入金を導入して金融資産を減らさない方法があり，一見異なる財政方策であるが，金融資産マイナス借入金が純粋の自己資金と考えれば同じことである．金融資産の運用利回りと借入金の支払利息の差異が生じるが，可能ならば，低利の借入れをして高利の運用をする方が経営上で優位となる．

学校法人の資産と負債の分析に際しては，負債額の増減だけでなく金融資産の増減にも注目し，その差額の割合に注目することで財政状況を正確に認識できる．大学法人の連続貸借対照表から，学校法人に蓄積された金融資産すなわち現金預金，有価証券及び引当資産を合計した金額である「運用可能資産」と，負債総額の中から退職給与引当金と前受金を除いた他人に返済が必要な純粋の「外部負債」を求め，その差額である「差引運用資産」の割合の推移を検討する．外部負債と運用可能資産の金額の大小を実感的に認識するため，資産総額に対する構成比率でなく，各年度の一年間の事業活動収入に対する割合（年数）を算出する．

　図 19 は大学法人の運用可能資産と外部負債の金額と対事業活動収入比を示している．1975 年頃の大学法人の運用可能資産の対収入比は 0.6 年分，外部負債は 0.7 年分であり，差引運用資産はマイナスとなる状態にあった．この頃は，設備投資と物価上昇に伴う資金需要に迫られたため，金融資産が減少し，借入金の増加によって，運用可能資産の総額をもってしても外部負債を精算することはできない状態であった．

　その後，収支状況が改善され，財政面でも自己資金の充実が進んだ．外部負債は少しずつ増加したが，それを上回って運用可能資産が増加した．直近

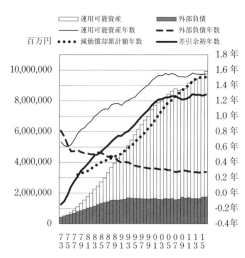

事業団　今日の私学財政から

図 19　運用可能資産と外部負債の金額と対帰属収入年数（1973-2015 年）

の 2016 年の運用可能資産は対事業活動収入比の年数で 1.57 年，外部負債の年数は 0.27 年となった．差額の 1.3 年分の実質的な差引運用資産が大学法人に蓄積されるようになっている．

学校法人会計基準では毎年度の減価償却額を消費的な支出として計上することによって減価償却期間の終了時に対象資産の取得価額に相当する金融資産が蓄積される会計システムとなっている．このため，減価償却累計額の事業活動収入に対する割合を先の図 19 に加えると，大学法人に蓄積されてきた運用可能資産は減価償却の累計額分に追いつかれている．これは，減価償却を越える将来的な資産の更新充実の資金が十分でないことを示している．

（3）有形固定資産の減価償却と運用可能資産との比較

上記の事情を補足するために，大学法人の 2016 年の貸借対照表から，有形固定資産（第 1 号基本金対象資産）の取得価額，減価償却と償却累計額及び運用可能資産の決算集計額を図解すると図 20 のようになる．金額の大小を認識するために，2016 年度の事業活動収入で除した年数を付記している．

大学法人が保有する土地建物等の有形固定資産の取得価額は現在の簿価に減価償却累計額を加えた 4.04 年（2.46 年＋1.58 年）となっている．これは第 1 号基本金の対象資産の取得価額（第 1 号＋未組入額）の 4.02 年に近似する．事業活動収支差額のプラス幅は，有形固定資産を取得し，運用可能資産を蓄積する原資となる．現在の運用可能資産は 1.57 年であり，減価償却累計額の 1.58 年とほぼ同レベルとなっている．収支差額分の全てが施設設備に投資され，減価償却分が残っているともみなせる．ただし，運用可能資産の中には退職給与引当金や前受金の負債性の資金も入っているので，これらを除き，外部負債も控除した 0.98 年分が純粋の自己資金と考えることができる．二度の学生急増期を越えてきた私立大学に蓄積された資金が減価償却分にも満たない 1 年分の収入程度に止まっていることが分かる．

大学は装置産業として「箱モノ」であり，施設設備の比重が大きく，その維持更新が不可欠である．私立学校は設置者負担主義によって，施設設備の取得費は基本的に自力で準備する必要があり，減価償却額を越える資金を収支差額の中から留保しなければならない．今後の学生減少期を控えて，事業活動収入の 4 年分に匹敵する有形固定資産の将来的な取替更新を図り，教育研究基盤を整備充実するための財源としては，現在程度の運用可能資産では十分ではない．それ故にこそ，不十分な自己資金を補うための借入金の再評

価と有効な活用が期待される．

(4) 総負債比率の分布の変化

個別の大学法人の借入金の動向を認識するため，先に上げた学校法人の総負債比率の分布の推移を文科省と私学事業団の財務資料から観察する．以下のグラフは，二度の急増期の前後から近年に至るまでの総負債比率の分布を5年ごと又は10年ごとに取り出したものである．

図21は第一次急増期の直前と直後を比較している．1964年では総負債比率は10％未満，10％台，20％台，30％台が各々40法人前後であり，40％台，50％以上は合わせて40法人であった．1969年になると10％未満が減少し，

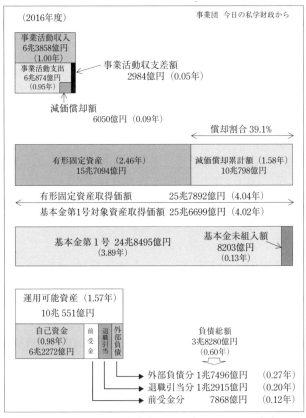

図20　有形固定資産の更新財源と運用可能資産

10％台，20％台が増加した．

　図22の1974年になると，10％未満の総負債比率は7法人に減り，20％台から50％台は50法人ほど，60％台，70％以上の区分にも合計70法人以上となる状態であった．この10年間で数多くの法人で多額の借入金が導入され，全体のほぼ4分の3以上の大学法人の総負債比率が30％以上となったことに注目される．1979年になると，60％以上の法人数が減ったものの，20％台から40％台の区分が増加している．

　次の図23は，第二次急増期の前の1989年から2009年までの10年ごとの

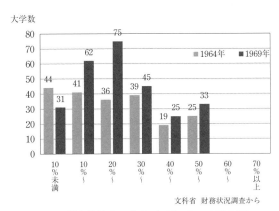

図21　総負債比率の分布（1964年・1969年）

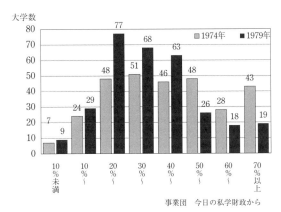

図22　総負債比率の分布（1974年・1979年）

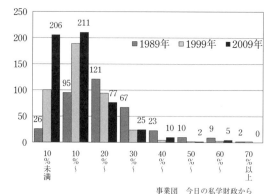

図23 総負債比率の分布（1989年・1999年・2009年）

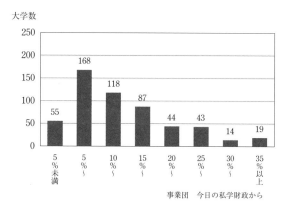

図24 総負債比率の分布（2015年）

分布の推移である．40％以上の法人が僅かとなり，30％台，20％台の法人も減少している．この20年間で10％台や10％未満にシフトしたことが分かる．このため，分布の階級幅を縮めて下方に移動せざるを得なくなった．

図24は2015年の状況であるが，5％から15％程度の範囲に大半が分布している．全体の4分の3以上の法人が20％未満となり，1974年当時と対照的な様相となっている．

4. 厳しい経営環境下の借入金の課題

(1) 借入金の比重の低下の要因

　私立大学では第一次の学生急増期の前後から施設設備投資を賄う財源として借入金をかなり導入してきたが，1980年代の半ば以降には借入金の比重は低下してきた．新規の施設設備の取得に際しては借入金に頼らずに自己資金を使用する傾向が主流となっている．この主な要因として次の事情がある．

　第一に，定員超過等による学生数の増加や大学規模の拡大に伴って，各年度の収支活動により生まれる収支差額のプラス幅が長期間継続し，運用可能資産の割合が増加した．つまり，毎年の収支の余裕が増して，お金が貯まってきたので，借入金を返済して自己資金で設備投資を賄うようになってきた．

　第二に，施設設備投資の主要部分が大学及び学部学科の新設や定員増に伴うものであり，文科省への設置認可申請上でこれらの財源には自己資金が必要であり，設置母体の学校法人の負債の割合が一定基準以下であることが求められた．現行の基準では，学校法人の負債率（総資産額に対する前受金を除く総負債額の割合）が0.25又は0.33以下であり，負債償還率（借入金等返済支出から短期借入金に係る支出を控除したものの額と借入金等利息支出の額との合計額が事業活動収入の額に占める割合）が0.2以下であると定められている．これらの規制が負債率を低くする努力を生み出した．

　第三に，学生急増後の学生減少期や収支悪化における借入金返済の困難を考慮して，私学経営者の一部には18才人口の長期的な減少期を前に，設備投資への新規借入れを抑制し，負債軽減と無借金への指向を強めている．

　ところで，負債の比重が低下している一方で，最近の20年間においては，長期借入金の金額は500億円前後，施設設備費に対する割合は10％程度をコンスタントに維持している．長期借入金に対するニーズも根強い．厳しい環境下の私立学校では総じて財政的な余裕が低下しており，施設設備の更新充実の財源を全て自己資金で賄うことが困難な学校法人も少なくない．大規模で多額の施設設備を取得するに際しては，長期的で有利な資金を活用することで十分な規模の設備投資を実現し，自己資金を減らさずに財政基盤を安定させることができる．厳しい財政事情においてこそ，計画的な財政運営に向けて長期低利の安定的な借入金が有効であるとの経営思考も見られる．

（2）借入金の問題点

借入金は返済を求められる債務であり，償還期限には元本と利息を納付しなければならない．学校法人の収支活動は常に一定ではなく臨時的な支出や赤字が発生する場合もある．借入金を完済するまでに返済が滞ることになれば債権者から直ちに督促され，滞納が解消しなければ債権保全措置が講じられる．抵当権の実行，銀行取引の停止など招き，経営破綻になる恐れもある．このため，大規模な借入に際しては特に次のリスク管理が必要である．

第一に，借入金の元本とその利息の比重が大き過ぎないかである．借入れの限度は各学校法人が長期的に確保できる収支差額の程度によってくる．近年の大学法人の事業活動収支差額比率の平均は5％程度で，減価償却分の約9％を含めても10数％程度が設備投資と借金返済に回せる財源の平均水準である．いま仮に，収入の1年分に相当する借入れを10年期限で借りた場合には，元本分だけでも収入の1割を毎年返済しなければならない．10％以上の返済資金を10年間確保することは簡単ではない．文科省の負債償還率は0.2以下とされているが，長期に亘って1年分の収入の2割が借入金返済に消えると，残りで消費的な支出を賄うことになり，かなり厳しい．借入れを行う判断基準の基本は返済を可能にする収支差額が長期に確保されるかどうかである．事業活動収入に対する一定の割合を越えないように借入金の総額を抑えることが肝要である．

第二に，借入れを行ったとしても，期中の返済又は一括返済を可能とする自己資金が留保されていることが望ましい．私立大学の財政基盤の安定のためには，運用可能資産から外部負債を除いた差引運用可能資産がプラスであることが各方面で指摘されている．運用可能資産があれば外部負債が多くてもいつでも返済することができる．緊急に発生する資金需要にも対応できる．自己資金がなければ足元を見られて不利な借入れに依存せざるを得ない．要は，自己資金をなくさないことである．外部負債が長期の安定資金であれば，保有する運用可能資産を文字どおり有利に運用できる．

第三に，借入金導入に対しては特に資金の流動性の確保が重要である．財政が厳しい法人においては，期中で資金が枯渇して支払不能とならないようにキャッシュ・フロー面の資金管理が不可欠である．私学事業団などの公的な金融機関や信用のある金融機関からの借入れを行うことによって，返済が困難な局面における返済猶予や条件変更，私的整理や民事再生等における円

滑な債権整理等が可能となる.

(3) 大学縮小期における借入金の意義

私立大学の学校数と学生規模が拡大し,設備投資等に伴って借入金も増大したが,その後の収支状況の改善と自己資金の充実によって,借入金への依存度は長期的に低下してきた.しかし,今後の学生数や大学の規模が縮小する局面においては借入金の重要性が次の観点から見直されてくる.

第一に,私立大学においては,今後とも施設設備の更新,機能強化,大規模なリニューアルなどの課題は継続することになる.資金需要が極端に低下することはない.潤沢な資金をもつ一部の私立大学では自己資金で財源を調達し,借入金に依存しないケースも生じるが,多くの大学法人においてはこれらに対応する十分な財源が蓄積されている訳ではない.

第二に,私立大学の事業活動収支差額比率はここ十年間で15%以上から5%程度にまで落ち込んでいる.1割以上の収入が減ったことと同じである.収支が悪化すれば,当然,自己資金の蓄積の度合いが低下する.多くの大学法人は設備投資に必要な財源を貯められる状態ではない.高額な設備投資を可能とする収支差額が不十分であれば借入金に依存せざるを得ない.

第三に,近年,定員管理の厳格化や23区の定員増の規制が進められ,定員超過による学生数の増加が抑制されている.定員割れによって財政が厳しい中小規模の大学だけでなく,大規模の私立大学においても収支改善の努力が求められている.しかし,人件費等の抑制は容易な課題ではない.財政が更に悪化する場合には,資金需要のための一時的な借入金の導入が必要となる.設備投資や資産運用の財源として借入金を活用する動きも出てくる.

第四に,借入れを行うことで必要な財源を調達して十分な投資規模を実現できる.手元資金と蓄積資産の費消を回避することもできる.最近は耐震改築の補助金と併せて低利の借入れも可能であり,積極的に活用すべき好機である.安定的な資金借入れによって,自己資金を留保して不意の資金需要に対応し,財政的な裁量幅を広げることができる.借金を有効に活用する経営感覚がこれから求められてくる.

第五に,借入金の導入の重要な意義は,私立学校が有形固定資産の更新充実を長期的に遂行する財政運営の計画性を確保することである.年次的な返済分を確実に生み出すためには各年度の支出の増大を抑制し,収支活動を安定的に維持しなければならない.借入金の返済があることで,収支の健全化

を図り，計画的な資産充実を追求する課題意識と経営努力が必然的に生まれる．一方で，無借金経営は危機感を失わせ，収支悪化を放置して蓄積資金を赤字補填で費消しても構わないという意識に陥りやすい．

私立大学では財政が改善しなければ優れた教育環境を整備できない．教育条件が良くなければ学生も集まらなくなる．私立大学を持続的に発展させるためには，収支を健全化して自己資金を充実することと借入金を有効に活用して資産を拡充整備することはいずれも重要な経営課題である．

◇参考文献

文部科学省（旧 文部省），
　『私立学校の支出および収入に関する調査報告書』（1960-1969 年度版）
　『学校法人財務状況調査報告書』（1964-1969 年度版）
　『私立学校の財務状況に関する調査報告書』（1970-1994 年度版）
　『私立学校の財務状況調査報告書』（1995-1997 年度版）
　『学校基本調査』各年度版
　『全国大学一覧』各年度版
日本私立学校振興・共済事業団（旧 日本私学振興財団），
　『今日の私学財政』（1973-2016 年度版）
　『日本私学振興財団誌』，『事業報告』各年度版

ABSTRACT

Loan Management in Universities Facing a Period of Scale Reduction

NISHII, Yasuhiko

The Research Institute for Independent Higher Education

The objective of this paper is to review the trends in loans taken out by private universities as well as to analyze the issues and significance of these loans by using financial statistical data from 1960 to the present. The data derives from two sources, namely The Ministry of Education, Culture, Sports, Science and Technology (MEXT) and The Promotion and Mutual Aid Corporation for Private Schools of Japan.

Private universities in Japan sought to expand through two periods of time by acquiring facilities and equipment using loans. The periods can be distinguished by on the one hand a sharp rise, and on the other a sharp decrease in the number of students, Consequently, loans accounted for most of their overall finances. The period of student decrease brought hard times, but later their financial conditions improved with an increase in the number of students, allowing them to increase their funds and repay their loans.

Nonetheless, in recent years, the expansion of private universities has come to a halt and financial conditions are once again worsening. A long-term drop in student enrollment is predicted. This paper discusses how loans should be handled by private universities to sustain ongoing stability, and addresses the issues that must be tackled and overcome.

論　稿

東京大学草創期における演説会と市民への学問発信

菅原　慶子

　本稿は，わが国の大学開放の嚆矢とされる東京大学理医学講談会以前における，東京大学による学問の発信の取組を実証的に明らかにする．大学制度創設前後の東京開成学校では，文部省による大学政策の揺らぎの中，大学を志向し自立的に大学像を模索する動きがあった．その取組として，東京大学創設直前の明治10年3月より，一般公開の学術演説会を毎月2回開催した．演説者は同校教員に加え，学生や学外者も登壇し，広く市民の聴講が募られた．この演説会は，英米の大学にあるような象徴たる施設としての講義室の建設と連動することで大学像を具現化し，私学慶應義塾との連帯の中で社会と大学とをつなぐ回路として取組まれた．東京大学理医学講談会以前における学問の発信の取組とその背景・意義が明らかとなった．

1. はじめに

1.1. 研究の背景と目的

　本稿の目的は，東京大学及びその前身校が実施した演説会に着目し，大学開放の嚆矢とされてきた東京大学理医学講談会（国立教育研究所 1974: 687）以前のわが国の大学による市民への学問の発信の取組を実証的に明らかにすることにある．大学開放とは「大学が有する教育資源を学外者に開放しようという組織的な試み」（出相 2014: 3）で多様な取組を包摂するものだが，明治17年に始まった東京大学理医学講談会（以下，理医学講談会）は，日本

東京大学

で最初の大学として学問の社会的あり方を模索する中で，学術知識を通じて一般市民と接し，学問や大学への関心を喚起しようとした（菅原 2017: 62）東京大学独自の取組であった．加えて，同時代の私学における代表例とされる早稲田大学は，自学理念の普及とともに入学者及び寄附募集といった経営面の成果も目指していた（菅原 2017: 64）．このように，大学開放は，設置形態を含む大学がおかれた社会的布置も反映したものであり，理念・目的や機能，あるいは形態のみで語ることはできない．そう考えるならば，大学開放と位置づけられてこなかった事象の中にも，大学から市民[1]への学問発信の取組として取り上げる意義のあるものが存在する可能性があるし，それを当該大学の社会的文脈も踏まえて重層的に考察することで，従来の大学開放の位置づけや解釈に対しても，新たな視座を提示し得るかもしれない．

　従来，「私立大学沿革誌が一定の歴史意識を示したのを除けば，近代日本には欧米の University Extension に類する運動・実践は存在せず」というのが戦前の通念（田中 1978: 28）であったが[2]，『東京大学百年史』には明治17 年 5 月から東京大学医学部及び理学部教授有志による，市民向けの学術講談会である理医学講談会の存在が記述されている（東京大学百年史編集委員会 1985: 155）．これは菊池大麓ら東京大学の教員有志が，高等教育の知を市民に普及させようとする英国の大学開放に賛同して始まったもので（国立教育研究所 1974: 687），「理医学講談会が，日本における大学公開講座の最も初期の事例」（山本 2018: 84）として再定義されつつある．

　それ以前の東京大学のモースら外国人教師や菊池ら日本人教員による取組としては，街頭や浅草井生村楼における「いわば自然発生的な演説活動」（東京大学百年史編集委員会 1985: 155），あるいは演説団体「江木学校」等主催のため「東京大学の講談会とは言い難い」（山本 2018: 84）演説活動の存在は認識されてきた．たしかにこれらは東京大学の組織的な取組とは言えない．一方，モース研究にかかる他分野の先行研究では，話題性の高かった進化論演説について東京大学法理文三学部による開催が初めての市民への紹介として位置づけられるなど，東京大学主催による演説会の可能性が示唆され（磯野 1988: 47），田中（1978: 195-6）も，文献的な実証はできないとしながらも，同演説会が大学主催のものである可能性を指摘している．つまり現時点での解釈の到達点は，史料上の制約からくるものである．演説活動の実態を解明することができれば，理医学講談会の前史の検証に道が開かれる．

1.2. 分析の視点と史料

そのためには，まず組織的な取組としての演説の実相を検証することが不可欠である．演説については，一部の事例が知られるのみで，その内実は明らかにされていない．これまで不十分であった演説の実態を捉えることができれば，理医学講談会との異同の析出も可能となる．これが第一の視点である．結論を先取りするならば，演説は自然発生的な個人の取組のみではなく，明らかに組織的な取組として実在していた．

組織的な演説の存在が明らかになれば，次に着手しなければならないのは，なぜこの時期にこうした取組を行う必要があったのかという，導入理由である．演説の実践は東京大学の誕生と時期を同じくしており，また大規模な講義室の新築と連動して実施されたものであった．周知のとおり東京大学は，東京開成学校及び東京医学校を統合して創設されたが，その経緯との関わりを明らかにする．またその際になぜ演説という手段が採用されたのか，当時の学問と演説の関係を通して検証する．これが第二の視点である．

第二の視点とも関連するが，この演説には先行・参照事例があり，それは福澤諭吉による私学慶應義塾での実践だった．天野（1986: 180-1）も指摘するとおり，当時の大学制度は官私ともに多様な高等教育機関が乱立する中，文部省の理念不在なまま整備されていく．他方で，明治13年の集会条例で政談演説会は政府の規制の対象となり，学内の演説活動にも規制が及ぶ．理医学講談会はそうした状況下で，帝国大学への準備が進む中で実施されたものだった．演説と理医学講談会との異同をより仔細に考察するには，東京大学発足期の私学との関係，そして東京大学発足後の政府との関係，という三者の結節点として演説を理解する必要がある．これが第三の視点である．

以上の3点を明らかにするため，本稿では以下の史料に基づき分析を行う．まず，演説の実態を理解する史料として，文部省とのやりとりを記録した『文部省往復』（東京大学文書館所蔵），東京大学及びその前身校の刊行による『東京開成学校年報』及び『東京大学法理文三学部年報』，濱尾新述による講義室開室記念の演説録である『開成學校講義室發會演説』を取り上げる．続いて，当時の東京大学をめぐる社会的文脈については，『東京大学百年史』等の沿革誌，『東京日日新聞』及び『郵便報知新聞』といった主要新聞に依拠する．そして，当時の演説にかかる社会教育や福澤研究分野の史料として，三田演説会については『慶應義塾百年史』及び『三田演説会資料』，明六社演説に

ついては『明六雑誌』及び『明六社考』を，日本における演説導入及び普及の経緯については『福沢諭吉全集』及び『福澤諭吉傳』を用いる．

以下2節において，演説を理医学講談会以前の東京大学における組織的な実践として明らかにした後，その導入理由について，東京大学創設の経緯と演説と学問の関係性から検討する（3節）．その上で，この演説が私学との連帯において実現したこと，その背景には，文部省との弱い紐帯とそれと表裏の関係にある大学の自由・自立性があったことを提示する（4節）．そして，東京大学草創期における演説を，理医学講談会の前史と位置づけることが可能かという点も含めて総括する．

2. 演説の実態

2.1. 組織的実践としての演説

『東京大学法理文三学部年報』には，次の記事がある．明治10年3月10日に講義室において演説会が初めて行われ，それ以降の毎月第2土曜日に「邦語演説」，第4土曜日に「英語演説」を開講することとし，その際，市民の聴講や学術演説の希望者であれば学外者でも講義室の貸出が許可されていた．

> 「同月十日講義室ニ於テ始メテ開講ス爾後毎月第二土曜日ニ邦語演説第四土曜日ニ英語演説ヲ爲スヲ例トシ傍ラ衆庶ノ来聴ヲ縦ルシ且ツ校外ノ人ト雖モ学藝上ノ演説ヲ爲サント欲スル者ハ願ニ由テ時々此室ヲ借ルヲ許ス」
> 　　　　　　　　　　　　　　　　　　　　　　　　　　（東京大学 1877: 6）

次に，『東京日日新聞』には，東京開成学校名による公告記事の掲載がある．

> 「以来毎月第二ノ土曜日午後七時ヨリ講義室ニ於テ邦語演説第四ノ土曜日同刻ヨリ英語演説ヲ開キ外来聴聞二百人餘ヲ許ス仍テ聴聞ノ望アル者ハ同日午後六時三十分迄ニ来校門衛ヨリ切手ヲ受取ル可シ但右切手ハ代償ハ要セス　明治十年三月　東京開成学校」
> 　　　　　　　　　　　　　（『東京日日新聞』明治10年3月17日4頁）

年報記事に加え新聞に掲載することによって，学歴や職業等の条件なく，

聴講料無償にて，各回約200人という聴講者を広く募っている．これらの邦語演説及び英語演説の実施詳細を探るため，それぞれの開催例を挙げた後，全体傾向の分析を試みた．

> 「本月第二土曜日（即チ十二日）午後七時ヨリ邦語演説アリ仍テ演説者
> ノ姓名及説題ヲ左ニ掲ゲ以テ之ヲ廣告ス　南蠻交際始末當部教授補山川
> 健次郎氏○法律沿革ノ論同法學中級生徒高橋健三氏○英米佛三大革命論
> 江木高遠氏　明治十年五月　東京大學法理文三學部」
> 　　　　　　　　　　　　　（『東京日日新聞』明治10年5月11日4頁）
> 「来ル十九日午後七時ヨリ英語演説　文學部政治學教授　フェノロサ氏
> Problems in the Evolution of Society　明治十一年十月　東京大學（法理
> 文）三學部」　　　　　　　（『東京日日新聞』明治11年10月18日4頁）

　予告記事どおり第二・第四土曜日午後7時より開催され，この回の邦語演説では理学部教授補山川健次郎による「南蠻交際始末」，法学中級生徒高橋健三による「法律沿革ノ論」，学外者として江木高遠による「英米佛三大革命論」という3つの演説が行われ，英語演説では文学部教授フェノロサによる「Problems in the Evolution of Society」という題目で行われた．これらの記事によれば，開催期間は少なくとも明治10年3月から明治12年4月26日まで全67回開催された．時期は7月及び8月の夏季を除き，ほぼ毎月第二・第四土曜日の午後7時開演を原則とし，邦語演説と英語演説が交互に開催された．また，モースによる明治10年10月6日，15日，20日の進化論についての連続演説会のように邦語・英語演説以外の開催もあった[3]．このような公告は『東京日日新聞』のほか，『郵便報知新聞』にも掲載され[4]，1回の演説会につき事前に2〜3回の掲載を行い，実質的に広く一般に聴講者が募られた．

　また，掲載者名は当初「東京開成学校」あるいは「開成学校」名であったが，明治10年5月11日の記事から「東京大学法理文三学部」名へと変更された．開学当初の東京大学は，医学部と法理文三学部という実質的に前身校の流れを受けた二つの学校の複合体としての性格が濃厚であり，綜理も事務機構も別々に有していた（東京大学百年史編集委員会 1984: 428）．したがって，法理文三学部名での公告は，当時の東京大学にとって公式な取組の証左

である．そこで，東京開成学校及び東京大学法理文三学部による邦語演説及び英語演説からなる演説会を「東京大学法理文三学部演説会」（以下，三学部演説会と称する）と呼ぶこととしたい．

2.2. 三学部演説会の具体

三学部演説会の具体を把握するために，演説者の属性，所属分野という2点から運営実態を分析した．まず，演説者を属性別にみると（図1），「教授」22回が最も多く，「教授以外の教員」[5] 16回，「生徒」12回であった．教員らのうち，外国人教師は11回であり，いずれも英語演説を担っていた．生徒のうち，理学部の渡邊渡及び高山甚太郎は卒業後同学部教員として教鞭を取った人物であり，法学部の大原鎌三郎は東京法学社設立者，増島六一郎は英吉利法律学校及び東京英語学校初代校長である．また，寺尾壽，櫻井房記，千本福隆は後に東京物理講習所を中心で担った面々であった[6]．また，「客員」と称された学外者も6回の実績があり，明六社社員の西周，中村正直，杉亨二，文部省役人の神田孝平，田中不二麿，予備門教員かつ江木学校講談

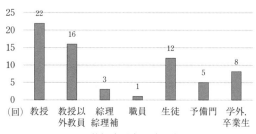

図1　三学部演説会　演説者の属性

（出所）『東京日日新聞』公告記事より作成

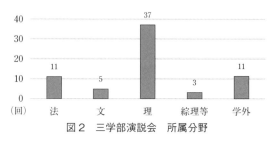

図2　三学部演説会　所属分野

（出所）『東京日日新聞』公告記事より作成

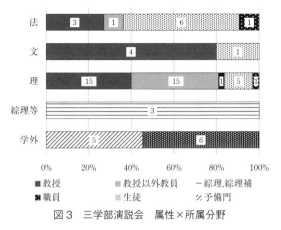

図3　三学部演説会　属性×所属分野

(出所)『東京日日新聞』公告記事より作成

会という啓蒙演説組織の主催者でもあった江木高遠など，演説や高等教育に見識のある人物が登壇していた．次に所属分野でみると（図2），「理学」が37回と最も多く，全体の55％超を占める．次いで「法学」が11回，「文学」は5回にとどまる．最後に専門分野別の担い手を検討すると（図3），理学及び文学は主に教員が担い，法学は生徒による担当が多い．この生徒らによる題目の例を挙げると，「衝平法」（増島六一郎），「河川ノ法」（磯野計）といったいずれも学術的な内容である[7]．

　公告記事等の情報に依拠して三学部演説会の実態を理医学講談会と対比したものが表1である．まず共通点として挙げられるのは，①年間を通じた定期開催，②週末の午後の実施，③東京大学講義室が会場，④聴講料は無償，そして⑤新聞公告等のマスメディアを通じた開催告知及び聴講者募集，という5点である．これらは，いずれも広く一般の聴講者を募るための仕掛けとして，理医学講談会も同様のやり方を踏襲している．一方で相違点もある．①規程上の組織か有志組織かという開催母体，②専門分野，③登壇者に学生及び学外者を認めるか，④邦語のみか，図画や幻燈といった小道具を用いるか，の4点である．これらは，趣旨及び対象者の違いにより生じた差異である．理医学講談会は「理学医学諸科二関スル事項ヲ平易ニ講談演説シ以テ公衆ヲシテ学術上ノ知識ヲ発達セシムルニ在リ」（東洋學藝社 1884: 62-3）として，市民の知識啓蒙が主たる趣旨であった．では三学部演説会導入の目的や背景

表 1　三学部演説会及び理医学講談会　運営実態の比較

	三学部演説会	理医学講談会
主催	東京開成学校→東京大学法理文三学部	東京大学理医学講談会
開始	1877（明治 10）年 3 月 10 日	1884（明治 17）年 5 月
規則	講義室利用趣旨に沿う	理医学講談会規則
開催時期	夏季を除く年間	春期（3-6 月）及び秋期（9-12 月）
開催日	第 2・第 4 土曜日	第 1 日曜日午後及び第 3 土曜日夜
時間	土曜日午後 7 時前後	日曜日午後，土曜日夜
場所	東京大学講義室	東京大学講義室
登壇者	教員，生徒，学外者	理学部及び医学部員
専門分野	法学・理学・文学	邦語のみ，図画や幻燈等を活用
切手配布	無償	無償
公告方法	新聞公告	新聞公告，『東洋学藝雑誌』

（出所）『東京日日新聞』公告記事及び菅原（2017）より作成

は何であったのか．

3.　三学部演説会の導入理由

3.1.　当時の東京大学を取り巻く政治・社会的環境

　東京大学は，明治 10 年 4 月 12 日に当時の文部省管下にあった東京開成学校及び東京医学校という 2 つの専門教育機関が合併改称し創設された．東京開成学校は徳川幕府による洋学教育機関を継承する行政組織の一部として発展した．東京医学校は，蘭方医らによる私設機関を幕府が直轄化した種痘所の系譜にあり，蘭方医と漢方医の争いの後に急速に西洋医学の専門教育機関として改編された（東京大学百年史編集委員会 1984: 3-5）．しかし，明治初期に政府管掌の高等教育機関は上の 2 校のみではなかった．工部省の工学寮，司法省の明法寮，内務省の農事修学場，開拓史の仮教場等の機関があり，相互に関連なく発足し，各諸官庁のもとで機能していた．両校は，「全国的な展望からみれば，多くの高等教育機関の中の一つ－比較的に規模は大きいもの，なおそれらの中の一つ－というにすぎなかった．（中略）教育機関としての完成度においては，なお多分に未分化で，定型化されること少ないものであった」と指摘されるように，最高学府とは言い難い組織であった（東京大学百年史編集委員会 1984: 255-6）．

　文部省における大学構想は，明治 5 年の「学制」本編における総合大学的

な「大学校」が，わずか半年後の「学制二編」では外国人教師による実学を授ける「専門学校」へと修正される（寺崎1978: 4-6）など，揺らぎがあった．加えて，明治8年段階の文部省首脳部の中には，邦語による専門教育を行う「真ノ大学校」としての「国府台大学校」構想と，「外国語学ヲ以専門科ヲ修学スル者ヲ教養スルノ一校」としての「東京大学校」構想が並存していたとされる．「国府台大学校」構想は実現しなかったものの，明治13年までは明治政府における動きは続いており，当時の東京大学はあくまで暫定的な位置づけであった（東京大学百年史編集委員会1984: 394-9）．このように当時の東京大学は，高等教育機関としての位置づけだけでなく，揺らぐ文部省の大学理念と政策という点からも，不安定な立ち位置を余儀なくされていた．

3.2. 東京開成学校内部における大学志向とその発露

(1) 強まる大学志向

そうした文部省における不安定な位置づけの一方で，東京開成学校内部では，専門学校としての発展に併行して，大学志向が早くから芽生えていた．明治5年には，司法省法学校設置によって南校生徒の半数が転進するという事態に際し，同校を「専門大学校」とする具体的な方針を早急に示してほしいことを文部省に懇願するなど[8]，南校時代から「専門大学校」化への動きが起こっていた．明治6年の開成学校への改称時には，開業式の勅語草案に「「西学」の淵叢と人材育成のモデル校」として同校を位置づける趣旨が盛り込まれ，翌年の東京開成学校への改称時には，東京を冠することは「御国内第一等ノモノニテ其名遠ク海外各国ニ聞ヘ」る同校に相応しくないとの異議申立て[9]を行うなど，早い時期から「本邦最高の水準をもつ学校」との矜持があった（東京大学百年史編集委員会1984: 343-8）．

明治8年頃から，大学への構想がより明瞭となる．『東京開成学校第二年報』では「欧米ノ大学校ニ比スルモ大異アルナキニ至ル」，つまり欧米の大学と比べても大差はないとの自負が示され（東京大学史史料研究会1993: 6），『東京大学開成学校第三年報』では「本校ハ純然タル専門大学校」としての発展を図る構想を表明している（東京大学史史料研究会1993: 40）．加えて，当時の同校は，入学試験制度及び科目の設定，外国語の英語への一本化，学科組織の編成，試験による厳密な学業評価，校則の改正といった教育体制の整備に次々と着手していた（東京大学百年史編集委員会1984: 302-15）．

さらに，「単なる専門学校たることを越えてひとつの「大学校」（ユニベル

シチー）を創設するという明治十年までの志向の到達点」（東京大学百年史編集委員会 1984: 351）とされるのが，明治 10 年 2 月加藤綜理による東京を冠した学校名変更への抗議の意見書である．その根拠として，「ユニベルシチー」の実質を具備したものであることを前提とし，「本校既ニ大学ノ地位ニ至リ」専門諸科と多くの学生を有する実績を伝えている[10]．

(2) 講義室建設とその狙い

　大学としての実質を具備するにあたっては，施設整備の充実の必要性も認識されていた．そこで重視されたのが，講義室の建設であった．元々は生徒寄宿舎のための施設を転用したために，狭い上に専門教育の実践に必要な設備を欠いており，既に明治 7 年の『東京開成学校第二年報』には，「将来学術進歩ニ付須要ノ件」に「大講堂物理学実験場化学製煉場工作場書庫博物列品場等ノ設ナキヲ以テ毎ニ教授上ニ於テ大ニ妨碍欠缺スル所アリ」（東京大学史史料研究会 1993: 18）とあり，大講堂の必要性がその筆頭に掲げられていた．「彼欧米ノ学校ヲ通見スルニ必ス在校ノ生徒全員ヲ集メテ聴講セシムルヲ得ヘキ大講堂アリ」（濱尾 1877: 5）とあるように，濱尾校長補らは，欧米の大学には必ず大講堂という施設があるとの認識を有していたからである．

　同校ではこれを講義室と称して明治 9 年 7 月に建設が決定し，8 月 13 日から造営開始，12 月 6 日に完成した（濱尾 1877: 6）．「南北長十間五尺四寸東西幅七間二尺四寸高サ二丈五尺積八十坪六合六タニ玄關積六坪六合五タ總積八十七坪三合一タニシテ聽聞者大約六百餘人ヲ容ルヘシ其經費三千餘圓ナリ」（東京大学 1877: 2-3）という，「卒業式とか，何か大きな集りのためでもあり，演説會のためでもあつた．後に比べて貧弱なものながら，千人位を収容するに足り，その頃で東京に於ける有数の會場」（三宅 1946: 39-40）として学生や学外には「演説所」や「會堂」等と呼ばれていた．

　この講義室には，学内の教職員のみならず，市民も含めた学外の人びとも参加する学問の場としての役割が期待されていた．講義室の利用趣旨は，「公ニ聴講ヲ得セシメハ互ニ意説ヲ通スルヲ得以テ偏見ヲ除キ真理ヲ究ムルニ益アリ」（濱尾 1877: 5）と述べ，学問の講究のためには公開の聴講の場が必要との認識が示された．また「「パブリックレッチユール」ノ法ヲ以テ教師一人ニシテ生徒百人ニテモ二百人ニテモ公ケニ講義ヲ聴カシメ以テ能ク学科ヲ授クルヲ得ヘキナリ」[11]（濱尾 1877: 5）として，専門教育の内容を公開で講

義する取組への意欲も示している．その証左に，明治9年6月30日濱尾から文部大輔代理文部大丞九鬼に宛てた「講義室新築ノ件」[12]では，「教授等有互ニ一般生徒ノ為メニ学術上之講義ヲ為シ又ハ生徒等有共ニ集会シテ演説」する場としたい旨が表明されていた．

　明治10年3月10日午後7時からは開室記念演説会が催され[13]，学内者に加えて，福澤諭吉及び西村茂樹がゲストとして登壇した．濱尾は冒頭挨拶の中で，「今日開室ニ於テ吾輩校員相集リテ何ヲカ爲シ何ヲカ談セン乎必ス當ニ一新奇愒フ可キノ事ナカルヘカラス是ヲ以テ校員相謀リ方今我國ノ碩學福澤諭吉西村茂樹ノ両君ヲ聘シ開室ノ演説ヲ請ヒ以テ永ク開講ノ記事ト爲ント欲ス既ニ欧米ニテモ此例ナキニ非ス」と述べ，学士に相応しい催しの形態について学内構成員で検討した結果として，英国のエジンバラ大学や米国ミシガン大学の実例に倣って演説会を企画した経緯を紹介した（濱尾1877: 1-2）．また，本会には，『東京日日新聞』及び『郵便報知新聞』といった新聞社も招かれ，盛会だった様子や加藤校長による「何人たりとも此場所を借用し度者は相談の上許可すべしとの事」といった発言が掲載された[14]．ここには，英米の大学と同様の取組をしているという，大学への自負を広く発信しようとする意向の表れとともに，大学の象徴たる施設を学外にも広く開放し，学問の発信の場にしようという想いが読み取れる．

　追って3月12日には，講義室の趣旨を果たすために，今後学術講演や演説討論会を開催したい旨の届がなされた[15]．こうして実現したのが，2節で紹介した三学部演説会であった．その運営実態には，制度上では専門学校として発展してきた同校の社会的役割が反映されていた．それは，欧米の学問を外国語で修得し，将来はそれを日本語で教授できる人材を養成することであり（天野1978: 14-5），そのためにも学生らに学問発信の方法を修得させることが必要であった．演説は「其學ヲ辯論スルニ自在ナラシムルハ演説ニ若クナキ」（濱尾1877: 3）として，その最適なツールとされた．また，三学部演説会では，日本語に加え英語による演説も実施されたが，明治8年の使用外国語の英語への一本化を受けたものであると同時に，外国人教師らによる欧米学問の直接の発信[16]という意義もあったと考えられる．

　同校の講義室は，大学の象徴として不可欠な施設であると同時に，学問を広く開放する場としての役割が期待された．そして講義室建設と連動して行われた演説は，学問を英語と日本語の双方で扱う同校ならではの社会的役割

を反映しつつ，大学と社会とをつなぐ回路として取組まれたものであった．

3.3. 大学と社会とをつなぐ回路としての演説

なぜ演説が大学と社会とをつなぐ回路として重視されたのか．その背景には，明治初期の日本社会におけるコミュニケーション構造の課題があった．江戸以来の封建社会では，「上意下達」「徒党禁止」として庶民が集い個人の意見表明をすること自体が認められていなかった（松崎 1998: 3）．さらに，思想的・政治的なコミュニケーションはすべて漢語もしくは欧米語の文字テクストで行われ，口語で公式な意思表明をすることもできなかった．それは学術上も同じであり，公式な場において口語で学問の知識を披露し討論することは想定外のこととされてきた（中嶋 2015: 2-3）．

日本における近代的な演説という概念は，福澤により明治期に紹介されたとされ，社会教育及び福澤研究の分野で検証が積み重ねられてきた．「演説とは英語にて「スピイチ」と云ひ，大勢の人を会して説を述べ，席上にて我思ふ所を人に伝つの法なり」（慶應義塾 1969b: 102）と定義されている．福澤は演説の法を持たない日本の学術界は「初めから学問のてだてを一つなくして居る姿」であるとし，演説の実践を契機とした口語での翻訳書執筆，意見表明，議論によって，学問の普及速度の向上及び議会制民主主義の実現が可能となることを説いた（慶應義塾 1969a: 56-8）そして，「方今我国民に於て最も憂ふ可きは其見識の賤しき事なり．之を導て高尚の域に進めんとするは固より今の学者の職分なれば，苟も其方便あるを知らば力を尽して之に従事せざる可らず．然るに学問の道に於て談話演説の大切なるは既に明白にして，今日これを実に行ふ者なきは何ぞや．学者の懶惰と云ふ可し．」（慶應義塾 1969b: 104）として，学者らが演説を実践すべきと主張した[17]．

福澤は，まず明治7年6月に自らの慶應義塾内に三田演説会を立ち上げ，実践を試みた（松崎編 1991: 3）．その趣旨は，「余輩爰に社友を会し互に演説弁論の伎倆を研究して旁ら見聞を開かんと決し，此趣旨を達せんが為め社友互に猜忌憤懣の情を忘れ専ら眼を道理の真面目に注がんことを希ひ，之が為め」（慶應義塾 1958: 626）と掲げられ，発会以来しばらく会員内での練習が重ねられた後，その普及のために明治8年5月1日の三田演説館開館を機に，第一・第三土曜日の演説会での市民の傍聴が許された（中嶋 2015: 18）．なお，登壇者は塾の教員が主であり[18]，当初は学術演説と政談演説の双方を行っていた[19]（慶應義塾 1960: 159）．聴講者層は，例えば開館式当日は，学

者や官員，書生に加え，職人等のいわゆる知識人以外の老若男女が 400 人以上も参加するなど（松崎編 1991: 27），市民[20]に開かれた場となっていた．

また同時期に，福澤自身も社員であった明六社においても演説を提起した．当初は，欧米経験豊かな同社社員からも「西洋流のスピーチュは西洋語に非ざれば叶はず，日本語は唯談話応対に適するのみ，公衆に向て思ふ所を述ぶ可き性質の語に非ず」（慶應義塾 1969a: 58-9）などと反対を受けながらも，明六社の会合で自ら実演してみせることによって納得を得た．そして，三田演説会に先立ち，明治 8 年 2 月からは公開の明六社演説を実現した（大久保 1976: 20-1）．明六社は「我国ノ教育ヲ進メンカ為ニ有志ノ徒会同シテ其手段ヲ商議スルニ在リ又同志集会シテ異見ヲ交換シ知ヲ広メ識ヲ明ニスルニ在リ」（大久保 1976: 44-7）を趣旨とし，演説はその「社益ヲ進ムルコトヲ謀ル」（明六社 1875: 3-4）ことの一環として導入された．明六社演説は月 2 回，社員が交互に登壇し，国民啓蒙のために必要とする題目を掲げて行われ，様々な職業や階級の人が集まり多大の評判を博した（大久保 1976: 21-2）．

福澤が，学問発信の障壁となっていた当時の日本社会のコミュニケーション構造の壁を破り，学問を社会へ発信する回路を切り拓くのに提唱したのが演説であった．その根底には，当時の高等教育の担い手等による，学問のあり方への問題意識があった．そうした先行事例を受ける形で，東京大学は学問を開放する場として建設した講義室で，演説を導入したのである．

4. 演説にみる東大・私学・文部省の 3 者関係

4.1. 演説を通じた私学との連帯

演説は福澤により私学慶應義塾から始まった取組だが，それが東京開成学校において採用された背景には，当時の高等教育界における官私を問わない連帯があった．その一つが，開室記念演説会において福澤及び西村がゲストとして招かれ，演説を行ったことに象徴される．福澤はその演説の中で次のように述べている．

「替レハ替ル世ノ時勢今日ハ學問ニ官私ヲ問ハスシテ正味ノ學問ニ眼ヲ着ルルトハ爲レリ目出度キ有様ト申ス可シ即チ本日此御招待ハ昔ノ賤劣鄙怯ナル氣風ヲ脱シタルノ證據ナレハ殊更ニ之ヲ悦フルナリ」

（濱尾 1877: 24）

私学である慶應義塾で始めた演説を，官学である東京開成学校が導入することを強く意識した上で賞賛を表している．こうした演説の導入経緯について，濱尾は次のように語っている．

> 「明治十年の頃，私は今の帝大の前身なる開成学校に在職していましたが，其開成学校で演説講堂を新築しました．當時福澤先生は慶應義塾を開いて盛に西洋文明の輸入をせられてをりましたが，単に本を讀むばかりでは駄目だ，これを筆で書き，口で述べるといふことが肝要だといふので，頻りに演説文章のことを鼓吹してをられました．そこで開成学校でも大に演説を盛にしようといふので講堂を立てたわけです．いよいよ開講式を挙げるに就て，私は福澤先生に一場の演説をお願い致しました．ところが先生も非常に喜ばれ「それは結構なことだ，よろしい．お話いたしませう」と，早速御承諾になりました．當時は官民疎隔とでも申しませうか，兎角官邊と民間との間が円滑に行かず，学校でも官学私学と区別を立てるといふような次第で，殊に先生の如きは袴を着けて官府に出入するといふようなことは大嫌ひであつたやうで，政府は政府で「学問のすすめ」など先生の著書によつて随分啓発されてをりながら，矢張り表立つて先生の意見を聴くといふようなこともなかつたのです．（以下略）」
>
> （石川 1932: 430）

　濱尾自身が福澤の演説普及の理念と実践に感化され，演説の導入及び講義室新築を進めており，その際に福澤にも相談し，演説を依頼したのであった．濱尾は明治2年9月に慶應義塾へ入塾，先進的な洋学カリキュラム及び校風を備えた同塾に学んだ．早々に転出するものの，大学南校の学寮監事時代の学生寮改革にあたっては同塾を参考にしたとされる（吉家 2000: 96-114）.

　こうした濱尾の先導を支えたのが，明六社の人的ネットワークであった．福澤及び西村はともに同社の中心的社員であった．明六社は「日本で初めての，代表的な学者集団による啓蒙的文化活動の組織体」として，学内でも加藤綜理はじめ主要な教員らが参加するなど「東京大学との人脈的関連は密接なものがあった」（東京大学百年史編集委員会 1984: 615-9）．明六社は福澤の提起による一般公開の学術演説会をいち早く実践した．濱尾のみならず，加藤はじめ学内に演説会の実践経験の共有があった．

濱尾，福澤両者の語りからはすでに官学と私学との間に一定の隔たりがあったことは明らかだが，それは文部省によって外的に形づくられた隔たりであった．早急な近代化の効率的な実現を図るために，文部省は一部の官学へのみ諸資源を集中的に投資した（天野 1986: 182-3）からである．しかし実際には，慶應義塾と東京大学は，わが国における学問の普及には課題があるという点で一致し，演説という取組によって社会と大学とをつなぐ回路を切り拓こうとしていた．

4.2. 文部省との弱い紐帯と自立的な大学像の模索

3 節でみたように，当時の文部省内では大学の理念が揺らいでおり，東京大学は自ら大学志向を表出する必要に迫られていた．東京大学自らの大学像の模索の背景には，大学設置をめぐる文部省の後ろ盾の弱さがあったのである．加えて，私学の実践を積極的に取り入れ演説の導入を学内で決定・実践することへと結実できたのもまた，文部省との関係の弱さであった．そうした関係の弱さが，東京大学にある種の自立性をもたらし，それが大学への志向や設置者を越えた連帯を可能にしたともいえるからである．演説の導入は，そうした二面性を有するものであった．

明治十年代の東京大学については，「大学の運営の模様を仔細にみて，これをこの時期に続く「帝国大学」成立後のそれに比べれば，それには法的「整備」以前の自由ともいうべきものが，存在していた」ことが指摘されている（寺崎 1979: 30）．加えて，田中文部大輔の教育や学術に関する識見は極めて自由主義的であった．彼の下の文部省首脳部では「高等教育自由論」が共有認識であり，政府から自立した自治的な大学への発展の萌芽を持つものであった（東京大学百年史編集委員会 1984: 420-2）．すなわち，明治初期の東京大学及び東京開成学校では，自治の認識までは至らないものの自立性を認められやすい環境にあった．

この文部省とのアンビバレントな関係性は，理医学講談会との異同を考えるとより明確となる．明治 17 年に始まる理医学講談会は，帝国大学化への道を着実に歩み始め，集会条例等による言論統制の厳格化の中で取組まれた．明治 13 年 4 月の集会条例では，政談演説会への官公私立大学の教員・学生の参加も禁じられ，これを受けて，学内でも緩やかながらも学生等の演説活動の規制をせざるを得ない状況となっていた[21]．また，明治 14 年の統一的管理制度の成立を皮切りに総合大学へ準備を整え，各官省の高等教育機能の

文部省移管も始まっていた（東京大学百年史編集委員会 1984: 407-8, 430-2）.
分野が理学及び医学のみに限られたのは，政談との距離の近さが危険視され，
法学及び文学分野が「排除された」（山本 2018: 88）ためであった．官学と
しての性格を強めるなかで，大学の動向にも政府の意向が強く反映されるよ
うになりつつあったのである．

　欧米大学の実例に倣った市民への学問の啓蒙という，一見高等教育機関らし
しい趣旨を掲げた理医学講談会が，より官学らしさを獲得していく東京大学
の社会に対する姿勢を体現したものだったとすると，三学部演説会は，大学
人自らが大学像を模索する中で必要と位置づけた取組であった．

5.　おわりに

　東京大学は，理医学講談会以前の明治 10 年 3 月より「東京大学法理文三
学部演説会」とも呼ぶべき組織的な学術演説会を実施していた．教員及び学
生，学外者による法学・理学・文学にかかる邦語演説及び英語演説が毎月定
期的に催された．開催にあたっては，新聞公告欄にも予告記事を投稿し，市
民にも無償で広く聴講を募った．当時の東京開成学校は，文部省における大
学政策の揺らぎに対し，自らを最高学府として自認し強い大学志向を有して
いた．演説会は，欧米の大講堂に倣って建設され，大学を象徴する施設であ
ると同時に，学外へも学問を広く開放する場として期待された講義室の建設
と連動することで，その大学像を具現化し，かつ社会と大学とをつなぐ回路
として取組まれた．演説は，当時の社会にとって新しい学問発信のツールと
して，まさに大学と社会との間の壁を打破るものだったからである．

　それでは，これを理医学講談会の前史と位置づけることができるだろうか．
三学部演説会は，自らの大学志向を実現するために選択された手段であり運
動とでもいうべきものだった．そうした目的に着目すれば，理医学講談会が
掲げた市民啓蒙を完全には共有しておらず，前史と位置づけることは難しい．
しかし，演説会の運営形態をみれば，市民の聴講を募る工夫が数多く盛り込
まれていた点で，理医学講談会との共通点は少なくなく，学問を通じて市民
と大学とを繋ぐ組織的な取組としては，一定の連続性を持つ．このように大
学開放とは，取組のある一面だけに着目するのではなく重層的に理解する必
要がある．

　加えて，大学の置かれた社会的文脈を踏まえて大学開放を位置づけること

で，理医学講談会との異同とその力学も析出できた．相対的にみれば，理医学講談会が文部省の意向を汲んだ大学像を体現する取組だったのに対し，三学部演説会は文部省との間に一定の距離があることで，自ら大学像を模索せざるを得ず，かつ私学とは連帯があったという点で，そこにある種の自立した大学の姿も見出し得る取組であった．量的には少なかったものの，理学に加えて法学と文学という人文社会系の学問の参加は，その象徴とも言い得る．

本稿の第一の意義は，史料上の制約から明らかでなかった三学部演説会の実態を解明した点にあるが，大学開放の嚆矢とされてきた理医学講談会もまた，当時の東京大学の社会的布置を否応なく反映したものであることを再確認した意義もまた大きい．

今後の課題として，すでに大学開放との関連性も指摘される昌平坂学問所における日講をはじめ，前後の取組との連関性の検証がまず挙げられる．また，今回三学部演説会の源泉となった三田演説会や明六社演説は，従来の大学開放の文脈では十分位置づけられてこなかった．慶應義塾や早稲田大学といった私学における取組の大学開放史上の布置及び意義の検証が求められる．これらにより，日本の大学草創期における大学開放の横の展開，さらに大学と社会との関わりについての新たな示唆を得ることができるものと考える．

◇注

1）本稿では「市民」という表現を用いることとする．当時の東京大学及び前身校による文書では「公衆」という言葉が使用されていた．

2）田中においても，理医学講談会の存在は認識していたものの，史料の制約により実証できなかったことを課題として挙げている．

3）磯野 1988: 47-8．なお，『東京日日新聞』では雑報に掲載．

4）『東京日日新聞』と『郵便報知新聞』はいずれもいわゆる大新聞としてインテリ層が読者の中心であった．明治12年からは『讀賣新聞』にも公告記事を掲載したが，これは小新聞と呼ばれ，より大衆向けとされた（西田 1963）．

5）明治10年代初期の同学教員の職制は，教授，助教（後の助教授と同等とみなす），員外教授の3つが定められ，加えて学内運営上は講師や准助教授等の教師職階が用いられていた（東京大学百年史編集委員会 1984: 428-30）．

6）明治14年創設の東京物理講習所は，東京大学から実験機器等を借りて夜間

講義を行うなど，同学出身者等による市民向けの事業として注目に値する.

7)『東京日日新聞』明治 11 年 5 月 30 日，明治 12 年 2 月 19 日 4 頁公告欄.

8)「文部省往復」明治五年甲を参照.

9) 開成学校が固有名詞であれば「東京」という地名を冠する必要はないという，同学を国内唯一の最高学府とする矜持の表れであった.

10)「文部省往復」明治十年甲. 同意見書では，やむなく東京を冠した学校名を称してきたが，同校の発展に応じて「開成大学校」と改称したいという主旨があった（東京大学百年史編集委員会 1984: 412-3）.

11) なお，「パブリックレッチュール」とあるが，これをもって公開講座を意図したと断定できるかは，史料の制約から今後の課題である.

12)「文部省往復」明治九年甲を参照.

13)「文部省往復」明治十年甲. 加藤綜理から文部大輔田中宛の「講義室ニ於テ演説ノ件」のうち，明治 10 年 2 月 28 日に開催の届を発出している.

14)『東京日日新聞』明治 10 年 3 月 10 日 2 頁，『郵便報知新聞』明治 10 年 3 月 12 日 2 頁.

15)「文部省往復」明治十年甲「講義室ニ於テ演説ノ件」うち 3 月 12 日届.

16) 例えば，モースによる進化論演説への社会的反響と意義に象徴される.

17) 演説の導入は同時に「欧米語で直接的に欧米思想にふれることができた洋学者たちの知的リテラシーの面における優位」を崩壊させるものでもあった（中嶋 2015: 14）ことを指摘しておく必要があるだろう.

18) 明治 23 年 10 月改組により，学生の演説も許す方針へと改正された.

19) 明治 14 年政変以降は言論統制が厳しくなり，当局の監視も厳重になってきたことを反映し，明治 23 年には学術演説のみとし政談演説を禁止した.

20) なお，福澤の「市民」観は，「中流階級」を学問発信の対象とし，「下流一般多数の人民」はその対象とされなかったとされている（松田 1999: 4）.

21) 明治 14 年 1 月「生徒演説討論集会之心得」では綜理認可のもと学生の演説討論の結社活動は許可されたが，明治 17 年には演説者及び題目の事前提出を必須とした. この間の明治 15 年 4 月には同学学生らによる演説会告知記事に対する文部省達が出されるなど，「政談」に対する締め付けが明治十年代後半以降厳しくなっていた（東京大学百年史編集委員会 1984: 476-7）.

◇引用文献

天野郁夫，1978，『旧制専門学校』日本経済新聞社.

天野郁夫，1986，『高等教育の日本的構造』玉川大学出版部.

出相泰裕，2014，『大学開放論』大学教育出版.

濱尾新，1877，『開成學校講義室發會演説』東京開成学校.

石川幹明，1932，『福澤諭吉傳（第 2 巻）』岩波書店.

磯野直秀，1988，「日本におけるモースの足跡」守屋毅編『モースと日本：共同研究』小学館，29–105.

慶應義塾，1958，『慶應義塾百年史（上巻)』慶應義塾.

慶應義塾，1960，『慶應義塾百年史（中巻（前))』慶應義塾.

慶應義塾，1969a，『福沢諭吉全集（第 1 巻)』岩波書店.

慶應義塾，1969b，『福沢諭吉全集（第 3 巻)』岩波書店.

国立教育研究所編，1974，『日本近代教育百年史（第 7 巻)』文唱堂.

松田武雄，1999，「明治期における社会教育・通俗教育概念の検討」『九州大学大学院教育学研究紀要』2: 1–18.

松崎欣一，1998，『三田演説会と慶應義塾系演説会』慶應義塾大学出版会.

松崎欣一編，1991，『三田演説会資料』慶應義塾福澤研究センター.

明六社，1875，『明六雑誌（第 30 号)』報知社.

『文部省往復』東京大学文書館.

三宅雪嶺，1946，『大学今昔譚』我観社.

中嶋久人，2015，「三田演説館開館の歴史的意義」『近代日本研究』32: 1–30.

西田長寿，1963，『明治時代の新聞と雑誌』至文堂.

大久保利謙，1976，『明六社考』立体社.

菅原慶子，2017，「日本の大学草創期における University Extension の展開に関する考察」『大学経営政策研究』7: 51–67.

田中征男，1978，『大学拡張運動の歴史的研究―明治・大正期の「開かれた大学」の思想と実践』野間教育研究所.

寺崎昌男，1978，「東京大学創立前後」『東京大学史紀要』1: 3–16.

寺崎昌男，1979，『日本における大学自治制度の成立』評論社.

東京大学，1877，『東京大学法理文三学部年報（第 5 年報)』.

東京大学百年史編集委員会，1984，『東京大学百年史通史一』東京大学出版会.

東京大学百年史編集委員会，1985，『東京大学百年史通史二』東京大学出版会.

東京大学史史料研究会，1993，『東京大学年報（第一巻)』東京大学出版会.

『東京日日新聞』明治 10 年 3 月 10 日〜12 年 4 月 26 日.

東洋學藝社，1884，『東洋学芸雑誌』32.

山本珠美，2018，「再論：大学公開講座の源流」『香川大学生涯学習教育研究センター研究報告』23: 83–110.

『讀賣新聞』明治 12 年 1 月 24 日〜4 月 26 日.

吉家定夫，2000，「豊岡藩と慶應義塾」『近代日本研究』17: 69–137.

『郵便報知新聞』明治 10 年 3 月 12 日〜12 年 4 月 26 日.

ABSTRACT

A Study of Academic Speeches and Diffusion of Knowledge to Citizens at the Earliest Stage of the University of Tokyo

SUGAWARA, Keiko
The University of Tokyo

The objective of this paper is to study the realization of the diffusion of knowledge to citizens in the early years of the University of Tokyo, focusing on the practice of the academic speech.

In previous studies, the Ri-igaku koudankai- Science and Medical Discussion Forum, held at the University of Tokyo since 1887, has been regarded as marking the beginning of the university extension system in Japan. However, the actual situation of activities before that date has not been clarified due to restrictions imposed on historical materials.

Primary information sources underlying the details of speech practices at the start of the university system were speeches given by the staff of Tokyo Kaisei Gakko and the Faculties of Law and Science of the University of Tokyo. An analysis of these sources revealed the reality of the speeches, the reason for their introduction, and the social configuration of the university.

The results of my analysis are as follows. The University of Tokyo had organized academic speeches from March 1877 in the form of Japanese language and English speeches on law, science and literature. The speeches were given by teachers, students, and the general populace, and were held regularly on a monthly basis. On the occasion of a speech, a preview notice was also posted to in the columns of the local newspaper, and citizens were widely invited to participate. Speech meetings were seen as a means of realizing a concrete image of the university by linking them with the construction of lecture rooms and connecting the university and the broader society.

日本人学生のアジア留学経験による
アジア・シティズンシップ育成に関する考察

眞谷　国光

　本稿は，近年活発化しているアジア留学が，日本人学生のアジア・シティ
ズンシップの育成に，どのように影響を与えるのかを明らかにするもので
ある．まず，アジア留学の活発化の現状とその要因について論じ，次に，
地域内留学の先駆である欧州域内のエラスムス計画による留学，およびア
ジア域内留学による地域アイデンティティ形成に関する先行研究を概観し
た．先行研究においては，地域アイデンティティの定義が必ずしも明確と
はいえず，その結果も一定ではなかった．そこで本研究では，アジア・シティ
ズンシップの概念を検討し，より包括的な定義に基づき実証的に分析を行っ
た．その結果，アジア留学が，アジアの政治・経済・歴史・文化に関する
知識や関心を高め，また，アジアの人々との交流意欲やアジアへの貢献心
を高めたことが明らかになった．

1. 問題意識と仮説

　グローバル化の進展が急速に進む社会で活躍できる人材の育成は，世界の
多くの高等教育機関の喫緊の課題の1つと位置付けられている．日本におい
ては，特に，今後一層の発展が期待されるアジア地域との関係性がますます
高まることが予想され，アジア地域で活躍できる人材の育成が求められてい
る．しかしながら，2004年のアジア・バロメーターの調査[1]を分析した猪口
他編（2007）によれば，日本人のアジアに対する意識は非常に弱いことが報
告されている．調査は，「あなたは，自分が国境を越えた集団に属している

早稲田大学

と思いますか」という問いに対する答えの選択肢として「アジア人」「他の国境を越えた集団」「自分は特に国境を越えた集団に属しているとは思わない」「わからない」の4つを設定し実施された（質問と回答は筆者訳）．その結果によると，日本人で「アジア人」を回答した割合は26.9％であり日本は調査対象国のなかで最も低かったことが分かった．一方，カンボジアでは99.3％という結果であり，その差は顕著である．アジア地域では，前提として言語・文化・宗教などの多様性，さらには政治体制が大きく異なっており，各国の社会的基盤の相違が大きい．また，アジア地域が今後一丸となって発展していくためには，この地域に根差した歴史的な軋轢を解消するための相互理解が必要である．そのようなアジア地域の将来的発展を見据えれば，アジア地域の人々の共通の課題意識や，共通の理解，共通のビジョンを持つことが重要であるのは自然と理解される．

　それでは，そのようなアジアに対する意識はどのように醸成されうるのだろうか．そのための方法の1つとして，アジア域内の留学が考えられる．後に詳述するが，日本学生支援機構の近年10年間の統計によれば，日本人学生のアジア地域への留学は，比較的短期の留学を中心として増加の一途をたどっていることが分かる．近年のそのようなアジア域内留学の活発化を受け，その動向に関する研究がしばしば行われるようになった．しかしながら，アジア留学研究の多くはアジア域内留学の近年の状況を概観することのみに留まっており，参加した学生の意識等の内面的な変化を分析したものはほぼみられない．海外留学が，個人の知識やスキルなどの認知的能力を育成することはTeichler and Maiworm（1997）等の数多くの研究により示されているが，同時に，非認知的な社会に対する意識や姿勢にも影響を与えられる可能性がある．そこで，そのようなアジアに対する意識を本研究ではアジア・シティズンシップとして後に定義し，それがアジア域内留学により育成されるのかを明らかにする．

　本研究では，次の仮説を立てた．①日本人学生のアジア留学は，アジア・シティズンシップの意識を育成する．②日本人学生のアジア以外の国・地域への留学は，アジア・シティズンシップの意識を育成しない．①は本研究の主たる仮説であり，3節で地域内留学による地域アイデンティティの形成に関する先行研究を整理し，そして4節でアジア・シティズンシップという概念の定義を明確にしたうえで，分析を行う．しかし①の分析だけでは，その

育成効果は「アジアの」留学の効果かどうかは不明である．その意識を高めるのは，行き先にかかわらず留学そのものの効果かもしれない．そのように，アジア・シティズンシップの育成効果は留学の行き先国により影響を受けるのかを比較して検証するため②の仮説を設定する．これらを，オンライン調査によるデータを用いて，実証分析を行い明らかにする．

2. 地域内留学の理論と日本人学生のアジア域内留学の活発化

（1）地域内留学の理論

現代における高等教育の国際的な留学については，アルトバック（1994）の従属論・新植民地主義の観点から考察した国際的な高等教育システムにおける中心・周辺論では説明できない状況が確認され始めている．すなわち，欧米等の先進諸国を「中心」として，アジアやアフリカ等の途上国を「周辺」として世界の従属構造が保たれているという理論は，アジア地域では地域内留学が活発化している傾向が確認されることなどから，もはや過去のものとなりつつあるといえる．いわゆる，途上国から先進国へ最先端の知識や技術を学びに留学し母国に還元するという，旧来のエリート型の「垂直的な留学」（Breaden 2018）だけではなく，異文化理解や自己の能力研鑽，キャリア形成等の多様な目的により所属する地域内に留学する大衆型の「水平的な留学」（Breaden 2018）が活発化していると言い換えることもできる．「水平な」地域内留学の先駆は，欧州地域の EU を母体としたエラスムス計画である．エラスムス計画は 1987 年に開始されて以来，大規模な学生および教職員の地域内留学を促進するとともに，単位互換や奨学金などの支援策を継続してきた．今後も規模を拡大し継続して地域内留学活発化を図っている．一方，アジア地域では，馬越が，先進的なアジアの大学のいくつかは，これまでの一方的な欧米の大学への従属関係を脱し，自立への道を歩み始めていると指摘した（馬越 2006）が，さらに近年の多くのアジア各国の高等教育の状況は，もはや周辺とは呼べないほどの躍進をみせている．アジア地域は「周辺」から脱して全体的にその質を向上させ，その結果アジア域内の多くの国々の高等教育の質の水準が互いに比肩できるようになり，相互の留学が活発化している状況がみられる．

（2）日本人学生のアジア域内留学の活発化

文部科学省の統計「日本人の海外留学状況」によると，OECD 統計等の

表1　日本人学生の地域別・期間別海外留学統計

年度	1か月未満		1か月以上 3か月未満		3か月以上 6か月未満		6か月以上 1年未満		合計	
	2007	2016	2007	2016	2007	2016	2007	2016	2007	2016
アジア	3,347	16,338	399	905	609	2,211	1,282	2,048	5,637	21,502
中東	23	28	1	27	0	5	10	10	34	70
アフリカ	32	97	6	15	2	13	17	18	57	143
大洋州	1,433	4,145	1,243	1,671	355	1,124	480	885	3,511	7,825
北米	3,407	8,952	1,277	1,818	1,499	3,760	2,297	3,857	8,480	18,387
中南米	22	277	48	134	24	31	85	122	179	564
ヨーロッパ	2,478	5,789	875	1,201	481	1,291	1,567	2,800	5,401	11,081
合計	10,742	35,626	3,849	5,771	2,970	8,435	5,738	9,740	23,299	59,572

（出典）日本学生支援機構ウェブサイト「協定等に基づく日本人学生留学状況調査 地域別・留学期間別日本人留学生数」より筆者作成

　データが示す通り，主として学位取得型の長期留学は，2004年をピークに，それ以降は概ね減少傾向にある．しかしながら，近年は学位取得を目的としない1年未満の比較的短期の留学が非常に活発化してきている．その日本人学生の比較的短期の留学の傾向は，独立行政法人日本学生支援機構の「協定等に基づく日本人学生留学状況調査」に各年記録されている．2016年度と，その10年前の比較統計の状況は表1の通りである．表1によると，2016年度の合計値において，アジアが北米を抜いて日本人学生が最も多く行く留学先になったことが分かる．特に1か月未満のカテゴリーにおいて，10年前の状況と比較して，日本人学生のアジア留学が著しく増加し，実に5倍近くの人数になっている．これらの統計により，主に1か月未満の短期の留学がアジア地域で活発化し，アジア地域の相対的プレゼンスが向上してきたことが理解される．一方で，1か月以上1年未満のより長期の留学においては，なお欧米諸国への留学者が多いといえる．このことは，長期の英語プログラムの需要，先進的な学問の追求，住みやすい生活環境等の背景が考えられる．しかし，アジア地域においても，1か月以上1年未満のより長期留学は，10年前との比較により，その伸びが他地域よりも加速してきていることが分かる．このように，概して，この10年で日本人のアジア留学が非常に活発化している事実が確認できる．

（3）アジア域内留学活発化の背景とさらなるアジア域内連携

　それではなぜ，日本人学生のアジア留学は，このように増加しているのか．

主たる要因として，アジアの経済発展と地域内の連携の深化を指摘できる．アジアの経済発展，将来性の認知に関しては，文部科学省（2010）「東アジア地域を見据えたグローバル人材育成の考え方」に明示されている通り，日本にとって経済的側面からアジアの重要性がますます高まっている．すなわち，「我が国の貿易総額の半分がアジア諸国を対象としており，また，アジア各国の経済成長が著しくなっており，今後，とりわけ中国・韓国・ASEAN との関係において，内需・外需の分類を超えて経済の一体化が進むと予想」され，また，「どのような職業生活を送るとしても，個々人が東アジア地域で活動する，あるいは，東アジア地域で展開する企業とかかわる機会が非常に多くなると見込まれ，大学においても，アジア地域経済の一体的進展を念頭に置いた教育が必要」であると説明されている．そうした情勢を受け，学生が，アジアの経済発展の状況を踏まえ，自身のキャリアを見据えてアジア留学を選択していると考えられる．なお，アジア域内連携において共通語としての英語の役割は重要性を増しているが，アジアの高等教育における英語プログラム開発の急速な進展も，アジア留学の興隆を説明する 1 つの要因である．アジア全体に英語プログラムは拡大している（Fenton-Smith, Humphreys and Walkinshaw 2017）が，学生にとって，アジア留学により将来的なアジアにおけるキャリアへの第一歩へ踏み出すと同時に，世界全体とのコミュニケーションを促進する英語力の向上も図ることができるのは，意義が大きい．

そうした経済をはじめとした地域内連携の深化が実際に進んでいるが，その経済的な側面のさらなる連携促進のため，そして主に東アジアにおける深まる経済交流と対照的に緊張を伴う国際関係との不均衡を是正するため，あるいは EU に象徴される地域的コミュニティの形成がアジアに想起させる地域的協力を行うため，今後さらなるアジア域内の連携が求められる．そのさらなる連携促進のためには，アジアに対する興味や関心，交流や貢献したい意識を醸成することが肝要となってくる．先述のアジア・バロメーターで示されたような日本人のアジア人意識の低さは，その促進に対する課題であり，日本のさらなるアジア地域連携への貢献のためには，アジアに対する意識を高めていくことが必要となる．

日本政府は，そのようなデファクトで進むアジア域内の経済的連携を念頭に置き，アジアにおける高等教育の国際連携のさらなる強化を目的として，

アジア域内留学を促進する具体的なプロジェクトを図り展開している．2009年に，タイにおいて，ASEAN＋3（日中韓）による高等教育分野に関する会議（ASEAN＋3 Higher Education Policy Dialogue）が開催され，東アジア地域における教育政策の連携の必要性が認識された．そして，同年の日中韓サミットでは，日中韓の高等教育機関における国際教育や質保証を共通の枠組みで行うキャンパス・アジア構想が打ち出され，アジアにおける高等教育の有機的な連携が開始された．一方，東南アジアでは，東南アジア教育大臣機構（SEAMEO）によるAIMSプログラムも同様にアジアにおける共同教育を基盤としたものであり，こうした大学コンソーシアムは，従来の交換留学を基礎としながらも，短期的な双方向の留学プログラムやインターンシップ等が体系的に組み込まれ，複数の国際教育プログラムから成るパッケージ型の教育を提供している．こうした多角的なアジア留学促進策により，アジア地域の留学は，これまでの伝統的な交換留学という形態に加えて様々な内容や形態での留学の機会が創出された．

　しかしながら，アジア域内で相互理解を深めるという目的に立ち戻ると，こうした多様なプログラムに参加した学生の質的な成果検証が十分になされていないことは大きな課題であり，今後その対応が実務的にも学術的にも求められている．そのような背景を前提として，本研究はアジア留学による相互理解等の促進効果の検証に取り組むものである．

3. 地域内留学と地域アイデンティティ形成

　地域内留学の先駆者である，欧州のエラスムス計画によるヨーロピアン・アイデンティティの形成に関する先行研究は，参考になるため概観したい．欧州は，共通の政治的基盤が存在したり，歴史的にも古くは現在の複数の国家が同一の国家の統治下であったりと，アジアとは根本的に異なる前提条件が存在する．しかしながら，地域内留学により地域アイデンティティが形成される可能性があるという点では欧州とアジアは共通点があるといえ，その経験を参考にするのは有効であるとの考えから，欧州の経験を概観する．エラスムス計画は，欧州の高等教育機関の学生に，地域内の国への3〜12か月の留学を促進するものである．エラスムス計画は，文部科学省（2008）によれば，事業開始の1987年から，形態を変えつつ2013年にかけて行われ，年間約16万人の学生および2万6千人の教職員の移動を支援していた．エ

ラスムス計画の主要な目的の1つは,「EU市民という意識を育てること」であった.しかしながら,エラスムス計画による地域的アイデンティティの育成の成果がこれまで学術的に十分に分析されてきたかというと,そうではない.Sigalasによると,欧州域内留学の増加は,ヨーロピアン・アイデンティティを促進する最も良い方法の1つであるという想定は,今日広く浸透しているが,それに値する学術的な注目は決して受けていなかった(Sigalas 2010).

このように,留学と地域的アイデンティティに関する先行研究が限定的であるなか,Sigalas (2010) をはじめ,Van Mol (2013),King and Ruiz-Gelices (2003) 等はその課題に取り組んでいる主要な研究である.Sigalas (2010) は,各国の欧州域内留学者の留学前後で質問紙調査によりヨーロピアン・アイデンティティの計測を実施し,対照群の非留学者とも比較して分析を行った.ヨーロピアン・アイデンティティは欧州に対する自己意識に関するいくつかの質問の組み合わせで定義した.その結果,留学中の他のヨーロッパ人との交流の増加は,ヨーロピアン・アイデンティティを育成させたが,その効果は大きくはなかったことを明らかにした.また,Van Mol (2013) は,各国の欧州域内留学を経験した学生,留学予定の学生,留学の可能性がある学生,未経験の学生の4つのグループでヨーロピアン・アイデンティティに関する質問紙調査を実施し,それぞれのグループ間の比較を行い分析した.ヨーロピアン・アイデンティティは,欧州に対する自己認識に関するいくつかの質問の組み合わせで定義した.その結果,留学による育成効果は大きいものではなくそれぞれの国家の歴史的背景や地理的背景により変わるということを指摘した.さらに,King and Ruiz-Gelices (2003) は,サセックス大学における欧州域内留学を経験した卒業生,欧州域内留学を未経験の卒業生,留学前の学生の3つのグループでヨーロピアン・アイデンティティに関する質問紙調査を実施し,それぞれのグループ間の比較を行い分析した.ヨーロピアン・アイデンティティの概念をより幅広く捉え,EU統合に関する関心と知識,肯定的意見,ヨーロッパ人としてのアイデンティティ等,より広義の質問を設定した.その結果,留学はいずれにも正のインパクトを与えたと報告されている.これらの先行研究を総合すると,ヨーロピアン・アイデンティティの定義は,アイデンティティの意味に限定されている,あるいは欧州に関する幅広い知識や関心等より広義の意味が用いられている等一定では

なく，そして欧州域内留学によるその育成効果の解釈には様々な結論があることが示されており，一般化されうる結果は存在しないことが分かる．

一方，アジア域内留学によるアジア・アイデンティティ形成に関する研究はほとんど存在しないが，横田（2016）は，留学の効果を幅広く検証し，4,489人を対象として大規模な留学後の調査を行った．「アジア人としての意識が高まった」という調査項目に関して，つよくそう思う20.4％，そう思う42.1％，あまりそう思わない30.5％，全くそう思わない7.0％という結果となり，ポジティブな回答を行っている割合は62.5％であり，アジア・アイデンティティの育成について一定の効果を示した．この研究は，留学後のみの計測であること，また設問もこの1つのみであり限定されていること等の課題もある．本研究は，この研究を補足する位置付けにあり，アジアに関する意識形成をアジア・アイデンティティの意味を含めより広義にアジア・シティズンシップとして定義し，アジア域内留学によるその育成効果を検証する．なお，分析手法としては，留学の前後両方で測定してより客観的な調査を行う．

4. シティズンシップの概念に関する先行研究と本研究の視点

そもそもの「シティズンシップ」の概念については非常に多くの研究がなされているが，多面性や曖昧さ，文脈依存性を内包し，一義的に説明を行うことが難しい．多くの定義の方法があるが，佐々木（2010）は，その大枠を端的に表現し，「シティズンシップ」の概念が，「そもそも国籍のような帰属問題や権利付与の問題に加え，アイデンティティや市民性，市民的資質などの市民共和主義的伝統に発する問題も含んだ概念である」と説明している．このように，シティズンシップは多義語ながら，①狭義には，ある政治的共同体への帰属，およびそのことに関連する法的な諸権利や義務の概念，また，②広義には，アイデンティティ，ある社会的なコミュニティの政治経済，歴史・文化を理解しその人々と交流をしたいという意欲，またそのコミュニティに関わり積極的に貢献をしたいという意志などの概念の2つに大別されることは多くの研究で共通している．

この西洋発祥の概念であるシティズンシップを，アジアの文脈で解釈することができるのだろうか．アジア的シティズンシップを検討したものに，宮薗（2008）が挙げられ，東アジアという括りではあるが次のように指摘して

いる.

> 東アジア的シティズンシップ育成の可能性はあるのだろうか．EU の
> ような国境・国家を超えた領域を前提に，共通のアイデンティティとシ
> ティズンシップ（市民権／市民性・市民的資質）を，今現在の東アジア
> に描くことはできないし現実的ではない．国境の垣根が今消滅すること
> は考えられないし，時にナショナル・アイデンティティを強化する動き
> もみられるなかで，歴史認識をめぐる対立が生じることもある．（宮薗
> 2008: 103-4）

　他にも，この概念に関するいくつかの研究があるが，共通して指摘される
ように，アジアの文脈において「シティズンシップ」という言葉を使用する
ことは，政治的，歴史的，文化的，言語的な基盤が全く異なるため，現実的
であるとは言い難いという結論をしているものがいくつか存在する．
　しかしながら，これらの研究においては「シティズンシップ」を上述の佐々
木（2010）が示す定義の前者の方のみで解釈していることを指摘できる．留
学の効果という意味で検討した場合，育成するべきはむしろ後者の広義の意
味においての意識である．
　「アジア・シティズンシップ」という表現を使用している先行研究はごく
限られているが，Lee（2004）は，実際にこの表現を用いており，シティズ
ンシップの概念は，西洋では政治的なものに起源を持つのに対して，東洋で
はそうではなく，個人の自己実現により重きが置かれているという．そして，
アジア・シティズンシップは，国際的な相互理解，平和，調和の意識であり，
配慮のある協力的な社会を促進するものであるということを強調している．
また，黒田（2007）は，地域の共通の意識形成について，次のように述べて
いる．

> アジアの地域統合のための国際教育交流，「アジア版 ERASMUS 計画」
> を具現化するためには，国際教育交流を，①東アジアの信頼醸成・アジ
> ア市民意識を喚起し，②かつアジアの人的資源の対外的競争力を強化さ
> せ，③さらには現在成長しつつあるリージョナルな高等教育の国際市場
> を整備・健全化するという，三つの異なった目的・方向性をバランスさ

せながら，発展させていかなくてはならない…（黒田 2007: 242）

　このアジア市民意識は，信頼醸成，相互理解，協力等の意味を持つと解釈されるが，それはアジア・シティズンシップと趣旨を同じくする概念であるといえ，留学によるリージョナルなシティズンシップの育成の可能性を示唆しているといえる．
　さらに，シティズンシップを広義の意味において使用している例として，既にグローバル・シティズンシップの概念が諸研究において多く用いられていることも指摘できる．これは，明らかに政治的共同体を前提とした概念ではない．グローバル・シティズンシップは，北村（2015）が端的に以下の通りまとめている．

　　　現在の国際社会には政治や経済あるいは技術的な介入のみでは解決困難な問題が多く存在し，グローバル・シティズンシップ教育が促進する共通の価値観などを国際社会のなかで分かち合うことによって持続可能な開発を実現できる．そこで，政治，経済，社会文化などの諸領域における国際問題に関する相互理解を深め，解決策を導き出し，さらには紛争を事前に予防するには，平和教育，人権教育，そして公平性や多様性を受け入れる「グローバル・シティズンシップ教育」の役割が非常に重要となる．（北村 2015: 10）

　また，北村（2015）は，グローバル・シティズンシップ教育には，それを通して一人ひとりが社会に積極的に参画して，社会の一員としての意識を向上させ，さらに自らの能力や経験を社会に還元する役割に備えることが期待されている，と説明し，社会の一員としての意識，役割の重要性を指摘している．
　アジア・シティズンシップは，こうしたグローバル・シティズンシップをリージョナルな範囲で捉え直した概念であるという解釈もできる．
　本研究では，上述の議論を踏まえ，アジア・シティズンシップという概念を用いる．これは，政治的・法的な意味を持たない，アジア域内での相互協力精神，帰属意識（アイデンティティ）や相互理解，共通の価値観等を指す概念である．この概念に基づき，アジア域内留学がその意識に与える影響に

ついて分析し考察する.

5. 日本人学生の海外留学に関する調査・分析と考察

（1）調査の概要

　上述のアジア・シティズンシップの概念に基づき，日本人のアジア域内留学がどのようにその要素に対してインパクトを持つのかを，実証的に明らかにする．本研究の課題の計量的な分析を行うため，オンラインの調査を実施した．この調査は，毎年多くの学生を海外に送り出す私立大学1校（2017年度卒業生に占める留学経験者の割合は約22%）の日本人学生を対象にして，アジア地域への留学が，アジア・シティズンシップの育成にどのようなインパクトを持つかを明らかにすることを主な目的として実施した．対象者は，介入群である留学を経験する学生（①アジア地域への留学者および②アジア地域以外への留学者），③対照群である留学を経験しない学生に対して実施し，共通して留学前と留学後（非留学者は同様の時期に2回）の両方のタイミングで同じ調査を実施した．対照群は，介入群と極力同様の構成になるよう，学部・学年で層化したうえでランダムに対象者を抽出し，また留学期間の構成も調整し調査を行った．対照群の学生は，所属学部や学年の条件により，今後留学に行く可能性が低い集団であると想定される．調査の基本的な概要は，表2の通りである．なお，カテゴリー毎に分析を行っているが，それぞれのサンプル数は限られている．しかし，最も近い先行研究である横田（2016）と比較すると，横田（2016）はサンプル数が非常に多く多様性はあるものの，逆に本調査は全て1校の学生で均一性の高いデータであり，学力や回答時点の年齢の同質性があり，その環境のもとで介入群と対照群で比較しているため，個人の背景にかかわらない純粋な留学効果を抽出しやすいともいえる．

　上述のLee（2004）の「国際的な相互理解，平和，調和の意識であり，配慮のある協力的な社会を促進」や，北村（2015）の「政治，経済，社会文化などの諸領域における国際問題に関する相互理解を深め，解決策を導き出し，さらには紛争を事前に予防するには，平和教育，人権教育，そして公平性や多様性を受け入れる」「社会の一員としての意識を向上」という意味に沿い，本研究の質問として表3に1から8まで記載している通りの項目を設定した．これらが，総じてアジア・シティズンシップを表現しており，また8項目目

表2 調査の概要

種別	介入群		対照群
区分	アジア地域への留学者	アジア地域以外への留学者	非留学者
調査時期	2017 年 8 月から 2018 年 9 月 （2017 年夏季短期，2017 年夏秋開始中期・長期，2018 年春季短期，2018 年夏季短期　それぞれの留学前・留学後）	同左	介入群と同時期に期間設定
回答者数	109 人	488 人	112 人
性別	男 46 人，女 63 人	男 190 人，女 298 人	男 50 人，女 62 人
対象者数	1,823 人（回収率 32.7%）		4,608 人（回収率 2.4%）
国籍	全員日本国籍	同左	同左
学部・研究科	学部 106 人，院 3 人	学部 479 人，院 9 人	学部 112 人
学部・研究科詳細	社会科学系（学部）67 人，人文科学系（学部）33 人，自然科学系（学部）6 人，社会科学系（院）1 人，自然科学系（院）2 人	社会科学系（学部）323 人，人文科学系（学部）111 人，自然科学系（学部）45 人，社会科学系（院）3 人，人文科学系（院）2 人，自然科学系（院）4 人	社会科学系（学部）62 人，人文科学系（学部）36 人，自然科学系（学部）14 人
留学時学年	学部：1 年 43 人，2 年 39 人，3 年 21 人，4 年 3 人，院：1 年 2 人，2 年 1 人	学部：1 年 65 人，2 年 315 人，3 年 92 人，4 年 6 人，5 年 1 人，院：1 年 4 人，2 年 5 人	学部：1 年 39 人，2 年 51 人，3 年 20 人，4 年 2 人
留学国	香港 29 人，シンガポール 25 人，中国 16 人，台湾 11 人，ベトナム 12 人，フィリピン 8 人，韓国 8 人，	アメリカ 150 人，カナダ 89 人，イギリス 65 人，オーストラリア 33 人，フランス 23 人，ドイツ 20 人，スペイン 16 人，ニュージーランド 15 人，マルタ 13 人，イタリア 13 人，スウェーデン 11 人，オーストリア 10 人，アイルランド 8 人，ノルウェー 6 人，デンマーク 4 人，他 12 人	―
留学期間（注）	1 年 22 人，半年 2 人，2 か月未満 85 人	1 年 210 人，半年 10 人，2 か月未満 268 人	1 年 15 人，半年 1 人，2 か月未満 96 人

（出典）筆者作成

（注）非留学者については，留学者の対比となるよう期間設定をしており，1 回目調査と 2 回目調査の間の期間の長さを指す．

はアイデンティティに関する質問である．

　また，選択肢は，より微妙な相違を計測するため，比較的選択肢の多い 7 件法で次の通り設定した．「1, 全くそう思わない，2, おおよそそう思わない，

3, 少しそう思わない，4, どちらでもない，5, 少しそう思う，6, おおよそそう思う，7, 強くそう思う」である．

（2）留学によるアジア・シティズンシップ育成の分析と考察

　表3は，定義したアジア・シティズンシップの概念を用いて，調査を行った結果である．質問紙で設定した8つの質問を，アジア留学者，アジア以外留学者，非留学者それぞれの留学前・留学後（非留学者は同様の時期に2回）に合計2回，回答してもらった．留学プログラムは多岐にわたり，期間も短期の2か月未満から長期の1年まで様々であるが，それぞれの留学プログラムの前後に調査を適宜行い，サンプル数の限界もあったため，カテゴリー毎に全てのプログラムを合わせたサンプルを用いて，分析を行った．対照群の非留学者は，それぞれのプログラムの実施時期に都度抽出して実施し，極力同様の条件で比較可能な状況を作るように設計した．

　分析は，主に2つの側面から行った．すなわち，それぞれの留学前・留学後（非留学者は同様の時期に2回）で回答した状況により，意識の変化はみられるのか，また，アジア留学者と非留学者の留学前の状況はどのように異なるのか，という2つの側面である．

　この分析の結果，主に以下のことが明らかになった．

　アジア留学者は，アジア・シティズンシップに関するほぼ全ての要素（質問1-7）で，留学前後で有意差が確認できた．すなわち，アジアの政治，経済，歴史，文化に関する興味関心そして知識を，留学を通じて高めることができたことが分かった．また，アジアの人々と交流したいという意欲，そしてアジア地域に関係するキャリアを積み貢献したいという意識についても高まったことが分かった．特に，質問6の項目に関しては，留学前もそうだが留学後に最も高い値を示しており，アジア域内留学を経験した学生はアジア人との交流に非常に積極的になっていることが理解される．これらのことは，同様の条件で構成した対照群について，同じ計測方法で特に変化が確認されないことからもアジア留学の効果として理解できる．先述のヨーロピアン・アイデンティティに関する King and Ruiz-Gelices（2003）の研究では，EU に対する知識，関心，肯定的意見というような広義の意味で捉えており，こうした広義の意味では正のインパクトがあった．本研究の結果は，この研究結果と同様であるといえ，地域内留学により幅広い意味のシティズンシップが育成されることをいずれも明らかにしている．

表3　アジア・シティズンシップ育成効果の分析

質問項目	アジア留学者			アジア以外留学者			非留学者		
	留学前平均値	留学後平均値	p(a)	留学前平均値	留学後平均値	p(a)	留学前同時期平均値	留学後同時期平均値	p(a)
1.　アジア地域の平和構築に向けての課題を知っている	3.88 (1.74)	4.27 (1.82)	**	3.45 (1.79)	3.77 (1.73)	***	3.18 (1.64) p(b)**	3.34 (1.73)	ns
2.　アジア地域の経済発展に向けての課題を知っている	3.94 (1.70)	4.44 (1.83)	**	3.47 (1.72)	3.76 (1.71)	***	3.25 (1.60) p(b)**	3.28 (1.68)	ns
3.　アジア地域の歴史問題を知っている	4.35 (1.70)	4.62 (1.74)	*	4.16 (1.73)	4.36 (1.70)	**	3.89 (1.72) p(b)*	3.87 (1.73)	ns
4.　アジア地域の文化に興味がある	5.42 (1.47)	5.72 (1.44)	**	4.66 (1.73)	5.03 (1.68)	***	4.50 (1.83) p(b)***	4.31 (1.81)	ns
5.　アジア地域に関連するキャリアを積みたい	4.64 (1.69)	5.06 (1.63)	**	3.60 (1.69)	3.87 (1.73)	***	3.29 (1.79) p(b)***	3.35 (1.78)	ns
6.　アジア地域の国や人々をもっと良く理解したい	5.66 (1.37)	5.98 (1.26)	**	5.13 (1.55)	5.42 (1.49)	***	4.63 (1.82) p(b)***	4.71 (1.75)	ns
7.　アジア地域の発展に貢献したい	5.24 (1.56)	5.55 (1.51)	**	4.45 (1.72)	4.81 (1.63)	***	4.09 (1.66) p(b)***	4.21 (1.68)	ns
8.　自分はアジア人である（＝母国人としての意識に加えて，アジア地域に所属しているアジア人としての意識がある）	5.55 (1.61)	5.83 (1.54)	ns	5.95 (1.45)	5.98 (1.40)	ns	4.26 (2.01) p(b)***	4.57 (1.94)	ns

(出典) 筆者作成

(注)　(a) は，前後の平均値の差の検定である．また (b) は，質問毎の2つの太枠それぞれの平均値の差の検定である．
　　　 *p<.05, **p<.01, ***p<.001.　（　）内は標準偏差．

　一方で，「8.　自分はアジア人である（＝母国人としての意識に加えて，アジア地域に所属しているアジア人としての意識がある）」という要素に関しては，表3に記載の通り有意差があるとまではいえないが，検定の水準をより緩やかに設定すれば有意傾向がある（p＝0.057）と判断できる程度であった．一方で，先述した横田（2016）の研究では，アジア域内留学によるアジアのアイデンティティに関する効果は，一定程度は確認されている．分析の方法が異なるため，単純に比較できないが，両方の結果ともに，大きなイン

パクトではないが一定の効果はみられると解釈することができる．質問 1-7 は社会に対する意識であるのに対して，質問 8 はアイデンティティに関するものであり，自己意識の質問である．留学は全く異なる社会での生活であり，社会に対する意識は変容しやすく，自己意識は環境により大きく左右されるものではないのではないかと考えられる．

　なお，アジア留学者は，もともと留学前，アジア以外留学者・非留学者と比べてアジア・シティズンシップが全体的に高い傾向があった．このことは，留学前の日本での個人的経験やアジアに関する学習量の差異が影響していると解釈される．このもともとのアジアに対する志向性や意識が高いことが，留学のアジア・シティズンシップ育成効果にどのような影響を与えているか確認するため，留学前のアジア・シティズンシップの高さと，アジア留学によるアジア・シティズンシップの変化量との相関分析を行った．指標としては，単純化するため，各要素を単純合計したスコア（最大値 56）の平均値を 8 で割った値を使用した．その結果，弱い負の相関が確認された（r＝－0.376）．このことは，留学前のアジア・シティズンシップが高いほど，その変化量は小さいことを示しており育成効果が小さい傾向があるといえる．換言すると，留学前のアジア・シティズンシップが高くないと，その育成効果も高くならないということではない．一方で，アジア留学前のアジア・シティズンシップの高さはアジア留学への動機付けとして意味を持つが，留学前の教育，すなわち Internationalization at Home（Knight 2008）の重要性を示唆しているといえる．例えば留学前にアジア地域研究のような科目を履修したり，海外からきているアジアの留学生とランゲージ・エクスチェンジをしたり，留学生と日本人学生の混住寮で交流したりする取り組みは，留学前にアジア・シティズンシップを高めると考えられ，後のアジア留学への動機付けとなるであろう．

　また，アジア以外留学者についても，アジア留学者同様，留学前後で 8 項目目を除く全ての要素で有意差が確認でき，アジア・シティズンシップが育成されていることが確認できた．アジア以外への留学においても，アジア・シティズンシップが育成される効果をもたらしたのは注目すべき結果である．むしろ，その前後の有意差は比較的大きく，留学を通じてこれらの意識が醸成されたことが理解される．しかし，アジア留学者とアジア以外留学者の留学後の各要素の値は，やはりアジア留学者の方が大きいことは明らかで

ある.

(3) 期間別・地域別分析

上述の分析に加えて，より理解を深めるため，細分化して2つの観点でアジア・シティズンシップ育成の分析を以下の通り行った.

①期間別分析

短期と長期の留学で，それぞれ効果が異なるのかどうかを調べるため，期間別に分析した．サンプル数が限られていることから，アジア以外留学者もアジア・シティズンシップ育成効果がみられたことを考慮し，アジア留学者およびアジア以外留学者を合算して期間別の分析を行った．なお，半年の留学はサンプル数が少ないため除外した．指標としては，単純化するため，各要素を単純合計したスコア（最大値56）の平均値を8で割った値を使用した．留学前後の平均値の差の検定の結果，育成効果は，期間の長さには関係がなかったことが明らかになった．また，留学前のもともとの値が，1年間の留学の方が2か月未満の留学よりも高いことも分かった．

②地域別分析

さらに，留学先地域により効果が異なるのかを調べるため，①と同様に，地域別に留学前後の平均値の差の検定を行った．結果は表5の通りであるが，概して，地域別の育成効果の大きな違いはないといえる．どの地域に留学しても，アジア・シティズンシップ育成効果の違いがあまりみられないことは，留学経験は必ずしもその留学先の国や地域の知識や意識のみを高めるのではなく，グローバルに国際的な志向性全般を高めることを示唆しているのではないだろうか．なお，特に東アジア留学者は，もともとの要素が比較的高かったことも明らかになった.

6. おわりに

本研究は，アジア留学の近年の動向を明らかにしたうえで，アルトバック（1994）が提唱した，途上国から先進国への従来の「垂直的な留学」から，地域内における留学の活発化，すなわち「水平的な留学」の近年の動向を確認した．そして，「シティズンシップ」の定義を再確認し，狭義と広義に分け，広義の意味におけるアジア・シティズンシップ育成効果の分析を行った.

先に示した仮説に沿い結論すると，次のことがいえる．①日本人学生のアジア留学は，アジア・シティズンシップの社会的意識に関する要素について

日本人学生のアジア留学経験によるアジア・シティズンシップ育成に関する考察

表4 アジア・シティズンシップ育成効果の期間別分析

期間	度数	各要素平均 留学前	各要素平均 留学後	p
1年	234	4.58 (1.23)	4.84 (1.18)	***
2か月未満	355	4.35 (1.17)	4.65 (1.22)	***

（出典）筆者作成
（注）＊＊＊p＜.001.　（　）内は標準偏差.

表5 アジア・シティズンシップ育成効果の地域別分析

期間	度数	各要素平均 留学前	各要素平均 留学後	p
東アジア	66	5.10 (1.21)	5.31 (1.18)	**
東南アジア	47	4.46 (1.12)	5.00 (1.13)	***
北アメリカ	241	4.38 (1.13)	4.64 (1.19)	***
ヨーロッパ	202	4.30 (1.24)	4.57 (1.18)	***
オセアニア	50	4.46 (1.07)	4.72 (1.26)	**

（出典）筆者作成
（注）＊＊p＜.01.　＊＊＊p＜.001.　（　）内は標準偏差.

育成効果があった．したがって，アジア留学プログラムは，今後のアジアの発展を牽引する人材の育成に効果的であるといえる．ただし，アジアのアイデンティティという意味では明確な変化はみられなかった．つまり，社会に対する意識全般は留学により変容したが，アイデンティティという自己意識は影響を受けにくいのではないかと考えられる．また，アジア留学を行う学生は，留学に行かない学生に比べ，もともとのアジア・シティズンシップの意識が高かったが，そのもともとの高さと育成効果には弱い負の相関関係があり，もともとの値が高いと育成効果は小さい傾向が認められた．換言すれば，留学前に必ずしも高くなくとも，留学の効果により育成はなされるということである．留学前のアジア・シティズンシップの高さは，育成効果への影響というよりもむしろ，アジア留学への動機付けという観点で重要な意味を持ち，Internationalization at Home の重要性を示唆しており，留学前の導入的な教育がいかに大切かを意味している．留学プログラムの拡充もさることながら，アジア留学に至るまでの動機付けの教育の側面も見逃してはならない．なお，追加的な分析の結果，アジア・シティズンシップの育成効果は，留学期間の長さには関係がほぼみられず，2か月未満といった短期の留学でもその効果が認められた．表1で確認できる通り日本で短期のアジア域内留学が多いが，この結果は，短期留学の意義を一側面から示すことができるも

のである．②日本人学生のアジア以外の国・地域への留学は，アジア・シティズンシップの意識を育成する．これは仮説とは異なる結果であった．アジア留学者ほど，最初の意識は高くなかったものの，留学による育成効果が確認された．つまり，留学先がアジアか他の地域かにかかわらず，アジア・シティズンシップ育成の効果があると結論される．これは意外ともいえるが，欧米等への留学がアジア人であることを際立たせて意識が高まるということは確かに考えうる変化である．そういう意味で，アジア留学とは異なる要因で高まっているのかもしれない．あるいは，留学という行為自体が，行き先にかかわらず国際志向性全般を高めている結果かもしれない．北アメリカ，ヨーロッパ，オセアニア等どこの地域に行くかにより効果が変わることはなかったことも，そのことに示唆的である．この検証は今後の検討課題である．

　これらの結果は，アジアの将来的な相互交流の促進，さらなるアジア域内留学プログラム開発において示唆を与えるものである．従来の欧米を対象とした知識吸収型の典型的な留学とは対照的に，アジア留学が，アジア地域の政治・経済，歴史・文化に対する関心や理解を深め，よりこの地域の人々と交流し将来的なキャリアにおいても関係性を持ち，今後の発展に積極的に貢献したいという意味でのアジア・シティズンシップを育成するのであれば，アジア地域の今後の発展も見据えながら，政府あるいは高等教育機関が積極的にアジア留学を促進していくことは将来に向けた重要な施策であるといえる．また，アジア地域への留学に必ずしもこだわらなくとも，留学それ自体がアジアに対する意識を向上させる可能性が高いという側面も理解しておく必要がある．なお，今回使用したデータは，サンプル数がやや少なく，また回収率が低く未回収バイアスがある可能性は否めないが，このようなアジア地域への留学者を対象としたアセスメントに関する計量的調査がこれまではとんど存在しなかったことを考慮すると，今後のその分野の研究蓄積の第一歩になりえると考える．

◇注
　1）アジア・バロメーターは，学生に限らず日本人全般を対象としている．

◇参考・引用文献

アルトバック，P. G.（馬越徹訳），1994，『比較高等教育論―「知」の世界システムと大学』玉川大学出版部.

Breaden, Jeremy, 2018, *Articulating Asia in Japanese Higher Education: Policy, Partnership and Mobility*, London and New York: Routledge.

Fenton-Smith, Ben, Humphreys, Pamela and Walkinshaw, Ian, 2017, "EMI Issues and Challenges in Asia-Pacific Higher Education: An Introduction", Fenton-Smith, Ben, Humphreys, Pamela and Walkinshaw, Ian eds., *English Medium Instruction in Higher Education in Asia-Pacific: From Policy to Pedagogy*, Brisbane: Springer.

猪口孝・田中明彦・園田茂人・ティムール・ダダバエフ編，2007，『アジア・バロメーター 躍動するアジアの価値観 アジア世論調査（2004）の分析と資料』明石書店.

King, Russell and Ruiz-Gelices, Enric, 2003, "International Student Migration and the European 'Year Abroad': Effects on European Identity and Subsequent Migration Behaviour", *International Journal of Population Geography*, 9: 229–52.

北村友人，2015，「グローバル・シティズンシップ教育をめぐる議論の潮流」『異文化間理解教育』42 号，1-14.

Knight, Jane, 2008, *Higher Education in Turmoil: The Changing World of Internationalization*, Rotterdam: Sense Publishers.

黒田一雄，2007，「「東アジア共同体」形成と国際教育交流」西川潤・平野健一郎編『東アジア共同体の構築 3：国際移動と社会変容』岩波書店，227-47.

黒田一雄，2013，「アジアにおける地域的高等教育ガバナンスの展開」黒田一雄編著『アジアの高等教育ガバナンス』勁草書房，3-25.

Lee, W. O., Grossman, David L., Kennedy, Kerry J., Fairbrother and Gregory P., 2004, *Citizenship education in Asia and the Pacific: concepts and issues*, New York: Springer.

宮薗衛，2008，「日本におけるシティズンシップ教育」日本社会科教育学会国際交流委員会編『東アジアにおけるシティズンシップ教育―新しい社会科像を求めて』明治図書出版，88-108.

文部科学省，2008，「エラスムス計画及びエラスムス・ムンデュス計画の展開，成果及び課題」『アジア・太平洋地域における大学間交流等の拡大に関する調査研究』先導的大学改革推進委託事業．（http://www.mext.go.jp/a_menu/koutou/itaku/__icsFiles/afieldfile/2010/11/12/1299006_2.pdf, 2018.10.28.）

文部科学省，2010，「東アジア地域を見据えたグローバル人材育成の考え方」中

央教育審議会大学分科会　大学教育の検討に関する作業部会　大学グローバル化検討ワーキンググループ．(http://www.mext.go.jp/b_menu/shingi/chukyo/chukyo4/025/gijiroku/attach/1296137.htm, 2018.10.28.)

文部科学省，2015，「日本人の海外留学状況」．(http://www.mext.go.jp/a_menu/koutou/ryugaku/1345878.htm, 2018.10.28.)

日本学生支援機構（JASSO）「協定等に基づく日本人学生留学状況調査結果　地域別・留学期間別日本人留学生数」．(http://www.jasso.go.jp/about/statistics/intl_student_s/index.html, 2019.2.7.)

佐々木寛，2010，「「グローバル・シティズンシップ」の射程」『立命館法学』2010 年 5・6 号（333・334 号），立命館法学会，681–709.

Sigalas, Emmanuel, 2010, Cross-border mobility and European Identity: The effectiveness of intergroup contact during the ERASMUS year abroad, *European Union Politics*, 11(2): 241–65.

Teichler, Ulrich and Maiworm, Friedhelm, 1997, The ERASMUS Experience - Major findings of the Erasmus evaluation research project, European Commission.

馬越徹，2006，「アジアの私立高等教育─変遷と発展」アルトバック，P. G.・馬越徹編（北村友人訳）『アジアの高等教育改革』玉川大学出版部，38–55.

Van Mol, Christof, 2013, Intra-European Student Mobility and European Identity: A Successful Marriage?, *Population, Space and Place*, 19(2): 209–22.

横田雅弘，2016，「グローバル人材育成と留学の長期的なインパクトに関する調査」グローバル人材育成と留学の長期的インパクトに関する国際比較研究　科研費基盤研究(A)．(http://recsie.or.jp/wp-content/uploads/2016/04/summary-report20151230.pdf, 2018.10.28.)

ABSTRACT

Fostering Asian Citizenship in Japanese Students through Intra-Asian Study Abroad

MAMIYA, Kunimitsu
Waseda University

The purpose of this study is to examine the impact which intra-Asian study abroad experiences have on Japanese students' sense of 'Asian citizenship'. In recent years, Japan has seen a rise of intra-Asian mobility. In particular, non-degree-seeking programs, typically lasting less than 1 year, have been on the rise. According to previous research, Japanese people have a much weaker consciousness of being 'Asian' than people from other Asian countries. This suggests that Japanese students may be less inclined to feel connected to Asia and may thus lack a willingness to better understand and contribute to the region. If this is the case, the question that then arises is whether intra-Asian study abroad fosters a sense of 'Asian citizenship' in Japanese students.

Europe's ERASMUS program is a pioneer of intra-regional student mobility that since its inception has striven to foster a sense of European identity — a part of European citizenship. However, several previous researches on this topic indicate that the impact on participants' sense of European identity is varied and controversial. Also, Yokota (2016) found that intra-Asian student mobility has only a modest impact on Asian identity. In these researches, the definitions of regional identity are not necessarily clear. Therefore, in this study, 'Asian citizenship' is defined as a more comprehensive concept such as willingness to further understand Asian people and contribute to the Asian region. This study aims to contribute to these debates by offering a perspective which embraces a more comprehensive concept of regional citizenship.

Through a survey of 709 Japanese students at a private university in Tokyo, it was found that intra-Asian study abroad programs do have a positive impact on Japanese students' sense of Asian citizenship. Also, it was found that the duration of a study abroad program was immaterial in terms of its effect. These results indicate the potential value of promoting future intra-Asian student mobility as a means of fostering Japanese students' sense of Asian citizenship.

日本学生支援機構貸与型奨学金の受給が
生活時間に与える影響
—傾向スコアマッチングによる検証—

呉　　書雅[*]，島　　一則[**]，西村　君平[***]

　　長らく奨学金が社会問題化している．奨学金を批判する報道が繰り広げられ，学術的な文脈でも，奨学金が若年層の貧困化などの原因と論評されている．しかし，少数の事例に関する報道や政府統計に基づく簡易的な統計分析，さらには未返済の側面のみに集中して，脆弱なエビデンスに依拠して奨学金政策そのものを退ける論調には疑義を挟まざるを得ない．そこで，本研究では，生活時間に着目し，奨学金政策が大学生活に与える影響を傾向スコアマッチングで検証する．分析の結果，国公私立大学を問わず，奨学金によって学習活動時間が増加していること，偏差値45未満の私立大学の学部でも学習活動に正の影響を与えていることが明らかになり，奨学金の返還に関わる一部の事例をもって奨学金政策全体を非難する言説に対する反証が得られた．

1.　研究の背景と目的

　　本研究の目的は，奨学金政策が大学生活に与える影響を，奨学金受給者と非受給者の生活時間の差に着目して明らかにすることである．

　　長らく奨学金が社会問題化している（白川 2018: 41-3）．2000年代，日本学生支援機構は，滞納金の増大に対応するために，延滞防止と回収強化の取り組みを検討し始めた．こうした中で，学生が奨学金を娯楽遊興費に用いていることを指摘したり，審査の学力基準に問題があることを指摘するなど，奨学金政策を批判する報道がセンセーショナルに繰り広げられた（産経新聞

---

[*]東北大学大学院　[**]東北大学　[***]東北大学

2007，日本経済新聞 2007）．さらに，学術的な文脈においても，奨学金を若年層の貧困化や未婚化，少子化の原因として論難する研究が大きく取り上げられ（大内 2015: 63-77），国内では奨学金に対する批判の声が高まっている．

しかしながら，奨学金政策に対する批判的な言説は，少数の事例に関する報道や政府統計を用いた簡易的な分析，さらには返済の側面のみに議論を集中させる傾向にある．奨学金政策の一側面のみに注目し，脆弱なエビデンスに依拠して奨学金政策そのものを退ける論調には疑義を挟まざるを得ない．無論，高等教育研究では，奨学金政策の効果を検証しようとする研究も着実に実施されているが，先にあげた奨学金政策を非難することを目的にしたかのような言説において，これらの研究が取り上げられることは殆どない．

そこで本稿では，「教育の機会均等の理念のもとで，意欲と能力がある学生等に学資貸与及び修学援助」を行うという奨学金政策の基本的な政策意図に立ち返り，奨学金政策の政策意図が達成されているか否かといった奨学金政策の効果について，奨学金受給が大学生の生活時間（特に授業関連学習時間・授業外学習時間など）にどのような影響を与えるかに注目し，傾向スコアマッチングを用いて検証する．検証に際しては，（1）奨学金受給者と非受給者の生活時間（授業関連学習時間・授業外学習時間など）を設置者別に比較したうえで，（2）低偏差値（偏差値 45 未満）の私立大学（学部）に注目して奨学金受給者と非受給者の生活時間を比較する．（1）によって，奨学金政策の影響を検証し，（2）によって，大学のユニバーサル化が進む中で，低偏差値ランクの学生に限ってみた場合でも，奨学金の効果が確認できるかについて検証する．

以下では，日本学生支援機構奨学金と大学生の生活時間との関係についての先行研究をレビューして本稿の課題を導出し（2節），本稿で用いる分析方法・データ・分析枠組みについて説明する（3節）．次に，傾向スコアを算出し（4節），傾向スコアによって調整を行った奨学金の受給者・非受給者と生活時間の比較を行い（5節1項），さらには奨学金受給者を偏差値 45 未満の私立大学の学部に所属している学生に限った分析を行う（5節2項）．最後に，明らかになった知見を整理したうえで，研究の意義について述べるとともに，本稿の限界と今後の課題についてふれる（6節）．

208

2. 先行研究の整理と本研究の課題

(1) 先行研究の整理

伝統的に，奨学金研究は，奨学金が教育機会の均等に寄与しているか否かに多大なる関心を払ってきた．これに加えて近年では，奨学金受給が大学生の生活に与える影響を実証的に明らかにしようと試みる研究が執り行われている．

国際的な研究動向においても，教育機会の均等に関心を持った研究に加えて，奨学金が学生生活に与える影響を検証しようとする研究が存在する．ただし，小林（2018: 39）が指摘するように，研究蓄積という点では後者は前者に比べて著しく立ち遅れている[1]．小林（2018: 39）では，海外，特にアメリカにおいて，奨学金受給が大学生の生活に与える影響についての研究は，経済支援による学業継続の効果に対して，高い関心を持つ傾向にあることを指摘している．例えば，奨学金とローンの受給は学業成績や学業継続に対する効果があるが（St. John 2004: 129-36），メリットベースの学生支援（HOPE）はコミュニティ・カレッジの学生の学位取得や学業成績に対する効果がない（Welch 2014: 18-9）という結論を見出した研究がある．こうした学業継続効果に関する研究の一部として，本稿の研究関心である生活時間に関連する知見も複数存在する．具体的には，ニードベースの奨学金（Wisconsin Scholars Grant）の受給が，修了やアルバイト時間（work hours）の抑制に効果がないこと（Goldrick-Rab et al. 2011: 21-6）や奨学金とローンの受給がアルバイト時間の抑制・ボランティア活動や文化活動の促進（DesJardins et al. 2010: 464-8），またはクラス外の学校活動やコミュニティ活動や教科外活動の参加（Boatman and Long 2016: 674-7）に効果があるといった結果が報告されている．しかしながら，取り上げられた奨学金制度及び奨学金の種類，分析に用いるデータ，何を奨学金の効果とみなすかについても合意が希薄であり，系統的な研究とはなっていない．奨学金受給が大学生の生活に与える影響の解明は海外においても相対的に研究蓄積の少ない領域となっている．

一方，奨学金受給が大学生の生活に与える影響に関する国内の先行研究は，概ね学生の①収入支出及び②生活時間への影響について検討したものの2種類に分けられる．

①奨学金受給が学生の収入・支出などに与えている影響については，こう

した研究を整理したものとして，奨学金のレビューを行った濱中他（2016）や呉・島・西村（2019）の先行研究の整理があげられる．濱中他（2016）や呉・島・西村（2019）によると，奨学金が修学費として活用されているのか，あるいは娯楽嗜好費に使われているのか，奨学金の使途についての見解は割れており，さらなる検討が必要である．なお，これらの研究動向を踏まえて傾向スコアマッチングを用いて奨学金の使途について分析した呉・島・西村（2019）では，奨学金受給者が非受給者よりも，より多くの金額を娯楽嗜好費に使っているという結果は得られていない．

　②奨学金受給が学生の生活時間に与えている影響に関わる先行研究は，収入・支出に関わる研究に比べて相対的に数が少ない．その理由の一つに，奨学金受給の有無及び生活時間を同時に質問項目に組み込んだ調査が限られていることがあげられる．こうした背景のもとで，奨学金と生活時間の関係について検討した先行研究を整理したものが，表1である．

　表中の行については，A分析対象者・B分析対象時間・Cデータ・D統計手法について整理している．なおB分析対象時間に関して，表中に×が記載されているケースは，当該論文でその生活時間の項目が分析で取り上げられていないことを表し，◎はその項目が分析に取り上げられており，かつ奨学金と関係があったこと，●奨学金と関係がなかったこと，⊙は奨学金との関係について言及がなかったことを意味している．◎の右のカッコ内にある記号＋・−は，奨学金の受給と当該項目との正・負の関係を表している．

　まず先行研究の分析対象者（A）についてであるが，それぞれの研究関心によって，分析対象者は住居形態別や設置者別にカテゴリー分けされたり，特定学科の学生に限定されたりしている．また，特定の学力層の奨学金効果を検証する研究は，見当たらない．

　次に先行研究の分析対象時間（B）についてであるが，学生の生活時間をどのような項目立てで記述するのかについては，ばらつきがある．一部項目のみを取り上げた研究や項目を大括りにした研究が多く，生活時間の全ての項目を取り上げた研究は限られている．2006年度『学生生活調査』では，娯楽・交友時間に関する調査項目が，まだ含まれていないこともあって，特に「娯楽・交友」への注目が希薄である[2]．奨学金の効果を検証するためには，より総合的な観点で，把握可能な生活時間を網羅的に検討していく必要がある．

　また，先行研究のデータ（C）についてであるが，日本学生支援機構によ

表1　奨学金受給が学生の生活時間に与える影響に関わる先行研究

		①岩田 (2009・2011)			②浦田 (2009)	③藤森 (2009) 国立			③藤森 (2009) 私立			④両角 (2011)	⑤島・呉・濱中 (2018)
論文													
A 分析対象者		自宅	学寮	下宿・アパート	文系・理工系・医学系の3年生以下	全体	修学可能	修学可能ではない	全体	修学可能	修学可能ではない	3年生以下	私立大学、男子、昼間部、自宅生、人文+社会+教育系
B 分析対象時間	大学の授業	●	◎+b	◎+b	◉	◉	◉	◉	◉	◉	◉	◉	×
	授業関連の学習	●	●	◎+c / ◎-d	◎+	●	●	◎+	◎+	◎+	◎+	◎-	◎+
	授業外の学習	●	◎+c	◎+c	◎+	◉	◉	●	●	●	●	●	×
	サークル活動	●	◎+c	●	◉	◎-	◎-	◎-	●	◎+	●	◉	×
	アルバイト等の就労活動	◎-b	×	◎-b / ◎-c	×	◎-	×	◎-	●	◎+	◎-	◉	◎+
	娯楽・交友	×	×	×	◉	×	×	×	×	×	×	×	×
	生活時間合計	×	×	×		×	×	×	×	×	×	◉	×
C データ		日本学生支援機構「学生生活調査」2006年			日本学生支援機構「学生生活調査」2006年	日本学生支援機構「学生生活調査」2006年						東京大学大学経営・政策研究センター「全国大学生調査」2007年	日本学生支援機構「学生生活調査」2014年
D 統計手法		平均値の比較			重回帰分析	措置効果モデル						重回帰分析	平均値の比較・重回帰分析・プロペンシティースコアマッチング
注		a：学生の経済状況が「家庭からの給付のみで修学可能」の者　b：学生の経済状況が「家庭からの給付のみで修学不自由」の者　c：学生の経済状況が「家庭からの給付のみで修学継続困難」の者　d：学生の経済状況が「家庭からの給付なし」の者			ここでの奨学金は日本学生支援機構奨学金以外の奨学金も含める。	「修学可能」は学生の経済状況が「家庭からの給付のみで修学可能」の者を指す。「修学可能ではない」は学生の経済状況が「家庭からの給付のみで修学不自由」＋「家庭からの給付のみで修学継続困難」＋「家庭からの給付なし」の者を指す。						この分析結果は、奨学金利用型ダミーの回帰係数を用いたものである。「奨学金が生活費の一部を負担、親が生活費の一部を負担」は学生の経済状況が「家庭からの給付のみで修学継続困難＋家庭からの給付なし」の者、「全額親の生活費」（親が全体の生活費を負担）とするものである。	複数の方法で奨学金の効果を検証した。

る『学生生活調査』2006 年度が主である．その理由は，『学生生活調査』は
2006 年度から学生の生活時間に関する質問項目が加えられることになった
ためである．また『学生生活調査』2014 年度及び，東京大学大学経営・政
策研究センター「全国大学生調査」2007 年も用いられている．

　最後に先行研究の統計手法（D）についてであるが，分析手法については，
(1) 奨学金受給者と非受給者の間の平均の差，(2) 奨学金の有無と生活時間
との関係についての重回帰分析，(3) 措置効果モデル，(4) 傾向スコアマッ
チングがある．

　まず，(1) については，奨学金受給者と非受給者において，生活時間の平
均を比較するものである．しかし，奨学金受給はランダムではないので，奨
学金受給者と非受給者の属性の偏りが，生活時間に影響を与えてしまう．

　次に，(2) では，従属変数を生活時間として，独立変数の一つに奨学金収
入額または奨学金受給（利用）のダミー変数を投入する重回帰分析が行われ
る．しかし，奨学金収入は連続変数ではなく「受給しているかしないか」で
切断があるので，奨学金収入額を独立変数に投入することは適切ではない（藤
森 2008: 55）．また，重回帰分析では，奨学金受給変数には，親の経済状況
といった要因が影響するため，親の経済状況との相関が，奨学金を独立変数
としたときの係数に影響を及ぼすという問題が残る（伊藤・鈴木 2003: 87，
藤森 2008: 55，下山・村田 2011: 27）．

　(3)措置効果モデル分析は 2 段階の推定を行うものである．第 1 段階では，
受給者の属性の統制のために，受給者の属性から奨学金受給の確率を推定す
る奨学金受給関数を設定する．次に第 2 段階では，奨学金受給確率をダミー
変数としてモデルに組み込みつつ，生活時間を推定する関数を設定する．こ
れにより奨学金受給関数と生活時間を推定する関数を同時推定し，受給者の
属性を統制した形で，分析を行うことが可能となる．しかしながら，第 1 段
階の奨学金受給関数の独立変数と第 2 段階の生活時間を推定する関数の独立
変数が，性別・学部・学年など多くの点で重複しているので，多重共線性が
生じうる．その結果，誤差の分散が大きくなり正しい推計ができなくなると
いう問題点が残る（縄田 1998: 284-8，星野 2015: 144-52）．

　前述した方法論の問題点を克服する方法の一つに，(4) の傾向スコアマッ
チングがあげられる．近年の海外における奨学金研究においては，小林（2018）
が指摘するように疑似実験デザインを採用した（差の差の分析，回帰不連続

デザインなど）多様な方法論[3]が使用されており，国内の奨学金研究においてもこうした方法論的進展が求められているところである．本研究は，こうした方法の一つである傾向スコアマッチングを採用する．

なお，島・呉・濱中（2018）は傾向スコアマッチングを用いて，奨学金効果を検証した先駆的な研究であるが，分析対象（私立大学男子・昼間部・自宅生・人文＋社会＋教育系）及び分析対象時間が授業関連の学習・アルバイト等の就労活動に限定されているため，奨学金受給による学生の生活時間に与える影響のごく一部を明らかにしたに過ぎず，奨学金の影響を全般的に検討したとは言えない．

さらに，呉・島・西村（2019）は，傾向スコアを用いて奨学金受給者と非受給者の収入や支出の差を分析することで，奨学金が学生の経済生活に与える影響を検証している．この論文は，傾向スコアを用いた奨学金の効果の実証研究という点では本研究に先行するものであり，傾向スコア算定にかかる前提的分析の一部については本稿も踏襲することとなる．しかし，これらの分析は，奨学金が大学生活を支える経済基盤（家計負担等）や支出行動に与える影響を分析するものであり，授業の予習・復習や授業以外の学習，さらにはサークル活動といった時間で測定される大学生活そのものに対して，奨学金がどのような影響を与えるかを十分に分析することは当然のことながらできない．よってこの限界を克服するために，本稿では学生の時間によって測定される行動変容に着目して，奨学金が学生生活に与える影響をさらに多角的に明らかにしていく．

（2）本研究の課題

以上の先行研究の検討結果を踏まえて，本研究では①設置者別及び低偏差値の私立大学学部を対象とし，②娯楽・交友時間等を含め，生活時間をより総合的な観点にたって，③奨学金効果の検証に関わる新規性の高い分析手法である傾向スコアマッチングを用いて，奨学金の効果をより総合的に検証することを研究課題とする．

3．分析方法・データ・分析枠組み

（1）分析方法：傾向スコアマッチング

傾向スコアマッチングは，2段階の統計的な操作によって，実験に準じる形で，効果の推定を行うことを可能とする[4]．まず奨学金受給の有無を従属

変数，それに影響を与える統制すべき共変量を独立変数としたロジスティック回帰分析を行うことで傾向スコアを算定する．

次に，傾向スコアが同じ者（もしくは似通う者）を，実際に奨学金を受給した者（処置群）と実際には奨学金を受給していない者（対照群）から抽出してマッチングしていく．マッチングの方法としては，処置群における傾向スコアに対して，最小距離の傾向スコアを有する対照群をマッチングする「Nearest-Neighbor Matching」や，ある程度の距離に複数の人が入っている場合には，それらの人々の平均値を用いてマッチングする「Radius Matching」など，複数の方法がある（星野 2015: 64，Morgan and Winship 2007: 106-13）．本研究では複数のマッチング方法を試行したうえで，処置群の平均処置効果（Average Treatment effect on the Treated：ATT）のバイアスが最も小さい Kernel Matching を採用する[5]．Kernel Matching とは，Kernel 関数を利用したウェイト[6]で，対照群（奨学金非受給者）の全ての観測値のウェイトづけ値を利用する方法である．

以上によって，処置群と対象群の間に，割り当てによって生じる偏りは，原理的には解消され，「強く無視できる割り当て」を実現する（Rosenbaum and Rubin 1984: 522-3）．「強く無視できる割り当て」を実現しているということは，統計的な操作によって，奨学金の受給以外の全ての既知の要素が同じ者を，奨学金受給者群と非受給者群から抽出して，両者の生活時間の差を比較することが可能になっているということを意味する．そして統計的な操作の成否は，処置群と対照群の共変量の標準化バイアスの縮小を確認するバランス評価，ならびに c 統計量や疑似決定係数によって検証できる．本稿では，バランス評価と c 統計量の確認の結果を「マッチングの妥当性の評価」として後述する[7]（星野 2015: 124-5）．

（2）データ

本稿で用いるデータは，日本学生支援機構による 2010 年度『学生生活調査』である．調査対象は，大学学部・短期大学本科及び大学院の学生であるが，休学者及び外国人留学生を除かれている．標本抽出は，全国の学生 2,980,279 人の中から 82,330 人がサンプリングされた（有効回答数：37,151，有効回収率：45.1%）．このうち大学学部生に注目するが，夜間部の学生は収入や生活スタイルが昼間部の学生と異なることが想定されるので，本稿では大学学部・昼間部のみ取り上げる（標本数：19,603）．なお，低偏差値の学部について，

私立大学の学生 7,914 人のうちから偏差値 45 未満[8]の学部に所属する学生 1,822 人を取り上げて分析する．

(3) 分析枠組み

処置変数である日本学生支援機構奨学金受給の有無は，奨学金受給者を 1，非受給者を 0 とするダミー変数として従属変数とする（図 1 中央「奨学金受給（0，1）」）．そして，奨学金受給に影響を与える変数（図 1 左「親に関わる属性」「学生に関わる属性」）を独立変数として，ロジスティック回帰分析を行い，傾向スコア（奨学金の受給確率）を算定していく．その後，傾向スコアによってマッチングを行い，そのマッチングごとの差の期待値を求めることにより，奨学金の効果の推計を行う（図 1 右奨学金受給者と奨学金非受給者の差（効果の推計））．

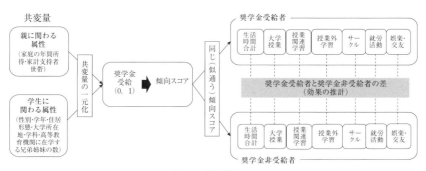

図 1　分析枠組み

4. 傾向スコアの算出及びマッチングの妥当性の評価

(1) 傾向スコアの算出及び用いる変数

表 2 は，奨学金受給の有無を従属変数としたロジスティック回帰分析の結果である．この表では奨学金受給者の特性を明らかにしているとも言える．傾向スコア算出のために用いた変数には，先行研究を参考にして，「親に関わる属性」に関わる変数（家庭の年間所得・家計支持者世帯：勤労者世帯ダミー），「学生に関わる属性」についての変数（性別，学年，住居形態：学寮（寄宿舎）ダミー，下宿・アパート・その他ダミー，大学所在地：関西ダミー・その他の県ダミー，学科：薬学ダミー・医歯学ダミー，高等教育機関に在学する兄弟姉妹数）を利用した．

表2 設置者別奨学金受給者の特性

設置者	国立		公立		私立	
従属変数：奨学金受給	Coef.	S. E.	Coef.	S. E.	Coef.	S. E.
家庭の年間所得総額	− 0.23***	0.01	− 0.24***	0.01	− 0.24***	0.01
学年	0.00	0.03	− 0.02	0.03	− 0.02	0.02
住居形態 ref. 自宅ダミー						
学寮（寄宿舎）ダミー	0.98***	0.16	0.38	0.23	0.48***	0.11
下宿・アパート・その他ダミー	0.69***	0.08	0.66***	0.08	0.41***	0.05
大学所在地 ref. 関東ダミー						
関西ダミー	− 0.28	0.15	− 0.30	0.20	0.14*	0.07
その他の道県ダミー	0.09	0.11	− 0.06	0.18	0.09	0.05
家計支持者世帯：勤労者世帯ダミー	0.25**	0.09	0.04	0.09	0.40***	0.06
女性ダミー	0.12	0.07	− 0.13	0.08	0.05	0.05
薬系ダミー	− 0.05	0.26	− 0.58**	0.22	0.48**	0.14
医・歯系ダミー	− 0.02	0.13	− 0.63**	0.20	0.15	0.18
高等教育機関に在学する兄弟姉妹の数	0.14**	0.05	0.11*	0.05	0.19***	0.03
定数項	0.52**	0.17	1.38***	0.23	0.95***	0.10
対数尤度	− 2472.024		− 2126.633		− 4869.954	
N	4,057		3,451		7,914	
c 統計量	0.719		0.716		0.715	

*<.05 **<.01 ***<.001
出典 呉・島・西村（2019）

（2）マッチングの妥当性の評価

マッチングの妥当性は，①c 統計量（前述した表2），②2群の平均の差のt検定（表3），③バランス評価（表4）により判断される．

①c 統計量を用いる理由は，共変量によって割り当てが適切に説明されているかどうか判断するためである（前述した「強く無視できる割り当て条件」を満たしているかどうか）．本研究では，c 統計量が，国立・公立・私立のいずれも 0.7 以上となっており，奨学金受給を十分に説明できていることを確認した．

②奨学金受給者と非受給者における各変数のマッチング前後の平均値を比較するため，t検定を行った（表3）．表3では，有意差がある場合，*を付してある．マッチング前は，国公私立大学を問わず，家庭の年間所得・住居形態・大学所在地による違いがあるが，マッチング後はこうした差はいずれ

表3 分析に用いた変数のマッチング前後のt検定

	国立				公立				私立			
	マッチング前		マッチング後		マッチング前		マッチング後		マッチング前		マッチング後	
	受給平均	非受給平均	受給平均	非受給平均	受給平均	非受給平均	受給平均	非受給平均	受給平均	非受給平均	受給平均	非受給平均
家庭の年間所得総額	5.861	8.305***	5.861	5.908	5.506	7.740***	5.509	5.545	5.906	8.350***	5.906	5.956
学年	2.757	2.775	2.757	2.754	2.519	2.597	2.520	2.536	2.487	2.516	2.487	2.483
住居形態 ref. 自宅ダミー												
学寮（寄宿舎）ダミー	0.084	0.039***	0.084	0.074	0.031	0.025	0.031	0.035	0.066	0.048**	0.066	0.064
下宿、アパート、その他ダミー	0.654	0.574***	0.654	0.664	0.631	0.506***	0.631	0.622	0.360	0.308***	0.360	0.357
大学所在地 ref. 関東ダミー												
関西ダミー	0.080	0.126***	0.080	0.085	0.122	0.171***	0.122	0.127	0.201	0.183*	0.201	0.203
その他の道県ダミー	0.817	0.741***	0.817	0.817	0.835	0.779***	0.835	0.829	0.400	0.339***	0.400	0.397
家計支持者世帯：勤労者世帯ダミー	0.790	0.791	0.790	0.791	0.779	0.806*	0.780	0.785	0.772	0.729***	0.772	0.772
女性ダミー	0.387	0.371	0.387	0.379	0.536	0.579	0.536	0.539	0.486	0.498	0.486	0.489
学科 ref. その他ダミー												
薬系ダミー	0.017	0.017	0.017	0.017	0.024	0.039**	0.024	0.024	0.035	0.029	0.035	0.032
医・歯系ダミー	0.077	0.093	0.077	0.075	0.026	0.059***	0.026	0.026	0.018	0.028**	0.018	0.016
高等教育機関に在学する兄弟姉妹の数	0.579	0.560	0.579	0.560	0.576	0.551	0.575	0.577	0.608	0.556**	0.608	0.613
N	1,804	2,253	1,804	2,253	1,751	1,699	1,752	1,699	3,693	4,221	3,693	4,221

*<.05 **<.01 ***<.001

注：全ての変数（「高等教育機会に在学する兄弟姉妹の数」を除く）では、マッチング後の分散比が0.9以上1に近くなるので、マッチングは適切に行われたと判断される。なお、「高等教育機会に在学する兄弟姉妹の数」のマッチング前後の分散比は、国立：0.96→0.87、公立：0.99→0.90、私立：1.05→0.94となるが、後述したバランス評価では、マッチング前後の共変量の標準化バイアス（共変量の平均と分散を用いる。注9）参照）が5%以下になったので、処置群と対照群の共変量のバランスがとれたものと判断される。

出典 呉・島・西村（2019）

表4　Kernel Matching 前後の共変量のバランス評価

		SB（%）	p＞chi2
国	マッチング前	14.1	0.000
立	マッチング後	1.3	0.996
公	マッチング前	16.3	0.000
立	マッチング後	1.0	1.000
私	マッチング前	13.0	0.000
立	マッチング後	0.7	1.000

も消失している.

　③バランス評価は，マッチング前後で処置群と対照群における共変量の標準化バイアス[9]（standardized bias）が減少した程度を確認するものである．一般に，マッチング後の共変量の標準化バイアスが5%以下になっていれば，処置群と対照群の共変量のバランスがとれたと判断される（Caliendo and Kopeinig 2008: 48）．表4から，マッチングによって，共変量の標準化バイアスが減少していることがわかる（国立：14.1%→1.3%，公立：16.3%→1.0%，私立：13.0%→0.7%）．それに加えて，カイ2乗値の検定（p＞chi2）においても，処置群と対照群の間での共変量の差が統計的に有意ではなくなっている．以上のことから，本研究におけるマッチングは適切に行われたと判断される.

5. 設置者別にみる奨学金受給と学生の生活時間との関係

（1）設置者別にみる奨学金受給が学生の生活時間に与える影響

　表5は，1週間の生活時間について，共変量を統制していない単純推計値（Unmatched），及び傾向スコアに基づく Kernel Matching 後の推計結果を示したものにある.

　まず生活時間合計については，奨学金非受給者の1週間の活動時間は62.99〜67.90時間であり，奨学金受給者のそれは65.04〜69.09時間であることがわかった．奨学金受給者は，非受給者と比べて，生活時間合計が1週間1.19〜2.05時間長い．特に私立大学では，奨学金受給者と非受給者の間に有意な差がみられた.

　次に，国公私立大学に共通する傾向としては，奨学金の受給によって，授業関連の学習時間が1週間0.78〜0.91時間（9.83%〜14.85%）増加しており，

日本学生支援機構貸与型奨学金の受給が生活時間に与える影響

表5　設置者別にみる奨学金受給が学生の生活時間に与える影響

単位：時間/週

生活時間合計		処置群	対照群	ATT	S.E.	増(減)%
国	Unmatched	69.09	67.67	1.42	0.90	2.10%
立	Kernel Matching	69.09	67.90	1.19	1.04	1.75%
公	Unmatched	67.37	66.08	1.28	1.07	1.94%
立	Kernel Matching	67.39	66.03	1.36	1.30	2.06%
私	Unmatched	65.04	62.56	2.48***	0.73	3.96%
立	Kernel Matching	65.04	62.99	2.05*	0.85	3.25%
①大学の授業		処置群	対照群	ATT	S.E.	増(減)%
国	Unmatched	20.18	19.65	0.52	0.48	2.66%
立	Kernel Matching	20.18	19.42	0.76	0.54	3.89%
公	Unmatched	20.83	20.78	0.04	0.52	0.21%
立	Kernel Matching	20.83	20.46	0.37	0.61	1.79%
私	Unmatched	19.80	18.55	1.25***	0.31	6.76%
立	Kernel Matching	19.80	18.69	1.11**	0.37	5.92%
②授業関連の学習		処置群	対照群	ATT	S.E.	増(減)%
国	Unmatched	8.68	7.93	0.75*	0.33	9.43%
立	Kernel Matching	8.68	7.90	0.78*	0.38	9.83%
公	Unmatched	8.17	7.01	1.16***	0.34	16.50%
立	Kernel Matching	8.17	7.26	0.91*	0.40	12.52%
私	Unmatched	6.78	5.86	0.92***	0.20	15.71%
立	Kernel Matching	6.78	5.91	0.88***	0.24	14.85%
③授業外の学習		処置群	対照群	ATT	S.E.	増(減)%
国	Unmatched	8.82	7.39	1.44**	0.47	19.49%
立	Kernel Matching	8.82	7.38	1.44**	0.54	19.54%
公	Unmatched	6.86	6.68	0.18	0.45	2.70%
立	Kernel Matching	6.86	6.67	0.18	0.53	2.72%
私	Unmatched	5.50	4.60	0.89***	0.23	19.44%
立	Kernel Matching	5.50	4.44	1.06***	0.26	23.81%
④サークル活動		処置群	対照群	ATT	S.E.	増(減)%
国	Unmatched	5.52	5.67	− 0.15	0.27	− 2.66%
立	Kernel Matching	5.52	5.64	− 0.12	0.31	− 2.15%
公	Unmatched	4.60	4.59	0.01	0.27	0.26%
立	Kernel Matching	4.60	4.66	− 0.06	0.35	− 1.25%
私	Unmatched	6.28	5.72	0.57*	0.24	9.90%
立	Kernel Matching	6.28	5.94	0.35	0.29	5.82%
⑤アルバイト等の就労活動		処置群	対照群	ATT	S.E.	増(減)%
国	Unmatched	8.69	8.06	0.62	0.32	7.71%
立	Kernel Matching	8.69	8.24	0.44	0.38	5.40%

		処置群	対照群	ATT	S.E.	増(減)%
公	Unmatched	9.80	8.45	1.34***	0.36	15.89%
立	Kernel Matching	9.80	8.44	1.36***	0.41	16.08%
私	Unmatched	10.90	9.43	1.47***	0.26	15.54%
立	Kernel Matching	10.90	9.85	1.05***	0.30	10.66%
⑥娯楽・交友		処置群	対照群	ATT	S.E.	増(減)%
国	Unmatched	16.98	18.65	− 1.66**	0.56	− 8.93%
立	Kernel Matching	16.98	18.87	− 1.89**	0.67	− 10.01%
公	Unmatched	16.83	18.31	− 1.48*	0.61	− 8.06%
立	Kernel Matching	16.84	18.36	− 1.53*	0.71	− 8.31%
私	Unmatched	15.39	17.77	− 2.38***	0.40	− 13.38%
立	Kernel Matching	15.39	17.52	− 2.13***	0.47	− 12.15%

*<.05　**<.01　***<.001

注1：本稿の傾向スコアマッチングを用いた分析では，標準誤差は bootstrap 法で1000 回行った推定結果である．以下には同様である．

注2：Unmatched の ATT は，奨学金受給者（処置群）と非受給者（対照群）の平均の差（t 検定による平均値差）を指すものである．以下には同様である．

交友時間が1週間1.53~2.13時間（−8.31％〜−12.15％）減少している．

さらに，設置者別にみると，国立大学の学生は，授業関連学習（0.78時間，9.83％）・授業外学習の時間（1.44時間，19.54％）が増加し，その一方で，娯楽交友の時間が1.89時間減っている（−10.01％）．また，公立大学の学生は，授業関連学習の時間（0.91時間，12.52％）が増加し，アルバイト時間（1.36時間，16.08％）も増加している．娯楽交友の時間は1.53時間（−8.31％）減っている．さらに，私立大学の学生も，大学授業（1.11時間，5.92％）・授業関連学習（0.88時間，14.85％）・授業外学習（1.06時間，23.81％）が増加し，アルバイト時間（1.05時間，10.66％）も増加する一方で，娯楽の時間が2.13時間（−12.15％）減少している．

まとめると，国公私立大学を問わず，学生は奨学金受給によって，学習関連時間が増加している一方で，娯楽交友の時間が減少している．特に授業関連学習・授業外学習は，9.8％〜23.8％増えている．ただし，公立大学の授業外学習を除く．奨学金の政策意図の観点からみれば，奨学金は学生の学習時間確保に資するものとみなされる．しかし，アルバイト時間の増加については，政策意図に悖ると言わざるを得ない．

（2）私立大学偏差値45未満の分析

ここでは，私立大学のうち偏差値45未満のサンプルのみを取り上げて分析していく．分析に用いた変数は前節と同じものであり，バランス評価，c

統計量などにも問題がないことを確認している．

表6は，偏差値45未満の学生の生活時間について，共変量を統制していない単純推計値（Unmatched），及び傾向スコアに基づく Kernel Matching による推計結果を示したものである．

受給者・非受給者を合わせた低偏差値私立大学（学部）の学生の生活時間合計は，表5の私立大学と比べて大きく変わらない．しかし，奨学金受給者に着目すると，生活時間合計が非受給者より4.03時間（6.50％）多い．また，大学授業・授業関連学習・授業外学習・サークル時間で増加している．増加していないのはアルバイト及び娯楽・交友時間である．こうしてみると，低偏差値の大学においても，奨学金受給が授業関連の学習・授業外の学習に正の影響を与えていることがわかる．

表6　私立大学偏差値45未満の学生による奨学金受給が学生の生活時間に与える影響

単位：時間/週

生活時間合計		処置群	対照群	ATT	S.E.	増(減)%
私立	Unmatched	65.99	63.27	2.72	1.55	4.30%
<45	Kernel Matching	65.94	61.91	4.03*	1.78	6.50%
①大学の授業		処置群	対照群	ATT	S.E.	増(減)%
私立	Unmatched	19.98	18.23	1.75***	0.63	9.58%
<45	Kernel Matching	19.95	17.96	1.99**	0.82	11.06%
②授業関連の学習		処置群	対照群	ATT	S.E.	増(減)%
私立	Unmatched	6.11	5.27	0.85*	0.39	16.08%
<45	Kernel Matching	6.09	5.19	0.90*	0.46	17.41%
③授業外の学習		処置群	対照群	ATT	S.E.	増(減)%
私立	Unmatched	5.04	3.97	1.07*	0.45	27.03%
<45	Kernel Matching	5.06	3.52	1.54**	0.49	43.65%
④サークル活動		処置群	対照群	ATT	S.E.	増(減)%
私立	Unmatched	6.43	5.38	1.05*	0.45	19.52%
<45	Kernel Matching	6.43	5.28	1.16*	0.49	21.90%
⑤アルバイト等の就労活動		処置群	対照群	ATT	S.E.	増(減)%
私立	Unmatched	11.18	9.98	1.20*	0.56	12.04%
<45	Kernel Matching	11.20	10.89	0.31	0.69	2.86%
⑥娯楽・交友		処置群	対照群	ATT	S.E.	増(減)%
私立	Unmatched	16.82	20.03	−3.21***	0.92	−16.02%
<45	Kernel Matching	16.76	18.60	−1.84	0.99	−9.89%

*<.05　**<.01　***<.001

注：Unmatched のサンプル数について，処置群は975，対照群は847である．一方，マッチング後のサンプル数について，処置群は971，対照群は847である．

221

6. 知見の整理，研究の意義及び本研究の限界・今後の課題

　本稿では傾向スコアマッチングを用いて，奨学金と大学生の生活時間について学生の属性を可能な限り統制した形で，実証的に明らかにした．知見として得られたのは以下の2点である．

　（1）設置者別の分析によって，国公私立大学を問わず，奨学金受給者の学習関連時間が増加している一方で，娯楽・交友の時間が減少していることがわかった．また，授業関連学習・授業外学習は，公立大学の授業外学習を除き，平均的に9.83％〜23.81％増えており，時間数としてみると，毎週1時間〜2時間の増加となっている．この結果が4年間蓄積されるとすると，少なくない総学習時間の差をもたらすこととなる．

　（2）偏差値45未満の学生に限定した場合においても同様に，大学授業・授業関連学習・授業外学習の時間等の増加が確認された．

　本研究によって奨学金受給が学習活動に正の影響を与えており，奨学金政策がその政策意図「教育均等の理念のもとで，意欲と能力がある学生等に学資貸与及び修学援助」（日本学生支援機構2018）に沿った形で学生の学業継続や修学生活を支援していることを確認できた．また，奨学金受給が学習活動に与える正の影響は，低偏差値の大学に所属している学生にもみられることを確認できた点は，本研究の意義として重要である．

　この知見は奨学金の返還に関わる一部の事例をもって奨学金政策全体を非難する言説に対する反証となる（言うまでもなく奨学金の返還問題は重要な問題であるが）．このことは経済的な支援を必要とする者が奨学金を忌避して進学を断念したり学習時間の確保に問題を生じさせたりする方向にミスリーディングしてしまう可能性がある言説に対する注意喚起ともなりうるものである．

　ただし，奨学金受給者は，将来への返済への準備のためか（吉中2016: 51），アルバイト時間を減少させてはいない．この点は，奨学金の政策意図に悖る結果であり，奨学金の金額や給付も含めた返済の在り方についてさらに検証していく必要性を示唆している．

　本研究の限界と今後の課題について2点述べる．まず，今回の分析で用いたデータは単年度のものである．そのため，今後，知見の安定性を確認するため，分析年度を増やし検討していく必要がある．次に，本研究では，奨学

金の受給の有無に着目して奨学金の効果を検証したが，今後の日本学生支援機構の制度設計に貢献するには，よりターゲットを絞った分析が必要と思われる．例えば，奨学金種別（1種・2種）や奨学金の受給額が学習時間等に与える効果の違いを明らかにすれば，奨学金の種類別の効果を知ることができ，制度の見直しなどを図る際に貢献度が大きいと思われる．

謝辞　本稿は，独立行政法人日本学生支援機構「平成30年度学生支援の推進に資する調査研究事業（JASSOリサーチ）」の助成を受けたものである．ここに記して感謝の意を表す次第である．

◇注

1）小林（2018: 39-51）は，Long（2007・2008・2011），Baum, McPherson, and Steele（2008）などのレビュー論文をもとに，アメリカの学生に対する経済支援の高等教育機会及び学業継続への効果の実証研究の動向を整理したものである．
2）娯楽・交友時間という調査項目が『学生生活調査』に初めて含まれたのは2010年度である．
3）海外の奨学金効果の研究は，発展的な分析手法を用いる点で特徴的である．DesJardins and McCall（2014: 456-75）は，回帰不連続デザインを用いてGMS奨学金（Gates Millennium Scholarship）の効果を検証している．その結果，GMS奨学金受給者は，アルバイト時間と家庭からの給付を減少させ，GPAが向上することが明らかにされた．Denny et al.（2014: 167-82）は，改良した差の差の分析で経済・学問・社会支援のプログラムを受けることによって，中退率が減少し，試験の成績と卒業率が向上することを明らかにした．Hill et al.（2000: 155-80）は，傾向スコアマッチングを用いてNYSCSP（New York School Choice Scholarships Program）を評価した．ここでは，傾向スコアマッチングは有効に共変量の標準化バイアスを減少させ，サンプル数が小さい場合，傾向スコアマッチングはランダムサンプリングより有効であるとしている．こうした研究は，共変量の標準化バイアスを減少させる形での分析手法の発展を活用して，奨学金の効果を可能な限り精緻に分析している．本研究でも発展的分析手法の一つである傾向スコアマッチングを用いて，奨学金受給が学生の生活時間に与える影響を検証する．
4）ランダム化実験と比べて，相対的にではあるが，傾向スコアによる効果の算定は妥当性が低い．なぜなら，傾向スコアの算定に際して，我々が利用でき

る情報には制約があるからである．奨学金を受給する確率に影響を与える要因としては，家計の経済状況のみならず，学力や様々な態度・志向性などが含まれるが，こうした諸要因の全てをデータとして収集することはできない．この意味では傾向スコアは通常の調査に比して妥当性の高い推論が可能だが，その妥当性は実験的方法には及ばない．

5) 複数のマッチング手法を比較して最適なマッチング手法を模索する方法は，傾向スコアの算定の予備的分析として，広く共有されている．また，Morgan and Winship（2007: 109-14）は，仮想データを用いたシミュレーションによって，複数のマッチング手法による平均処置効果のバイアス減少について検証し，その結果として Kernel Matching が最も平均処置効果のバイアスが少ない手法であると報告している．本稿では試行的に Nearest-Neighbor Matching, Radius Matching, Kernel Matching の3つのマッチング手法で ATT を算出したが，分析の結果，ATT にはほぼ差がなく，t 値についても統計的有意差の判定結果に影響を及ぼすような大きな差異は見出されなかった．そこで Morgan and Winship（同上）及び試行的な分析結果を踏まえて，本稿では Kernel Matching を採用した．

6) ウェイト関数は下記の式となる．

$$W(i, j) = \frac{G\left[\dfrac{P_i - P_j}{h}\right]}{\Sigma_{j \in I_0} G\left[\dfrac{P_i - P_j}{h}\right]}$$

j は対照群（奨学金非受給者）の添え字を，i は処置群（奨学金受給者）の添え字を，I_0 は奨学金非受給者のサンプルの集合を表し，また G は Kernel 関数（本稿では epanechnikov kernel function を用いた）を，h はウェイトづけする際のバンド幅は定数で一般的には 0.06 とされ，$P_i - P_j$ は傾向スコアの距離を示す（Guo and Fraser 2014: 296）．本稿でも，Guo and Fraser（同上書）に従い，バンド幅は 0.06 としている．

7) 本稿では，c 統計量を用いる．c 統計量は，傾向スコアによって完全に割り当てを判別できる場合に1となり，c 統計量が大きいほど，よい傾向スコアであることを意味する（Katz 2010 = 2016: 106，呉・島・西村 2019）．医療系の論文誌では c 統計量は通常 0.7 以上が望ましいとされる（久繁 2005: 1335-40）．なお，傾向スコアマッチングの算定には，統計ソフト Stata 15 を用いた．

8) 偏差値は，代々木ゼミナール発表（2010）の『2011年度大学入試難易ランキング』に掲載されている大学学部別の偏差値を使用した．また，『大学入試難易ランキング』では，大学によっては学科ごとの偏差値が掲載されている．それに加えて，各学生の所属学科は，複数の学科の「文・法・政・経・商系」「理工学部」等となっている．そのため，本研究では複数の学科の偏差値の平均値

を計算したものを，偏差値として使っている．また，私立大学の学生7,914人のうち，所属している学部の偏差値が判断できないケースが188人となっている．

9）共変量の標準化バイアスは，処置群と対照群の平均の差を確認するための指標であり，下記の式で推定される．

$$SB = \frac{\bar{X}_T - \bar{X}_C}{\sqrt{\dfrac{(V_T(X) + V_C(X))}{2}}} \times 100$$

$\bar{X}_T$ と $\bar{X}_C$ はそれぞれ処置群と対照群内での X の平均値を示しており，$V_T(X)$ と $V_C(X)$ はそれぞれ処置群と対照群内での X の分散を示している（Austin 2011: 412）．処置群と対照群のある共変量の標準化バイアスが5%以下ということは，その共変量の分布がほぼ同じであることを意味する．

◇参考文献

Austin, Peter C., 2011, "An Introduction to Propensity Score Methods for Reducing the Effects of Confounding in Observational Studies," *Multivariate behavioral research*, 46(3): 399-424.

Boatman, Angela and Long, Bridget T., 2016, "Does financial aid impact college student engagement?" *Research in Higher Education*, 57(6): 653-81.

Baum, Sandy, McPherson, Michael, and Steele, Patricia eds., 2008, *The effectiveness of student aid policies: What the research tells us*, New York: College Board: 1-219.

Caliendo, Marco and Kopeinig, Sabine, 2008, "Some Practical Guidance for the Implementation of Propensity Score Matching," *Journal of Economic Surveys*, 22(1): 31-72.

Denny, Kevin, Doyle, Orla, McMullin, Patricia and O'Sullivan, Vincent, 2014, "Money, mentoring and making friends: The impact of a multidimensional access program on student performance," *Economics of Education Review*, 40: 167-82.

DesJardins, Stephen L., McCall, Brian P., Ott Molly, and Kim Jiyun,2010, "A quasi-experimental investigation of how the Gates Millennium Scholars Program is related to college students'time use and activities, "*Educational Evaluation and Policy Analysis*, 32(4): 456-75.

DesJardins, Stephen L., McCall, Brian P., 2014, "The impact of the Gates Millennium Scholars Program on college and post-college related choices of high ability, low-income minority students," *Economics of Education Review*, 38: 124–38.

Efron, Bradley and Tibshirani, Robert,1986, "Bootstrap Methods for Standard Errors, Confidence Intervals, and Other Measures of Statistical Accuracy," *Statist. Sci.*, 1(1): 54–75.

藤森宏明，2008，「奨学金が学生生活に与える影響」『奨学金の社会・経済効果に関する実証研究』，49–66.

藤森宏明，2009，「奨学金が生活時間に及ぼす影響—アルバイトと学習時間に着目して」東京大学編『平成 21 年度先導的大学改革推進委託事業 高等教育段階における学生への経済的支援の在り方に関する調査 研究報告書』，279–296.

呉書雅・島一則・西村君平，2019，「日本学生支援機構貸与型奨学金が大学生の収入・支出に与える影響：プロペンシティースコアマッチングによる検証」『生活経済学研究』49：57–74.

Goldrick-Rab, Sara, Harris, Douglas N., Benson, James and Kelchen, Robert, 2011, *Conditional cash transfers and college persistence: Evidence from a randomized need-based grant program*. Discussion Paper 1393–11 University of Wisconsin.

Guo, Shenyang and Fraser, Mark W., 2014, *Propensity Score Analysis: Statistical Methods and Applications*, CA: Sage Publications: 1–394.

濱中義隆・佐藤香・白川優治・島一則，2016，「高等教育研究と政策—奨学金研究を題材として」『教育社会学研究』99：71–93.

Hill, Jennifer L., Rubin, Donald B., and Neal, Thomas, 2000, "The Design of the New York School Choice Scholarship Program Evaluation," *Research Design: Donald Campbell's Legacy*, Leonard, Bickman ed., CA: Sage Publications: 155–80.

久繁哲徳，2005，「検査の有用性の指標と ROC 分析」『臨床検査』49(12)：1335–40.

星野崇宏，2015，『調査観察データの統計科学—因果推論・選択バイアス・データ融合』岩波書店，1–245.

星野崇宏・繁桝算男，2004，「傾向スコア解析法による因果効果の推定と調査データの調整について」『行動計量学』，31(1)：43–61.

伊藤由樹子・鈴木亘，2003，「奨学金は有効に使われているか」『家計経済研究』58：86–96.

岩田弘三，2009，「生活時間を付与したデータからみた学生アルバイトの居住形態別状況と奨学金の効果」東京大学編『平成 21 年度先導的大学改革推進委託事業 高等教育段階における学生への経済的支援の在り方に関する調査研究報告書』，250–266.

岩田弘三, 2011, 「生活時間を付与したデータからみた学生アルバイトの居住形態別状況と奨学金の効果」『武蔵野大学教養教育リサーチセンター紀要』1: 51-66.

日本学生支援機構, 2018, 「日本学生支援機構について」(https://www.jasso.go.jp/about/ir/minkari/__icsFiles/afieldfile/2018/03/20/30minkari_ir.pdf. 2018.10.30)

Katz, Mitchell H., 2010, *Evaluating clinical and public health intervention: A Practical Guide to Study Design and Statistics*, New York: Cambridge University Press. (＝2016, 木原雅子・木原正博訳『医学的介入の研究デザインと統計―ランダム化／非ランダム化研究から傾向スコア, 操作変数法まで』メディカル・サイエンス・インターナショナル).

小林雅之, 2009, 『大学進学の機会均等化政策の検証』東京大学出版会: 1-263.

小林雅之, 2018, 「アメリカにおける学生への経済支援の効果の実証研究の動向」『東北大学高度教養教育・学生支援機構紀要』4: 39-51.

Long, Bridget T., 2007, "The Contributions of economics to the study of college access and success," *Teachers College Record*, 109(10): 2367-443.

Long, Bridget T., 2008, "What is known about the impact of financial aid? Implications for policy," *National Center for Postsecondary Research*: 1-46.

Long, Bridget T., 2011, "The new financial aid policies: Their impact on access and equity for low-income students?" Stulberg, Lisa M. and Weinberg, Sharon L. eds., *Diversity in American higher education: Toward a more comprehensive approach*. New York: Routledge: 1-31.

両角亜希子, 2010, 「大学生の経済環境と学習・生活」『IDE』520: 41-47.

両角亜希子, 2011, 「大学生の生活・学習と経済状況」『季刊家計経済研究』91: 22-32.

Morgan, Stephen L. and Winship, Christopher, 2007, *Counterfactuals and Causal Analysis: Methods and Principles for Social Research*, Cambridge: Harvard University Press: 3-290.

中澤渉, 2013, 「通塾が進路選択に及ぼす因果効果の異質性―傾向スコア・マッチングの応用」『教育社会学研究』92: 151-174.

日本経済新聞, 2007, 「奨学金滞納 2000 億円超す, 昨年度, モラル低下 7 年で倍に, 政府, 事業見直し検討。」『日本経済新聞』2007.9.17.

縄田和満, 1998, 「Probit, Logit, Tobit」牧厚志・宮内環・浪花貞夫・縄田和満『応用計量経済学 II』多賀出版, 237-98.

大内裕和, 2015, 「日本の奨学金問題」『教育社会学研究』96: 69-86.

Rosenbaum, Paul R. and Rubin, Donald B., 1984, "Reducing Bias in Observational Studies Using Subclassification on the Propensity Score." *Journal of the*

American Statistical Association, 79(387): 516–24.

Rubin, Donald B., 1974, "Estimating Causal Effects of Treatment in Randomized and Nonrandomized Studies," *Journal of Educational Psychology*, 66(5): 688–701.

島一則・呉書雅・濱中義隆，2018，「奨学金受給と学生の生活時間との関連についての実証分析―複数の統計手法を用いて」研究代表者 深堀聰子『国立教育政策研究所平成 28〜29 年度プロジェクト研究報告書学生の成長を支える教育学習環境に関する調査研究』，119-127.

白川優治，2018，「「奨学金」の社会問題化過程の基礎的分析―2004 年以降の全国紙 5 紙の掲載記事を対象に」『大学論集』50: 33-48.

下山朗・村田治，2011，「奨学金給付と学生の消費行動―学生生活実態調査の個票データを用いて」『生活経済学研究』33: 19-32.

St. John, Edward, P., 2004, "The impact of financial aid guarantees on enrollment and persistence: Evidence on Indiana's Twenty-first Century Scholars and Washington State Achievers Project," Heller, Donald E. and Marin, Patricia eds., *State Merit Scholarship Programs and Racial Inequality*, Cambridge, MA: Harvard University: 123-40.

産経新聞，2007，「奨学金予算削減へ　回収不能 2000 億円／遊興費に転用増え…」『産経新聞』2007.9.17.

浦田広朗，2009，「大学生の学習時間に及ぼす奨学金の効果」東京大学編『平成 21 年度先導的大学改革推進委託事業 高等教育段階における学生への経済的支援の在り方に関する調査研究報告書』，241-49.

Welch, Jilleah G., 2014, "HOPE for community college students: The impact of merit aid on persistence, graduation, and earnings," *Economics of Education Review*, 43: 1-20.

吉中季子，2016，「奨学金制度の利用からみる大学生活の実態と課題―地方大学における学生アンケートからの考察」『名寄市立大学紀要』10: 47-58.

代々木ゼミナール，2010，『2011 大学入試難易ランキング』代々木ライブラリー：1-733.

ABSTRACT

The Effects of Japan Student Services Organization (JASSO) Scholarship Loans on Student Time Use: Evidence from a Propensity Score Matching Estimator

WU, Shuya
Graduate Student, Tohoku University
SHIMA, Kazunori
Tohoku University
NISHIMURA, Kunpei
Tohoku University

Scholarship loans from the Japan Student Services Organization (JASSO) have been the root cause of a number of social problems over a long period of time. Many media outlets continue to criticize JASSO's scholarship policy in respect of the manner in which these loans are administered. A recent study has also asserted that the scholarship policy is the underlying cause of young people being trapped in the poverty cycle. However, this paper expresses doubts about this assertion, which is often based on simple analyses using government statistics or press reports concerning occasional cases.

This study utilizes propensity score matching to analyze the effects of JASSO scholarships on student time use. Results indicate that academic hours increased for university students while their allotted recreational and social time decreased after receiving scholarships. These findings are relevant regardless of whether the university is national, public, or private. Furthermore, we limited the survey range to from lower-ranked private university students, whose standard deviation scores (called "hensachi") were measured at less than 45. Similarly, the duration of study activity time increased after receiving a scholarship. The results produce evidence which contradicts skepticism about a whole range of scholarship policy and which is often based on press reports concerning occasional cases.

日本高等教育学会の設立趣旨

　現在，大学を中心とする高等教育は世界的に構造的な変動の時代をむかえ，実践的，政策的な課題への取り組みと，多様な学問領域からなる研究関心の高まりをみるに至っております.

　わが国でも，一連の改革や構造変動の進展とともに，高等教育研究の必要性と重要性に対する認識が強まり，大学研究や実践・運営のためのセンター等が相次いで設立され，また大学院に高等教育関係の研究者養成あるいは専門職養成のためのプログラムが開設されるなど，教育研究体制の整備の動きが本格化しはじめました.

　高等教育研究は，対象とする高等教育のシステムとしての複雑性や，問題としての多様性から，社会科学や人文科学，さらには自然科学にも及ぶ大きさと広がりをもっており，そのことがこれまで独立の学会の成立を妨げていました．しかし，変動の時代をむかえて明らかになった高等教育研究に係わる諸問題とその研究の重要性を考えるとき，学問領域の違いをこえた研究者等の結集と交流をはかり，研究の理論的，方法的基礎を強化し，研究の一層の深化発展をめざすとともに，その研究成果の普及を図り，実践的，政策的課題の解決に寄与するために，学会の設立は重要な課題となりつつあります.

　こうした状況をふまえ，このたび次のような有志が集まり，発起人となり日本高等教育学会の設立を企画いたしました（○印は代表）.

1997 年 7 月 19 日

麻生　　誠	阿部　美哉	○天野　郁夫	荒井　克弘	有本　　章
市川　昭午	潮木　守一	馬越　　徹	江原　武一	大﨑　　仁
梶田　叡一	金子　元久	喜多村和之	高橋　靖直	舘　　　昭
寺﨑　昌男	原　　康夫	矢野　眞和	山野井敦徳	山本　眞一

日本高等教育学会会則

1997 年 7 月 19 日
2000 年 5 月 21 日改正

第 1 章　総則
第 1 条　本会は，日本高等教育学会と称し，英語名を Japanese Association of Higher Education Research（略称 JAHER）とする．
第 2 条　本会は，高等教育研究の推進及び研究成果の普及並びに会員相互の研究交流の促進を目的とする．
第 3 条　本会は，前条の目的を達成するため，以下の事業を行う．
　　1．高等教育に関する研究とその振興と普及
　　2．研究大会等研究集会の開催及び会員間の研究交流の促進
　　3．機関誌等研究成果の公表
　　4．高等教育関係団体及び関連機関との連携協力
　　5．高等教育研究に関する国際協力の推進
　　6．その他，本会の目的に必要な事業

第 2 章　会員
第 4 条　会員は，会員 2 名以上の推薦を受け，理事会の承認を経て入会する．
第 5 条　会員の退会等の扱いについては，別に理事会が定める規定による．

第 3 章　組織及び運営
第 6 条　本会に以下の役員を置く．
　　1．会長　　1 名
　　2．理事　　20 名以内
　　3．監事　　2 名
第 7 条　役員の任務は，以下のとおりとする．
　　1．会長は本会を代表し，会務を総理する．
　　2．理事は理事会を組織し，本会の運営に当たる．
　　3．監事は会計を監査する．
第 8 条　役員の選出は，以下のとおりとする．
　　1．理事は，別に定めるところにより，会員が選挙する．
　　2．会長は，理事の互選による．
　　3．監事は，総会において理事以外の正会員の中から推挙する．

232

第9条　役員の任期は，以下のとおりとする．

　　1．役員の任期は2年とし，再選を妨げない．

　　2．前号の規定に係わらず，会長の任期は引き続き4年を超えることはできない．

第10条　本会の会務を執行するために事務局を置き，その組織及び選出方法は以下のとおりとする．

　　1．事務局長　1名　理事会の承認を経て会長が委嘱　任期2年

　　2．幹事　若干名　会長の承認を得て事務局長が委嘱　任期2年

第11条　本会は必要に応じ，理事会のもとに各種の委員会を置くことができる．

第12条　本会は年1回，総会及び研究大会を同時に開催する．

第4章　会費及び会計

第13条　会員は会費を納入しなければならない．会費の額については，理事会が提案し，総会の議による．

第14条　会計年度は5月から翌年の4月とする．

第15条　本会の予算案は理事会が編成し，総会の議決を経て成立する．

第16条　本会の会計決算は監査による会計監査を経て，翌会計年度初頭の総会において承認を受けなければならない．

第5章　会則の変更

第17条　本会則の変更は理事会が提案し，総会の議決による．

第6章　付則

第18条　第8条の規定に係わらず，本会の設立時の理事は，発起人をもって充て，設立総会の承認を受けて就任する．

第19条　事務局の所在地は理事会において決定する．

第20条　その他，必要な事項については理事会の審議による．

「高等教育研究」投稿規定（2016 年 9 月 24 日）

「高等教育研究」に投稿する論文は，次の規定に従うものとする．

1．投稿者は，日本高等教育学会の会員であること（共著の場合，全員が会員であること）．
2．論文は，和文または英文の未発表論文であること．「二重投稿の禁止について」に従ったものであること．
3．本誌に掲載された論文等の著作権については，本学会に帰属する．また，著作者自身が自己の著作物を利用する場合には，本学会に申し出る．掲載された論文等は本学会が認めたネットワーク媒体に公開される．
4．論文の記述は「『高等教育研究』執筆要領」に従ったものであること．論文の分量は，論文題目，本文，図，表，注，引用文献等を含めて，18 頁以内とする．また，1 頁の 1 行目に論文題目，副論文題目がある場合には 2 行目以降に副論文題目を記載し，1 行空けて，本文を記述する．
5．論文は日本高等教育学会のウェブ・サイト（http://www.gakkai.ne.jp/jaher/）の「研究紀要投稿」から指示に従って投稿すること．
6．締切日は 10 月 31 日とする．
7．投稿論文は返却しない．
8．論文の採択が決定した場合，最終原稿の電子ファイルを直ちに送付すること．

研究紀要編集委員会

委 員 長	橋本　鉱市			
副委員長	阿曽沼明裕	濱中　義隆		
委　　員	井上　義和	北村　友人	杉谷祐美子	中井　俊樹
	南部　広孝	藤村　正司	朴澤　泰男	水田　健輔
	望月　由起			
英文校閲	Maurice E. Jenkins			

「高等教育研究」執筆要領（2016年9月24日改訂）

「高等教育研究」の論文及び論文用紙の執筆は、次の要領による．

1．論文原稿は，必ずワープロを使用し，次の点を厳守すること．
  （1）A4判，横書きで，和文の論文の場合は1頁を34字32行，英文の論文の場合は68字37行で記述する．『高等教育研究』の刷り上りの体裁では，A4用紙横置きに2段組で印字する．このため，図や表については，実際の印刷原稿では縮小されることを想定して読みにくいことがないように作成する．
  （2）句読点は，和文は，全角の「．」「，」，英文及び引用等で用いる欧文には半角の「.」「,」を使用する．
  （3）図，表には表題を付し，頁の文字分の行列内に貼り付けるか，論文原稿末尾に貼付し，本文中には挿入すべき箇所を指定する．図，表による字数の減少は，（1）をもとに換算する（本誌2分の1ページは544字に相当）．
  （4）注は文中の該当箇所に[1]，[2]，……のように表記し，論文原稿末尾にまとめて記載する．
  （5）投稿論文の場合は，「拙著」「拙稿」など投稿者名が判明するような表現は避ける．
  （6）投稿論文は，ワード又は一太郎，もしくはテキストファイルに変換可能な文書ソフトで作成し，PDF化原稿と共に投稿する。電子ファイルは投稿者名が判明するような文書名をつけない．
2．引用文献の提示方法は，原則として次の形式に従うこと．
  （1）文献を示す割注については，全角丸括弧内に「著者の氏[注1]_出版年：_始頁－終頁[注2]」の記載を原則とする．なお，「_」は半角スペース，「：」は半角コロン，「－」は半角ハイフンをあらわす．
    （注1）共著の場合は，「第1著者・第2著者」の順に記載し，ナカグロでつなぐ．3名以上の場合は，「第1著者ほか」として「ほか」をつける．編書の場合は，「編者名編」として「編」を入れる．監修の場合は，「監修者名監修」として「監修」を入れる．英文による3名以上の共著の場合は，「*et al.*」を，一人の編書の場合は「ed.」，2名以上の編書のときは「eds.」をつける．
    （注2）終頁の数値のうち，始頁の数値と同じ上位の桁は省略する．
     例：「…が明らかにされている（山田 1990: 165-9，佐藤 1993: 259-61）．」
      「山田（1998）によれば，…」
  （2）翻訳書，翻訳論文の場合は，「原著者の氏_原書の出版年＝訳書の出版年」を原則とし，頁数の記載にあたっては，訳書の頁を用いる場合は，「原著者

の氏_原書の出版年＝訳書の出版年:_始頁-終頁」, 原書を参照して独自に訳出した場合には,「原著者の氏_原書の出版年:_始頁-終頁」とする.

例:「…と論じている（Smith 1930＝1996: 51-64）.」

(3) 引用文献は, 末尾に和文, 欧文を含めて著者の姓のアルファベット順, 年代の古い順に西暦で記し, 同一著者の同一年の文献は, 引用順にa, b, c……を付し, 注の後にまとめて記載する.

〈和文の著書〉

著者氏名[注1], [注2], 出版年, 『書名―副題』[注3]出版社名[注4].

例:山田太郎・鈴木一郎, 1998,『高等教育論―マスからユニバーサルへ』青山出版.

例:スミス, K.（太田二郎訳）, 1998,『大学史』青山出版.

〈和文の共著（編書）の収録論文〉

著者氏名, 出版年,「論文名―副題」共著（編, 監修）者氏名『書名―副題』出版社名, 始頁―終頁[注5].

例:山田太郎, 1998,「専門職大学院の登場―法科大学院に着目して」青山和夫編『現代 の高等教育改革』鈴木出版, 253-68.

〈和文の論文〉

著者氏名, 出版年,「論文名―副題」『雑誌名』巻（号）:始頁-終頁.

例:山田太郎, 2000,「イギリスの高等教育財政―日本との比較」『高等教育学会誌』3（2）:198-213.

(注1) 共著の場合は,「第1著者・第2著者」の順に記載し, ナカグロでつなぐ. 編書の場合は,「編者名編」として「編」を入れる.「第1著者ほか」としてもよい. 監修の場合は,「監修者名監修」として「監修」を入れる. カタカナ表記の外国人名については,「氏, 名の頭文字.」（スミス, K.）とする.

(注2)「,」「.」「:」は半角とし, スペースをあける.

(注3) 書籍に関する第3巻, 第2版, 上・下などの情報は,『書名―副題（第3巻）』のように『（ ）』として記載する.

(注4) 文庫名, 新書名から出版社名がわかる場合は, 文庫名, 新書名を出版社名に代替し てもよい.

(注5) 終頁の数値のうち, 始頁の数値と同じ上位の桁は省略する.

〈英文の著書〉

著者氏, _名_ミドルネームの頭文字.,[注6]_出版年,_*書籍:_副題*,_出版都市名:_出版社名.

例:Jackson, Suzanne L., 1976, *College Culture : The Transformation in the 90's*, New York : ABC Press.

〈英文の共著（編書）の収録論文〉

著者氏,_名_ミドルネームの頭文字.,_出版年,_"論文名:_副題,"_共著（編）
者名[注7],_書籍:_副題,_出版都市名:_出版社名.

> 例：Young, Peter, 1988, "The New Age of Higher Education," Jackson,
> Suzanne L., Clay, Stacey, and Johnson, Martin S. eds., *Academic
> Revolution*, Washington D.C. : American Press.

〈英文の論文〉

著者氏,_名_ミドルネームの頭文字.,_出版年,_"論文名:_副題,"_雑誌名,_巻_
（号）:_始頁−終頁.

> 例：Young, Peter, 1995, "The New Life for College Curriculum: Assessing
> Progress in the Reform of Undergraduate Education," *Higher
> Education Review*, 4(3): 175.83.

〈翻訳書・論文の場合〉

原典の書誌情報.（＝翻訳出版年，訳者名訳,『書名―副題』出版社名.）

> 例：Jackson, Suzanne L. and Young, Peter, 1983, *American Academic
> Culture*, New York : ABC Press.（= 1995, 山田太郎訳,『アメリカ
> の学術文化』東京出版.）

（注6）「,」「:」「.」は半角とし,「,」「:」は,後ろに半角スペースを空ける.

（注7）共著の場合は,著者氏,_名_ミドルネームの頭文字._and_著者氏,
_名_ミドルネームの頭文字.と「and」でつなぐ.3人以上の場合は,
著者氏,_名_ミドルネームの頭文字.を「,」でつなぎ,最後の著
者名のみ,「,_and」としてつなぐ.

> 編書の場合は,著者氏,_名_ミドルネームの頭文字._ed.と「ed.」で
> 表す.複数の編者の場合は,「eds.」とする.

〈ウェッブサイトからの引用の場合〉

・図書・論文の引用

可能な限り上記の引用文献の提示方法にしたがい,URLと最終アクセス日
を（）内に記載する.

> 例：山田太郎,2003,「調査のガイドライン」『社会学の方法』東京出版.
> （http://www.tokyo.co.jp/shakaigaku/yamada.html, 2004.12.10.）

> 例：青木二郎,2004,『大学論』文葉社.（http://www.bunyou.co.jp/
> daigaku/aoki.pdf,2004.12.10.）

> 例：Smith, William, 2003, " Research on Attitude among Japanese Youth,"
> *American Psychologist*, 50: 153.79.（http://www.apa.org/journals/smith.
> html, 2004.12.10.）

> 例：Green, Robert, 2001, *Advancing Online Learning*, San Francisco : Cal
> Publisher.（http://www.calpub.com/green.htm, 2004.12.10.）

・新聞記事・abstract などの引用

原則，図書・論文の引用形態にならうが，新聞記事については掲載月日と可能であれば掲載ページを，abstract については（Abstract）と追加記載する．

例：青山雄一, 2004,「教員の IT への対応は不十分 JASET 調査」『毎夕新聞』12.16.（http://www.maiyu.msn.co.jp/edu/elearningschool/topics/news/20041216org00m040073000c .html, 2004.12.20.）

例：Kurz, Kathy and Scannel, Jim, 2004, "How Should Public Colleges Price Their Product? "*The Chronicle of Higher Education*, December 17, p. B12.（http://chronicle.com/prm/weekly/v51/i17/17b 01201.htm, 2004.12.20.）

例：Swidler, Ann and Arditi, Jorge, 1995, " The New Movement of College Education," （Abstract）, *Annual Review of Higher Education*, 30: 305.20.（http://www.annurev.org/series/higheredu/Vol 30/co 30 abst.html, 2004. 10. 23.）

3．論文要旨は，英文及び和文で，下記により作成のこと．

（1）和文の論文の場合

　a．英文は，A5 判，横書きで，論文題目を記載し，要旨本文は 68 字 30 行以内で記述．

　b．和文は，A5 判，横書きで，論文題目を記載し，要旨本文は 34 字 10 行以内で記述．

（2）英文の論文の場合

　a．和文は，A5 判，横書きで，論文題目を記載し，要旨本文は 34 字 30 行以内で記述．

　b．英文は，A5 判，横書きで，論文題目を記載し，要旨本文は 68 字 10 行以内で記述．

4．論文，和文要旨，英文要旨には，氏名・所属を記さない．

5．執筆者連絡票を，下記により作成のこと．

（1）A4 判，横書きで，論文題目（和文・英文），氏名，所属，連絡先（住所，電話番号，メールアドレス）を記述．

6．論文，和文要旨，英文要旨，執筆者連絡票を別々のファイルとして作成のこと．

二重投稿の禁止について

日本高等教育学会研究紀要編集委員会(2012 年 7 月 27 日，2013 年 10 月 5 日改正)

1．二重投稿の定義

(1) 他の学会誌・紀要・雑誌図書等（以下，他の学会誌等）に投稿・寄稿中の論文と同一内容もしくは極めて類似すると認められる論文を投稿した場合を二重投稿とみなす．

すでに公表された論文と同一内容もしくは極めて類似すると認められる論文を投稿した場合も含む．単著・共著を問わない．

(2) 他の学会誌等に公表した論文または投稿・寄稿中の論文における同一のデータを，引用を明記することなく記載して投稿した場合も二重投稿とみなす．

(3) すでに公表した同一もしくは極めて類似すると認められる論文を他の言語で投稿した場合も，二重投稿とみなす．

(4) 次項に該当する場合は，同一データを利用し，内容が類似であっても，二重投稿とはみなさない．

2．二重投稿の例外

(1) その一部または全部が，学会もしくは研究会において発表されたもので，完全な論文の形ではなく，要旨集・抄録のような媒体に掲載されているもの．ただし，要旨集・抄録の掲載が当該学会及び研究会において，論文とされている場合には，二重投稿とみなす．

(2) 学士・修士・博士論文の一部もしくは全部であり，まだ出版・公表されていない場合．

ただし，これらの論文が，大学等の電子リポジトリにおいて掲載される場合は，公表には含めない．

(3) すでに公表されている著書・論文・科学研究費等の報告書等が，投稿論文中に適切な引用として示されている場合．

(4) 『高等教育研究』掲載後に，他の学会誌等に掲載する場合で，日本高等教育学会編集委員会及び当該学会誌等の編集者の了解を得て，『高等教育研究』掲載論文であることを示して掲載する場合．

３．事前の申告

　同一もしくは非常に類似した研究であり，重複もしくは二重投稿と見なされる恐れのある以前の発表や，同時に行っている投稿・寄稿論文がある場合，投稿者は投稿と同時に編集委員会にその論文を送付し，二重投稿ではないことを説明しなければならない．

４．会員の義務

　会員は，二重投稿の定義をよく理解し，その防止に努めるとともに，『高等教育研究』に掲載された論文に関して，二重投稿であるとの疑義を持った場合には，速やかに編集委員会に報告しなければならない．

５．二重投稿の判定

　編集委員会は，二重投稿の疑義が生じた場合には，速やかに投稿者及び関連する学会・大学等機関に連絡を取り，事実関係を精査し，判定をしなければならない．

６．二重投稿への制裁

　編集委員会が投稿論文を二重投稿と判定した場合，当該論文は査読の対象としない．投稿論文の著者には，次年度の投稿を禁止する．

　論文が掲載後に二重投稿と判定された場合には，当該論文の掲載を取り消すとともに，その旨を『高等教育研究』並びに学会HP及びニュースレターで告知する．

既刊「高等教育研究」総目次

第1集　高等教育研究の地平　1998年4月

〔特集　高等教育研究の地平〕

日本の高等教育研究―回顧と展望― ………………………… 天野　郁夫
高等教育研究の現在・過去・未来 ……………………………… 喜多村和之
高等教育研究の視点 ……………………………………………… 大﨑　　仁
高等教育研究のパースペクティブ ……………………………… 金子　元久
アメリカにおける高等教育研究の展開と日本への示唆

　　　　　　………… ロバート・バーンバウム（舘昭・森利枝訳）

〔エッセイ　高等教育研究への期待〕

二足のわらじ ……………………………………………………… 天城　　勲
自己評価の盲点 …………………………………………………… 新堀　通也
"老兵"の回顧／期待 ……………………………………………… 清水　畏三
プロフェッショナル集団への期待 ……………………………… 市川　惇信
日本的現実に独自の主張を ……………………………………… 慶伊　富長
2つの感慨 ………………………………………………………… 高倉　　翔
研究の分野と人を限定することなく …………………………… 黒羽　亮一
高等教育研究の再組織化にむけて ……………………………… 井門富二夫
大学法制研究の発展に期待する ………………………………… 高木　英明

〔論　稿〕

一般教育の滅亡と復活？ ………………………………………… 市川　昭午
大学教員の研究―大学教授の使命と市場― …………………… 有本　　章
大学の管理運営と事務職員―管理運営論への新たな視点― … 山本　眞一
高校と大学の接続―ユニバーサル化の課題― ………………… 荒井　克弘
高等教育の第3の革命―大学の開放化―

　　　　　　…………… ウィリアム K. カミングス（金子元久訳）

　　　編集後記 …………………………………………………… 矢野　眞和

第2集　ユニバーサル化への道　1999年4月

〔特集　ユニバーサル化への道〕

ユニバーサル化への道 …………………………………………… 矢野　眞和
やわらかな高等教育システムの形成 …………………………… 舘　　　昭
　　―バーチャル・ユニバーシティの態様と単位制度の意義―
入試改革から教育改革へ ………………………………………… 山岸　駿介
大学のユニバーサル化とエリート教育 ………………………… 岩永　雅也

241

アメリカの経験—ユニバーサル化への道— ……………………… 江原　武一
アジアの経験—高等教育拡大と私立セクター—— ……………… 馬越　　徹
〔特別寄稿論文〕
マス型からユニバーサル・アクセス型高等教育への移行
　　　　　　　　………………………… マーチン・トロウ（喜多村和之訳）
〔論　稿〕
国立大学における研究費補助のパターン変化 ………………… 阿曽沼明裕
　—「特定目的化」と「競争化」—
日本における公立大学の管理運営に関する研究 ……………… 天野　智水
　—設置者に着目して—
親と大学生の学生生活費負担に関する実証的研究 …………… 島　　一則
エリオットの「日本教育意見書」をめぐる女子高等教育論争　畑中　理恵
　—大正期女子高等教育政策形成の政治的契機—
アメリカの大学・高校の接続—リメディアル教育と一般教育—　吉田　　文
　　　編集後記 ……………………………………………………… 矢野　眞和

第3集　日本の大学評価　2000年4月

〔特集　日本の大学評価〕
大学評価を考える視点—特集にあたって—………………………… 山本　眞一
大学評価のポリティカル・エコノミー ……………………………… 金子　元久
大学評価の意義と大学の未来 ………………………………………… 舘　　　昭
自然科学系の研究—その現状と大学評価— …………… 慶伊富長・本多卓也
人文社会科学の研究環境とその評価 ………………………………… 大場　　淳
大学教師の役割と評価 ………………………………………………… 山野井敦徳
　—市場化におけるアカデミック・プロフェッションの視点から—
学生の教育期待の変容と大学評価 …………………………………… 濱名　　篤
〔論　稿〕
地域的機能からみた国立大学と大学人 … 稲永由紀・村澤昌崇・吉本圭一
日本の大学評価システムの構造と機能 … 米澤彰純・村澤昌崇・作田良三
　—自己点検・評価が生み出したもの—
　　　編集後記 ……………………………………………………… 山本　眞一

第4集　大学・知識・市場　2001年4月

〔特集　大学・知識・市場〕
大学・知識・市場—特集にあたって—……………………………… 矢野　眞和
知識社会の大学—教育・研究・組織の変容— ……………………… 小林　信一
「実学」再考—教育改革の動向— …………………………………… 井下　　理

コンピテンシーは大学教育を変えるか ……………………… 小方　直幸
社会人教育の現状と課題—修士課程を中心に— ……………… 本田　由紀
大学教育と職業への移行—日欧比較調査結果より— ………… 吉本　圭一
〔論　稿〕
チェコスロバキア高等教育における
　　イデオロギー教育に関する一考察 ……………………… 石倉　瑞恵
　—1950 年代のマルクス・レーニン主義学科の組織・機能を中心に—
大学の組織・経営—アメリカにおける研究動向— ……………… 両角亜希子
　編集後記 ……………………………………………………… 矢野　眞和

第 5 集　大学の組織・経営再考　2002 年 4 月

〔特集　大学の組織・経営再考〕
市場競争下の大学経営 ………………………………………… 潮木　守一
私立大学の組織・経営再考 …………………………………… 絹川　正吉
名古屋大学の試みを通して見た大学の組織・経営 …………… 池田　輝政
国立大学の管理運営—現場から— …………………………… 本間　政雄
大学の組織・経営とそれを支える人材 ……………………… 山本　眞一
　—編集意図の説明を兼ねて—

〔論　稿〕
福祉国家形成期における高等教育政策の過程分析 …………… 橋本　鉱市
　—1970 年代の医師養成拡充政策をめぐって—
市場型大学評価 ……………………… 間渕泰尚・小林雅之・大多和直樹
　—正当化とセルフ・フィーディングの過程—
私立大学・短期大学の収支構造に関する実証的研究 … 濱中義隆・島一則
　—18 歳人口減少期における私学経営の転換—
　編集後記 ……………………………………………………… 山本　眞一

第 6 集　高等教育　改革の 10 年　2003 年 4 月

〔特集　高等教育　改革の 10 年〕
高等教育システムの変貌 ……………………………………… 市川　昭午
ユニバーサル・アクセス時代の学士課程カリキュラム ……… 小笠原正明
短期大学の現状と将来—21 世紀の新たなる戦略に向けて— …… 清水　一彦
専門学校の発展と高等教育の多様化 ………………………… 吉本　圭一
認証評価制度のインパクト …………………………………… 早田　幸政
　—アメリカの「教育長官認証」の紹介を兼ねて—
学生募集と入学試験と経営 …………………………………… 大江　淳良
ポスト冷戦期の大学と科学技術 ……………………………… 中山　茂

〔論　稿〕

アメリカのビジネス・スクールにおける

　　専門職教育の構築過程 …………………………………………… 福留　東土

　─シカゴ大学の事例を中心として─

　　編集後記 …………………………………………………………… 山本　眞一

第7集　プロフェッショナル化と大学　2004年4月

〔特集　プロフェッショナル化と大学〕

　　社会のプロフェッショナル化と大学 …………………………… 舘　　　昭

　　　─professional school に関する一考察─

　　プロフェッショナル化する社会と人材 ………………………… 山田　礼子

　　　─経営人材のプロフェッショナル化と教育─

　　教員資質の高度化と大学の役割 ………………………………… 八尾坂　修

　　医療人材の高度化と大学教育 …………………………………… 阿部　和厚

　　企業内大学─日米の動向を中心に─ …………………………… 塚原　修一

　　専門職大学院の動向と課題─ロースクールを中心に─ ……… 横山晋一郎

〔論　稿〕

　　教育成果を用いた教養教育の評価活動 ………………………… 串本　　剛

　　　─NIAD による試行を切り口として─

　　大学職員の役割と能力形成 ………………………… 福留（宮村）留理子

　　　─私立大学職員調査を手がかりとして─

　　「マス段階」の工学系修士課程教育 ……………………… 濱中（万見）淳子

　　　─学生の満足度と修学意欲にみる問題の特質─

　　　編集後記 ………………………………………………… 舘昭・安原義仁

第8集　学士学位プログラム　2005年4月

〔特集　学士学位プログラム〕

　　リベラルアーツ教育と学士学位プログラム …………………… 絹川　正吉

　　日本における学士学位プログラムの現況 ……………………… 杉谷祐美子

　　スワニー，HIROSHIMA，玄米 ………………………………… 宮田　敏近

　　アメリカの学士課程カリキュラムの構造と機能 ……………… 吉田　　文

　　　─日本との比較分析の視点から─

　　イギリスの大学における学士学位の構造と内容 ……………… 安原　義仁

　　　─近代オックスフォードの古典学優等学士学位を中心に─

　　欧州高等教育圏構想と Undergraduate 課程の再構築 ………… 川嶋太津夫

　　　─日本の学士課程改革への示唆─

〔論　稿〕
　　国境を越える高等教育に見るグローバル化と国家 …………… 大森不二雄
　　　　―英国及び豪州の大学の海外進出の事例分析―
　　中国農村部の遠隔高等教育 ……………………………………… 劉　　　勇
　　　　―「広播電視大学」学習センターにおける在学者と学習の実態―
　　わが国における家政学の制度化過程―学問的発展の特徴―…… 木本　尚美
　　　　編集後記 ………………………………………… 舘昭・安原義仁

第9集　連携する大学　2006年5月

〔特集　連携する大学〕
　　連携する大学―特集の趣旨― ……………………… 荒井克弘・羽田貴史
　　産学連携の進化 ………………………………………………… 原山　優子
　　アメリカの産学連携―社会における大学の役割― …………… 宮田由紀夫
　　大学モデルの衝突と産学連携 ………………………………… 澤田　芳郎
　　　　―産学連携コーディネートの現場から―
　　大学コンソーシアムの現在―大学間連携― ………………… 大江　淳良
　　大学の国際連携―グローバル時代の高等教育戦略― ………… 田中　義郎
〔論　稿〕
　　高等教育の地方分散化政策の検証 …………………………… 小林　雅之
　　学校法人「基本金」の研究―大学経営に果たした役割― ……… 渡部　芳栄
　　教育の質の保証につなげる教育システムの構築…稲葉めぐみ・阿部　　帥
　　在学生によるカリキュラム評価の可能性と限界 ……………… 葛城　浩一
　　　　編集後記 ………………………………………… 荒井克弘・羽田貴史

第10集　高等教育研究の10年　2007年5月

〔特集　高等教育研究の10年〕
〈高等教育研究の動向〉
　　高等教育学会の10年 …………………………………………… 橋本　鉱市
　　　　―組織編成と知識形成―
　　大学史・高等教育史研究の10年 ………… 羽田貴史・大塚豊・安原義仁
　　高等教育研究における比較研究の成果と課題 ………………… 川嶋太津夫
　　　　―紀要掲載論文を中心にして―
　　高等教育の経済分析 …………………………………………… 小林　雅之
　　高等教育における財政と経営管理の研究 …………………… 丸山　文裕
　　高等教育研究と社会学的想像力 ……………………………… 中村　高康
　　　　―高等教育社会学における理論と方法の今日的課題―

〈高等教育研究の論点〉

高等教育の個別的実践と普遍的理論化の狭間で ……………… 大塚　雄作
　　―大学評価・FD 実践の体験を通して―

大学評価の研究と実践の 10 年 ………………………………… 濱名　　篤

大学改革と政策過程 ……………………………………………… 塚原　修一

〈海外からの視点〉

外から見た日本の高等教育研究 ………………… ウルリッヒ・タイヒラー
　　　　　　　　　　　　　　　　　　　　　　　　　吉本圭一訳

〈高等教育研究の新たな課題〉

高等教育研究の課題 ……………………………………………… 荒井　克弘
　　―10 周年特集の総括―

〔論　稿〕

米国における大学院の財政基盤の多様性 ……………………… 阿曽沼明裕
　　―東部・中西部の研究大学の事例から―

大学におけるカリキュラム開発のプロセスに関する考察
　　　　　　　……………… 鳥居朋子・夏目達也・近田政博・中井俊樹
　　―Diamond のモデルとその適用事例を中心に―

学士課程教育の自己評価とその効果 …………………………… 串本　　剛
　　―教育成果を根拠とした評価の採否と有効性―

奨学金拡大政策の効果に関する実証的研究 …………………… 藤森　宏明
　　―理工系学部に着目して―

　　　　編集後記 ………………………………………… 荒井克弘・羽田貴史

第 11 集　大学生論　2008 年 5 月

〔特集　大学生論〕

学生文化の実態と大学教育 ……………………………………… 武内　　清

大学進学者の文化資本形成 ……………………………………… 大前　敦巳

学生のエンゲージメントと大学教育のアウトカム …………… 小方　直幸

高等教育大衆化時代における大学生のキャリア意識 ………… 望月　由起
　　―入学難易度によるキャリア成熟の差異に着目して―

大学生の進路選択と就職活動 …………………………………… 小杉　礼子

「学生の流動化」と進路形成 …………………………………… 濱中　義隆
　　―現状と可能性―

大学生研究の位相 ………………………………………………… 吉田　　文

〔論　稿〕

英国高等教育資格課程（PGCHE）における大学教員の
　　教育職能開発 ………………………………………………… 加藤かおり

アメリカ営利大学と連邦政府学生援助プログラム …………… 古賀　暁彦

———Title Ⅳ　適用範囲の拡大を目指す営利大学の戦略———
小規模公立高校と大学教育の機会 ………………………………… 山村　　滋
———教育課程の比較分析———
東京都所在大学の立地と学部学生数の変動分析 ……………… 末冨　　芳
———大学立地政策による規制効果の検証と規制緩和後の動向———
編集後記 ……………………………………… 吉田文・小林信一

第12集　変容する大学像　2009年5月

〔特集　変容する大学像〕
日本の大学組織 ……………………………………………… 村澤　昌崇
———構造・機能と変容に関する定量分析———
大学の変容 …………………………………………………… 浦田　広朗
———供給構造と資金配分の変動がもたらしたもの———
日本の高等教育をめぐるマクロ財政フローの分析 ………… 水田　健輔
臨時教育審議会以降の大学教員の構造と機能の変容 ………… 大膳　　司
———教育・研究活動を中心として———
変容する大学とこれからの職員 ……………………………… 山本　眞一
大学改革と教育課程の課題 …………………………………… 溝上智恵子
大学改革は研究活動を改善したか …………………………… 小林　信一
大学改革は何をもたらしたのか ……………………………… 吉田　　文
———臨時教育審議会からの総括———

〔論　稿〕
「証拠に基づく政策」はいかにして可能か？ ………………… 潮木　守一
———教員需要推計の事後検証をもととして———
高大接続情報を踏まえた「大学教育効果」の測定
　　　　　　　　　　……………………… 木村拓也・西郡大・山田礼子
———潜在クラス分析を用いた追跡調査モデルの提案———
編入学制度が学生にもたらすインパクト …………………… 立石　慎治
———編入学・転学者の進路選択構造と適応に着目して———
大学の教科書の研究 …………………………………………… 原田健太郎
———標準性に注目して———
編集後記 ……………………………………………………… 吉田　　文

第13集　スタッフ・ディベロップメント　2010年5月

〔特集　スタッフ・ディベロップメント〕
大学職員の能力開発（SD）への試論………………………… 寺﨑　昌男
———プログラム化・カリキュラム編成の前提のために———

247

高等教育研究と大学職員論の課題 …………………………………… 羽田　貴史
大学のユニバーサル化と SD ………………………………………… 福島　一政
　　—大学職員の視点から—
スタッフ・ディベロップメント論のイノベーション ………… 加藤　　毅
米国高等教育における学生担当職員の専門職能開発
　　（PD）の体系化 …………………………………………………… 小貫有紀子
高等教育研究としての SD 論 ……………………………………… 伊藤　彰浩
　　—特集の趣旨をめぐって—

〔論　稿〕
経営支援機能としての経営情報システムの必要性に
　　関する実証分析 …………………………………………………… 中島　英博
　　—米国インスティテューショナル・リサーチに注目して—
　　編集後記 …………………………………………………………… 吉田　　文

第 14 集　高大接続の現在　2011 年 5 月

〔特集　高大接続の現在〕
高大接続の日本的構造 ………………………………………………… 荒井　克弘
大学からみた高校との接続 …………………………………………… 山田　礼子
　　—教育接続の課題—
高校生のローカリズムと大学進学 ………………………………… 中村　高康
　　—高大接続のもう一つの論点—
「高大接続テスト（仮称）」と日本型高大接続の転換 ………… 佐々木隆生
高校・生徒からみた高大接続の課題と展望 …………………… 山下　仁司
　　—高大接続の真の課題は何か—
欧州における高大接続 ………………………………………………… 大場　　淳
日本とアメリカの比較から高大連携の政策アプローチを再考する
　　…………………………………………………………………………… 神原　信幸
東アジア諸国における高大接続 …………………………………… 南部　広孝
　　—大学入学者選抜方法の改革に焦点をあてて—
大学と高校の接続の動向と課題 …………………………………… 吉田　　文
〔論　稿〕
教職課程の教育効果をめぐる評価 ………………………………… 長谷川哲也
　　—現職教員の認識に注目して—
汎用的能力の評価手法に関する探索的研究
　　……………………… 杉谷祐美子・吉原惠子・白川優治・香川順子
　　—自己評価・他者評価の可能性—
私立大学の財務構造と資金調達行動 ……………………………… 川崎　成一
　　—1970 年代を中心に—

大学経営政策の意思決定モデル構築に向けての考察
　………………………………… 大山篤之・小原一仁・西原理
　―横断的大学格付けと全入時代到来期待時刻シミュレーションを踏まえて―
大学における職員の管理運営能力獲得プロセスと業務を通じた育成
　………………………………………………………………… 中島　英博
GPA 制度に関する国際調査研究………………………………… 半田　智久
　編集後記 ………………………………………………… 吉田文・伊藤彰浩

第 15 集　高等教育財政　2012 年 5 月

〔特集　高等教育財政〕

高等教育財政 ……………………………………………………… 羽田　貴史
　―特集の趣旨―
高等教育財政の展望 ……………………………………………… 金子　元久
国際化における高等教育財政 …………………………………… 松塚ゆかり
　―経済学理論が示唆するパラダイム―
国立大学財政・財務の動向と課題 ……………………………… 島　　一則
　―法人化後の検証―
公立大学・公立大学法人の財政・財務分析 …………………… 渡部　芳栄
私立大学の財政 …………………………………………………… 両角亜希子
　―現状と課題―
家計負担と奨学金・授業料 ……………………………………… 小林　雅之
科学技術政策と大学財政 ………………………………………… 小林　信一

〔論　稿〕

アメリカにおける政府学生ローンの延滞・債務不履行問題
　………………………………………………………………… 吉田　香奈
情報系専門職大学院の独自性に関する研究 …………………… 石原　朗子
　―大学院修士課程との比較から―
米国の高等教育財政における個人寄付の時系列分析 ………… 福井　文威
　―資本市場と連邦寄付税制の役割に着目して―
　編集後記 ………………………………………………………… 羽田　貴史

第 16 集　高等教育研究の制度化と課題　2013 年 5 月

〔特集　高等教育研究の制度化と課題〕

高等教育研究の制度化と課題 …… 日本高等教育学会研究紀要編集委員会
　―特集の趣旨―

〈アカデミック・ディシプリンと高等教育研究
　―専門学会の視点から―〉
　　比較教育研究と高等教育研究 ……………………………… 山内乾史・南部広孝
　　教育社会学における高等教育研究 ……………………………… 加野　芳正
　　教育行政学と高等教育研究 ……………………………………… 大桃　敏行
〈高等教育研究の方法論を求めて〉
　　大学教育学会の高等教育研究 …………………………………… 大塚　雄作
　　大学行政管理学会の研究活動 …………………………………… 吉田　信正
　　　―15年の活動を振り返って―
〈海外の高等教育研究〉
　　米国における高等教育研究と
　　　　高等教育学会 …………………………… レスター・グッドチャイルド
　　　―120年の展開―　　　　　　　　　　　　　　　　　福留東士訳
　　欧州における高等教育研究 ……………………… ウルリッヒ・タイヒラー
　　　　　　　　　　　　　　　　　　　　　　　　　　　　稲永由紀訳
　　中国における高等教育研究発展の軌跡と学会の役割 ………… 潘　　懋元
　　　　　　　　　　　　　　　　　　　　　　　　　　　　南部広孝訳
〈高等教育研究のイノベーション〉
　　組織としての高等教育学会 …………………………… 濱中義隆・足立寛
　　　―会員調査分析結果報告―
　　高等教育研究の知識変容とネットワーク …………… 橋本鉱市・丸山和昭
　　　―関連3学会の比較を通して―
　　高等教育研究のイノベーション ……………………………… 金子　元久
〔論　稿〕
　　国立大学における教員養成改革 ………………………………… 小方　直幸
　　成績評価の内部質保証制度構築に関する比較研究 …………… 田中　正弘
　　　―イギリスの事例を鏡として―
　　大学教員のキャリアと能力形成の課題 … 立石慎治・丸山和昭・猪股歳之
　　　―総合的能力の獲得に及ぼす個別能力・経験・雇用形態の影響に着目して―
　　　　編集後記 …………………………………………………… 羽田　貴史

第17集　大学教育のマネジメントと革新　2014年5月

〔特集　大学教育のマネジメントと革新〕
　　大学教育のマネジメントと革新 … 日本高等教育学会研究紀要編集委員会
　　　―特集の趣旨―
　　教学マネジメントをめぐる日・英の政策動向 ……………… 大森不二雄
　　　―「経営」は「質保証」をもたらすか―

米国高等教育における教学マネジメントへの
学外統制メカニズム …………………………………………………………… 森　　利枝
　　―単位制度の運用を手がかりに―
教育マネジメントと学長リーダーシップ論 ………………………… 羽田　貴史
教学マネジメントに関する学内コンセンサス ………………… 串本　　剛
　　―同一大学における横の偏差と縦の隔たり―
大学の教育改善に向けたプログラム・レビュー ……………… 鳥居　朋子
　　―アメリカの経験に基づいて―
教学マネジメントにおける大学職員の役割 …………………… 中井　俊樹
大学の授業の何が課題か ………………………………………… 小方　直幸
　　―信念・態度・成果―

〔論　稿〕
中国における社会主義イデオロギーと女子高等教育 ……… 加藤　靖子
　　― 改革開放政策下の中華全国婦女聯合会の活動を中心に―
附置研究所政策の検証 …………………………………………… 金子　研太
　　―法人化期に焦点をあてて―

〔追悼論文〕
大学へのパッション ……………………………………………… 金子　元久
　　―喜多村和之氏の高等教育研究―
　　編集後記 …………………………………………………………… 伊藤　彰浩

第 18 集　高等教育改革　その後の 10 年　2015 年 5 月

〔特集　高等教育改革　その後の 10 年〕
高等教育改革　その後の10年 ……… 日本高等教育学会研究紀要編集委員会
　　―特集の趣旨―
高等教育のマクロ・ガバナンスに関する論点整理 …………… 水田　健輔
ガバナンスの観点からみた大学組織の変遷 …………………… 山本　　清
質保証の政策評価 ………………………………………………… 濱名　　篤
大学院改革の隘路 ………………………………………………… 濱中　淳子
　　―批判の背後にある企業人の未経験―
科学技術政策の変遷と高等教育政策 …………………………… 塚原　修一
高等教育改革としての国際化 …………………………………… 米澤　彰純
　　―大学・政府・市場―

〔論　稿〕
戦後日本における「厚生補導」の端緒に関する考察 ………… 蝶　　慎一
　　―「IFEL 厚生補導部門」の実態とその役割を中心に―
国立大学の教員給与制度 ………………………………………… 天野　智水
　　―昇給および勤勉手当について―

251

政府と大学の自治 …………………………………………………… 小方　直幸
　　─教員養成分野のミッションの再定義─
美術系大学からの卒業後進路選択 …………………………………… 喜始　照宣
　　─作家志望に着目して─
　　編集後記 ……………………… 伊藤　彰浩・橋本　鉱市・島　一則

第19集　高等教育研究における IR　2016年5月

〔特集　高等教育研究における IR〕
高等教育研究における IR……………………………………………… 小林　雅之
　　─特集の趣旨─
大学教育改革のダイナミクスと IR…………………………………… 金子　元久
アメリカにおける IR の展開 ………………………………………… 山田　礼子
　　─IR 機能に伴う二面性と専門性を中心に─
データベースの構築と IR の課題 …………………………………… 浅野　　茂
高等教育研究における学務情報と IR………………………………… 岡田　聡志
　　─学務データを用いた IR としての研究の構造的困難─
大学改革に学生調査をどう生かすか ………………………………… 大多和直樹
　　─もう一つの「学生調査と IR」─
経営支援のための IR…………………………………………………… 中島　英博
　　─大学の組織特性をふまえた経営情報システム活用研究の展望─

〔論　稿〕
大学生の退学と留年 …………………………………………………… 立石　慎治
　　─その発生メカニズムと抑制可能性─　　　　　　　　　　　小方　直幸
職業人の大学院進学に向けての決断過程 …………………………… 出相　泰裕
　　─K 大学専門職大学院ビジネススクール在学生へのインタビュー調査から─
薬学教育改革の成果と課題 …………………………………………… 速水　幹也
　　─二段階の「出口」─「就職」と「国家試験」に着目して─
　　編集後記 …………………………………………………………… 小林　雅之

第20集　高等教育研究のニューフロンティア　2017年7月

〔特集　高等教育研究のニューフロンティア〕
高等教育研究のニューフロンティア ………………………………… 小林　雅之
　　─特集の趣旨─
テクノサイエンス・リスク社会における研究倫理の再定義
　　………………………………………………………………………… 羽田　貴史
高等教育のグローバル化と学生の流動化 …………………………… 堀田　泰司
　　─アジア共通単位互換制度の発展と学生の流動性への影響─

18 歳人口減少期の高等教育機会……………………………………… 朴澤　泰男
　　―大学進学行動の地域的差異から見た地域配置政策の含意―
大卒者の仕事の変容 ……………………………………………………… 小杉　礼子
学習成果とその可視化 …………………………………………………… 松下　佳代
学生支援における学習成果を基盤としたアセスメントの
　実態と課題 …………………………………………… 安部（小貫）有紀子
　　　　　　　　　　　　　　　　　　　　　　　　　　　　橋場　　論
　　　　　　　　　　　　　　　　　　　　　　　　　　　　望月　由起
　計量分析の新展開 ……………………………………………………… 村澤　昌崇
　　―過去 10 年間の経験を振り返って― 　　　　　　　　　　　立石　慎治
〔特別寄稿論文〕
　高等教育研究・私史 …………………………………………………… 天野　郁夫
〔論　　稿〕
　韓国の短期高等教育機関における学士課程導入の
　　戦略に関する考察 …………………………………………………… 松本　麻人
　　　―専門大学の専攻深化課程を中心に―
　大学時代のレポートに関する学習経験は職場における
　　経験学習を促進するのか …………………………………………… 小山　　治
　　―社会科学分野の大卒就業者に対するインターネットモニター調査―
　戦後「適格認定」制度の実施と私立大学 …………………………… 藤原　将人
　　―大学基準協会「会員資格審査」をめぐる関西四大学の活動過程―
　編集後記 ………………………………………………………………… 小林　雅之

第 21 集　学生多様化の現在　2018 年 5 月

〔特集　学生多様化の現在〕
　学生多様化の現在 ………………… 日本高等教育学会研究紀要編集委員会
　　―特集の趣旨―
　高等教育の拡大と学生の多様化 ……………………………………… 吉田　　文
　　―日本における問題の論じられ方―
　学生多様化論の鵺的な性格 …………………………………………… 井上　義和
　　― 1990 年代以降の改革言説における展開と機能―
　学生の多様化と高大接続 ……………………………………………… 大塚　雄作
　　―共通試験の変遷の視点から―
　大学生における青年期心性の変化とその支援 ……………………… 森田美弥子
　　―学生相談の視点から―
　多様化した学生に対する大学と教員 ………………………………… 葛城　浩一
　　―「ボーダーフリー大学」に着目して―
　学生の多様化を正面から見ない大学論への絶望と希望 …… 居神　　浩

高等教育費の公的負担と学生支援 …………………………………… 田中　秀明
　　―福祉国家の視点から考える―
学生の多様化とグローバル化 ……………………………………… 川嶋太津夫
　　―米国の経験と日本への示唆―

〔論　稿〕
研究大学の自律と統制 ……………………………………………… 中世古貴彦
　　―カリフォルニア大学を例に―
　　　編集後記 ……………………………………………………… 橋本　鉱市

編集後記

　本号の特集テーマは「高等教育と金融市場」と題し，高等教育に対するファンディングの新たな手段として，金融市場からの資金調達に着目して，7人の先生方から縦横に論じていただきました．特に米国との比較において，わが国のあり方が浮き彫りにされ，今後の課題と展望が俯瞰できたのではないかと思います．

　査読論文については，14本の投稿がありました．今期はそのうち3本が掲載に至りました．比較を軸とした考察，歴史的なアプローチ，定性的な方法論，計量的な分析など，その研究手法も多岐にわたり，また取り上げられる研究課題も非常に幅広いものとなっており，本学会の研究の多様性と厚みが増してきたことを実感いたします．一方で，理論や手法について十分な批判的検討がなされていないケースや，安易に援用したために分析結果と乖離してしまうケースなど，せっかくの努力が十二分に活かされないままになっている論文も散見されるように思います．また，会員の皆さまには，学会の「二重投稿の禁止」ならびに「投稿規定」はもちろんのこと，所属機関内外での研修機会を利用して，アップデートされている研究倫理につきまして，常に理解を深めていただければと思います．

　　　　　　　　　　（日本高等教育学会研究紀要編集委員会　委員長　橋本鉱市）

高等教育研究　第22集
高等教育と金融市場

2019 年 5 月 31 日発行

編　者　　日本高等教育学会研究紀要編集委員会
　　　　　委員長　橋　本　鉱　市
発行者　　日 本 高 等 教 育 学 会
　　　　　会　長　荒　井　克　弘
　　　　　170-0002　東京都豊島区巣鴨 1-24-1
　　　　　第 2 ユニオンビル 4F
　　　　　（株）ガリレオ　学会業務情報化センター内
　　　　　日本高等教育学会事務局
　　　　　TEL　03-5981-9824　FAX　03-5981-9852
　　　　　http://www.gakkai.ne.jp/jaher/

発行所　　玉 川 大 学 出 版 部
　　　　　194-8610　東京都町田市玉川学園 6-1-1
　　　　　TEL　042-739-8935　FAX　042-739-8940
　　　　　http://www.tamagawa.jp/up/
　　　　　振替 00180-7-26665
印刷所　　株 式 会 社 ク イ ッ ク ス
ISSN　1344-0063

© 日本高等教育学会　2019　Printed in Japan
ISBN978-4-472-18049-1　C3037